职业教育新形态
财会名师系列教材

U0742547

企业财务报表分析

微课版 | 第 2 版

鲁学生 赵春宇◎主编　　胡静 蒋武 王婷◎副主编

Enterprise Financial Statement Analysis

人民邮电出版社

北　京

图书在版编目（CIP）数据

　　企业财务报表分析 : 微课版 / 鲁学生，赵春宇主编
. -- 2版. -- 北京 : 人民邮电出版社，2021.8（2024.1重印）
　　职业教育新形态财会名师系列教材
　　ISBN 978-7-115-56469-6

　　Ⅰ．①企… Ⅱ．①鲁… ②赵… Ⅲ．①企业管理－会
计报表－会计分析－高等职业教育－教材 Ⅳ．①F275.2

　　中国版本图书馆CIP数据核字(2021)第075180号

内 容 提 要

　　本书以培养学生实际工作中阅读与分析财务报告的应用能力为目标,利用财务报表分析常用方法,
配合上市公司新版年度财务报告分析,对企业财务报表进行全方位解读,极具针对性和实用性。

　　全书以财务报表为分析对象,从认知财务分析、认知财务报表、分析企业偿债能力、分析企业营
运能力、分析企业盈利能力、分析企业发展能力、开展企业财务综合分析7个方面进行了系统的介绍。
通过学习,学生将形成财务报表分析的整体逻辑框架,掌握财务报表分析的基本原理与方法,从而发
现企业经营管理中存在的问题。为了让学生能够及时检查自己的学习效果、把握自己的学习进度,每
个任务设置了相应的习题与实训。

　　本书不仅可以作为应用型本科、高等职业院校的财务报表分析课程教材,还可作为从事会计工作
人士的参考书。

- ◆ 主　　编　鲁学生　赵春宇
　　副主编　胡　静　蒋　武　王　婷
　　责任编辑　刘　尉
　　责任印制　王　郁　焦志炜
- ◆ 人民邮电出版社出版发行　　北京市丰台区成寿寺路11号
　　邮编　100164　电子邮件　315@ptpress.com.cn
　　网址　https://www.ptpress.com.cn
　　固安县铭成印刷有限公司印刷
- ◆ 开本：787×1092　1/16
　　印张：12.5　　　　　　　　　2021 年 8 月第 2 版
　　字数：318 千字　　　　　　　2024 年 1 月河北第 4 次印刷

定价：42.00 元

读者服务热线：(010)81055256　印装质量热线：(010)81055316
反盗版热线：(010)81055315
广告经营许可证：京东市监广登字 20170147 号

PREFACE

前　言

　　"企业财务报表分析"是会计专业、会计信息管理专业、财务管理专业等财经类专业的核心课程之一。设计该课程的目的在于提高学生财务信息数据处理能力，它是学好会计后续课程的基础，更是培养学生分析能力、应用能力和职业能力的基石，在专业课程体系中具有重要的地位和作用。为培养能力与素质全面发展的会计专业人才，让学生更熟练地掌握财务报表分析操作技能，我们广泛吸收了企业财务报表分析课程的最新教学成果，采用"任务驱动"的教学模式，同时充分吸收了企业的宝贵意见进行本书的编写工作，以满足高等职业院校对"企业财务报表分析"课程的教学需要。在编写过程中，本书突出了以下特点。

　　1. 任务驱动、项目导向

　　基于财务会计报表岗位工作能力的要求选取教学内容，以案例为载体，设计学习项目和学习任务。在每个实训任务中，明确实训内容，采用先操作、再从操作中提炼工作思路，设计每个任务的学习内容，强调会计知识与技能的结合，融"教、学、做"于一体，突出职业性、实践性和开放性，以实现高等职业教育的目标。

　　2. 内容新颖、系统性强

　　本书内容结构完整、前后连贯，吸收国家全面实施"营改增"试点改革成果，依据财政部《增值税会计处理规定》和财政部《关于修订印发 2019 年度一般企业财务报表格式的通知》（财会〔2019〕6 号）组织内容，吸收新收入准则、新金融准则、新租赁准则，立足新的报表格式和项目展开分析，教材内容具有实践性、启发性、应用性的特点，难度和强度适中，突出知识的落实和技能的掌握，力求做到学以致用，不仅包括知识和技能的培养，还包括科学的思维方法、社会责任感、创新精神、适应能力等方面的培养。

　　3. 理论联系实际、实践性强

　　本书理论联系实际，注重与财务会计实践的结合和技能的培养，体现加强实际应用、服务专业的教学宗旨，满足现行的财会类专业应用型、技能型人才培养的基本教学要求。为方便自学和与实践联系，本书先通过"知识目标、能力目标、思政目标"点明学习目标和主要内容，让学生了解学习每个任务的目的及需要掌握的重点内容，又通过"任务导入"引出正文内容，并在此基础上结合相关内容插入适量的"知识链接""案例分析"等模块，同时配套重点知识的微课视频，使本书的系统性更加突出，内容更加丰富充实，实践作用更加显著。此外，每个任务最后不仅设置了"小结"，还设置了"习题与实训"，更方便学生学习、理解和巩固所学知识和技能，对于增强教学效果具有一定的示范作用。

　　本书由安徽商贸职业技术学院鲁学生、赵春宇担任主编，安徽工业职业技术学院胡静、安徽商贸职业技术学院蒋武、安徽商贸职业技术学院王婷担任副主编。其中，鲁学生负责编写任务一、任务二；赵春宇负责编写任务五、任务六；胡静负责编写任务三和模拟试卷；蒋武负责编写任务四；王婷负责编写任务七。全书由鲁学生提出编写提纲、体例，并负责初稿的修改以及最终的统稿、定稿工作。

　　本书在编写过程中，参阅了大量同行专家的有关教材、著作及案例，在此，特向相关作者表示衷心的感谢。本书同时获得了2018年高校优秀青年人才支持计划（gxyqZD2018140）的支持。由于编者水平有限，书中难免有疏漏之处，敬请广大读者批评指正，以便我们及时改进。

编　者

2021 年 5 月

CONTENTS

目 录

任务六　分析企业发展能力 …… 144

任务七　开展企业财务综合分析 …… 157

任务一

认知财务分析

学习目标 ↓

【知识目标】

1. 了解财务报表分析的意义。
2. 熟悉财务报表分析的内容。
3. 明确财务报表分析的目的。
4. 掌握财务报表分析的程序和基本方法。

【能力目标】

1. 熟练捕捉和甄别财务报表提供的财务信息。
2. 熟练运用因素分析法进行财务分析。

【思政目标】

1. 引导树立正确的社会主义核心价值观。
2. 具备诚实守信，爱岗敬业的会计职业素养。
3. 树立民族文化自信，增强自豪感。

任务导入 ↓

任务资料： 华日公司上年 M 产品的材料成本情况如表 1-1 所示。

表 1-1　　　　　　　　华日公司上年 M 产品的材料成本情况

项目	单位消耗量（千克/件）	产量（万件）	材料单价（元/千克）	材料成本（万元）
计划数	13	160	8	16 640
实际数	12	180	10	21 600

任务目标： 根据上述资料，分析 M 产品关于材料成本消耗的实际成本与计划成本之间的总差异，并运用连环替代法分析产品产量、单位产品材料消耗量和材料单价的变动对材料成本的影响程度。

相关知识 ↓

1.1 财务报表分析的意义、内容和目的

现代财务分析起源于财务报表分析，它是 19 世纪后期到 20 世纪初期由美国银行家倡导的。当时，为了防止竞争对手获得商业信息，企业一般都不予公开利润表，所以当时的财务报表仅指资产负债表。但是随着现代企业的出现，企业自有资本积累已经远远不能满足企业发展的资本需求，在此背景下，企业必须借助于银行来获得发展资金的支持，由此，银行的地位和作用逐渐增强。但是，银行出于保障贷款的资金安全考虑，除了要对企业未来还本付息的能力进行贷前审查，还会要求企业定期报送相关的财务数据，以便进行过程监控。

20 世纪 50 年代以来，随着经济的发展，财务报表分析逐渐发展成为一门独立的学科，尤其是在股份制经济和证券市场发展的背景下，股东出于自身投资安全及收益等方面的考虑，开始重点关注企业未来的财务状况及经营成果，以便得到企业未来的价值信息，而获得这些信息就依赖于对企业历史财务信息进行进一步的分析和评价。

1.1.1 财务报表分析的意义

财务报表分析是以财务会计报告为基本依据，运用一系列财务指标，对企业财务状况、经营业绩以及现金流量等情况加以分析评价，以便判断企业的财务状况，考察企业经营活动的利弊得失，分析企业未来的发展趋势，为相关决策者进行财务预算、财务决策等提供信息支持。

微课：财务报表
分析的意义

1. 发现企业存在的问题

财务报表分析是一种检查方法，财务分析人员通过检查可以发现企业存在的问题。通过观察经营活动的数量及其差异变化，财务分析人员比较分析企业的发展变化趋势、资本与资产结构比例和财务比率等方面的变化，了解企业的财务状况、经营成果和现金流量，从而检测和诊断企业可能存在的问题，找出引发问题的原因，并进行分析和解释，以便对企业的财务状况、经营成果和现金流量做出恰当的评价和合理的预测，为企业改善经营管理提供方向和线索。例如，企业资产收益率低，通过分析可以查明其原因是资产周转率低，进一步分析知道资产周转率低的原因是存货过多，再进一步分析查明存货过多主要是产成品积压导致的，所以如何处理积压产成品便是解决收益率低的关键。因此，财务报表分析是一种检查手段，它如同医疗上的检测设备和程序，财务分析人员通过检查分析可以发现问题，帮助企业找出存在问题的原因，以便企业有针对性地改善管理、提高经营管理水平。

2. 评估企业财务实力

财务实力是企业综合竞争力的重要组成内容。企业综合竞争力的强弱受许多因素的影响，例如产品或业务竞争力、经营管理能力、人力资源质量、技术和制度的创新能力、财务实力和国际化经营能力等。企业财务实力的强弱主要是通过会计报表所显示的资产实力和盈利能力等体现出来的，对财务实力的评估是企业投资者和债权人等利益相关者与企业建立关系的必要步骤。

3. 评价企业经营业绩

在市场经济条件下，使企业保持较强的竞争力的先决条件是企业具有较高且稳定的获利能

力，而获利能力的大小，通常用利润率、每股盈利等指标加以衡量。对企业投资者来说，获利水平的高低将直接决定其投资的收益分配水平；对企业经营者来说，较高的获利能力本身就是其受托责任的主要内容，债权人（尤其是长期债权人）更注重其债务人的持续获利能力，获利能力与长期偿债能力密切相关。

4. 确定企业偿债能力

在财务报表分析中，根据资产负债率、流动比率和速动比率等财务指标，可区分哪些企业有偿债能力，哪些企业无偿债能力。例如，资产负债率是指负债总额与全部资产总额之比，用来衡量企业利用债权人提供资金进行经营活动的能力，反映债权人发放贷款的安全程度。一般认为，资产负债率应保持在50%左右，此时企业既有较好的偿债能力，又充分利用了负债的杠杆效应。流动比率用于衡量一个企业短期偿债能力的大小，表明短期债权人的债权在到期前，举债企业用货币资金和流动性较大、能较快地变现为货币资金的其他流动资产偿还短期债务的限度。企业既要考虑其是否有能力到期清偿短期债务，又要考虑清偿短期债务后是否能满足企业日常性流动资金的需要，所以流动资产理应大于流动负债；否则，企业在偿还短期债务后难免会陷入困境。

5. 评价企业资产管理效率

投资者把资本投入企业，债权人把资金贷放给企业，资本和资金共同构成企业的总资产，即"资产=负债+所有者权益"。资产是企业拥有或控制的资源，该资源预期会给企业带来经济利益，本身就体现投资者委托经营者进行管理，同时体现经营者的独立经营权利。为了完成受托经管责任，经营者必须有效地经营和管理其独立控制的资产，资产管理效率或营运效率如何，通常要借助于各种资产周转率指标加以衡量和评价。

6. 评估企业风险和报酬

企业的财务状况和经营风险以及报酬是利益相关者进行合理的投资、信贷和经营决策的重要依据。一个企业的财务状况、经营风险和报酬主要是通过财务报表体现出来的，因此，进行财务报表分析可以预测企业未来的报酬和风险，以便于利益相关者确定未来投资等相关决策方向。

7. 预测企业未来发展前景

财务报表分析是会计报表编制的延续和发展，可提供更为详细、准确的会计信息，为企业未来发展做出科学预测提供可靠基础。

1.1.2　财务报表分析的内容

财务报表分析的内容，概括地说，就是分析企业的财务状况和经营成果。由于财务报表使用者与企业的利害关系不同，因而在进行财务报表分析时有各自的侧重点，但综合起来，财务报表分析主要有以下内容。

1. 资本与资产结构分析

企业在生产经营过程中使用的资本，其来源应该稳定可靠，这是企业得以长期生存和发展的根本保证。企业可以从不同的来源渠道获得所需资本，这些来源渠道反映在资产负债表中为两大部分：负债（含短期负债、长期负债）和所有者（股东）权益。所谓资本结构是指它们各自所占比例为多少，这个比例涉及企业的重大财务决策问题，如企业的营运资本、融资决策等。就资本结构理论而言，每个企业都有自身最佳的负债和所有者（股东）权益的比例结构。在这一最佳结构下，企业的加权平均总资本成本最小，创造的价值最大。因此，资本结构的健全、合理与否，直接关系到企业的经济实力是否充实、企业的经济基础是否稳定。如果资本结构健全、合理，企业的经济基础就比较牢固，能承担各种风险；反之，如果资本结构不合理，企业就难以应对各种风险。

资产是企业的经济资源，资源要能最大限度地发挥其功能，就必须有一个合理的配置，而资源配置的合理与否，主要是通过资产负债表的各类资产占总资产的比重以及各类资产之间的比例关系——即资产结构分析来反映的。企业合理的资产结构，是有效经营和不断提高盈利能力的基础，是应对财务风险的基本保证。

2. 营运能力分析

营运能力是企业运用资产进行生产经营的能力，企业的生产经营过程，其实质是资产运用并实现资本增值的过程。资产运用状况如何，直接关系到资本增值的程度和企业偿债能力的强弱。我们知道，企业取得的资本，是以不同的形态体现在各类资产上的。企业各类资产之间必须保持一个恰当的比例关系，且在同类资产中的各种资产之间也应当有一个合理的资金分配，只有这样企业才能健康稳步发展，也才能充分发挥资金的使用效益。企业的各种资产能否充分有效地利用，主要体现在资产周转速度的快慢，以及为企业带来收入的能力大小。

3. 偿债能力分析

偿债能力是企业对到期债务清偿的能力或现金保证程度。企业在生产经营过程中，为了弥补自身资金的不足就要对外举债。举债经营的前提必须是能够按时偿还本金和利息，否则就会使企业陷入困境甚至危及企业的生存。导致企业破产的根本的、直接的原因是企业不能偿还到期债务。因此，偿债能力分析可使债权人和债务人双方都认识到风险的存在和风险的大小，债权人可以据此做出是否贷款的决策，债务人也可以了解自己的财务状况和偿债能力的大小，进而为后续资金安排或资金筹措做出合理决策。

4. 盈利能力分析

盈利能力是企业利用各种经济资源赚取利润的能力。盈利是企业生产经营的根本目的，也是衡量企业经营成功与否的重要标志。它不仅是企业所有者（股东）关心的重点，而且是企业经营管理者和债权人极其关注的问题。盈利能力分析是财务报表分析的重点，具有丰富的分析内容。盈利能力分析不仅包含一定时期盈利能力大小的分析，而且包括企业在较长时期内稳定地获取利润能力大小的分析。

5. 发展能力分析

企业的发展能力是指企业在生存的基础上，扩大生产经营规模，壮大经济实力的潜在能力。企业要生存，就必须发展，发展是企业的生存之本，也是企业的获利之源。我们知道，企业的规模和实力，是企业价值的核心内容，表明了企业未来潜在的盈利能力。企业可持续发展的能力，不仅是现实投资者关心的重点，也是潜在投资者和企业员工关注的问题。通过对企业营业收入增长能力、资产增长能力和资本扩张能力的计算分析，企业经营者可以衡量和评价企业持续稳定发展的能力。

6. 现金流量分析

现金流量分析主要是通过对企业现金的流入、流出及净流量的分析，了解企业在一定时期内现金流入的主要来源、现金流出的主要去向、现金净增减的变化和现金紧缺状况。现金流量分析可以用于评价企业的经营质量，预测企业未来现金流量的变动趋势，衡量企业未来时期的偿债能力，防范和化解由负债所产生的财务风险。

7. 财务综合分析

在以上对企业各个方面进行深入分析的基础上，最后应当给企业的利益相关者提供一个总体的评价结果，否则仅仅凭借某个方面的优劣，是难以评价一个企业的总体状况的。财务综合分析就是解释各种财务能力之间的相互关系，得出企业整体财务状况及经营效果的结论，说明企业总体目标的实现情况。财务综合分析采用的具体方法主要有杜邦财务分析体系、沃尔评分法等。

1.1.3 财务报表分析应注意的问题

1. 注重横向及纵向的对比

财务分析不可以只关注指标，而且标准也不是唯一的，不能盲目照搬照抄。由于企业所处的地理环境、企业生产经营特点、企业所属行业特点等对财务比率均有一定影响，因此用统一的标准比率去评价各行各业的企业经营业绩和财务状况是不合理的，也是不恰当的。应注意结合企业实际，注重对企业历史信息以及企业所处行业的信息进行对比分析，如一般认为流动比率不低于 200% 为较好，但是 180% 或 140% 也不一定代表企业的不良状况，反之 260% 也不意味企业经营状况良好。

微课：财务报表分析应注意的问题

2. 注意报表数据的局限性

（1）财务人员的从业素质对会计报表质量的影响。会计报表来源于基层生产部门和其他部门基础数据的采集、统计和计算。各部门为了实现本部门利益、完成公司规定的各项生产指标，可能存在虚报、瞒报数据等情况，再加上会计人员的水平有限，使会计报表的质量大打折扣。只有根据真实的会计报表，才有可能得出正确的分析结果。财务报表分析通常假定报表数据是真实的。报表数据是否真实，需要审计人员来判断，财务报表分析不能解决报表数据的真实性问题。

（2）会计政策和会计处理方法对会计报表的影响。不同的企业采用的会计政策和会计处理方法不同，财务报表分析并没有对每一项内容进行调整，使之具备可比性。根据《企业会计准则》规定，企业可以自由选择会计政策与会计处理方法，例如，以历史成本报告资产，不代表其现行成本或变现价值；假设币值不变，不按通货膨胀或物价水平调整；稳健原则要求预计损失而不预计收益，有可能夸大费用、少计收益和资产等。另外，企业存货发出计价方法、投资性房地产的后续计量和所得税会计的核算方法等，都可以有不同的选择，这造成即使是业务完全相同的企业，其财务报表数据也不尽相同的情况，从而得出不同的财务报表分析结果。

（3）会计估计的存在对会计报表的影响。由于会计核算过程中存在会计估计，而且会计估计的使用具有较强的主观性，因此，会计报表中的某些数据并不是十分精确，如固定资产的折旧年限、折旧率、净残值率，这些都含有人为主观估计因素。会计估计的使用，导致企业会计报表之间的可比性变弱。

（4）通货膨胀对会计报表的影响。通货膨胀影响资产负债表的可靠性，发生通货膨胀时，对货币性资产而言，由于物价上涨，其实际购买力下降；实物资产的情况则相反。从负债方面来看，货币性负债在物价上涨时可为企业带来利润；而非货币性负债由于需要在将来以商品或劳务偿还，物价上涨时会对企业造成损失。通货膨胀同样影响着损益表的可靠性。损益的确定依据的是权责发生制原则，而不是收付实现制，因而损益也不可避免地会受到通货膨胀的影响。

（5）会计报表的编制重结果。会计报表通常反映企业在一定时期的经营成果，而不能具体反映其经济内容的实现过程。例如，资产负债表中的资产项目只反映企业资产的总量，而不能反映其中有多少是企业的优质资产，能为企业创造更多的价值；有多少是企业的不良资产，已经不能为企业创造价值。

（6）会计报表缺乏一定的可靠性和有效性。会计报表中一些应该反映的内容没有得到有效的反映，从而影响对企业的分析评价。例如，被纳入会计报表的只能是货币化的数量信息，对会计信息使用者的决策具有重要意义的非货币化或非数量化信息则无法反映；会计报表的固定格式、固定项目以及较为固定的填列方法，无法反映企业发生的特殊经济业务；企业一些隐形的会计要素形式，例如人力资源价值、绿色资产等，由于缺乏合适的会计确认标准而无法确认，致使企业大量隐形资产无法入账，大大降低了会计报表的可靠性与有效性。

1.1.4 财务分析的目的

财务分析的目的主要受分析主体及分析对象的影响，不同的报表使用者进行财务报表分析的目的是不同的。

1. 投资者分析财务报表的目的

企业投资者包括企业的所有者和潜在投资者，他们进行财务报表分析的根本目的是看企业的盈利能力，因为盈利能力是投资者实现资本保值和增值的关键。但是，投资者仅仅关心盈利能力是不够的，为了确保资本保值和增值，他们还要研究企业的资本结构、支付能力和营运状况。只有投资者认为企业有着良好的发展前景，企业的所有者才会保持或增加投资，潜在投资者也才会把资金投入该企业。否则，企业所有者将会"用脚投票"，潜在投资者将会转向其他企业。

2. 债权人分析财务报表的目的

与股东不同，债权人没有企业剩余收益索取权，如果企业获得较高的利润水平，债权人只能按照约定的利率收取利息；但是如果企业发生亏损，债权人则可能会导致较大的损失。这种收益与风险之间的不对称性，导致债权人更加关注企业收益的稳定性以及经营的安全性。具体来说，债权人分析财务报表的目的主要包括以下两点。

（1）短期债权人主要关心企业当前的财务状况（即短期偿债能力和资产的流动状况），他们希望企业的实物资产能顺利地转换为现金，以便偿还到期债务。

（2）长期债权人主要关心企业的长期盈利能力和资本结构（如资产负债率）。企业的长期盈利能力是偿还本金和利息的决定性因素，资本结构可以反映长期债务的风险。

3. 经营者分析财务报表的目的

在两权分离制度下，一方面企业经营管理者肩负着受托经营管理企业的责任，这个受托责任的完成和履行情况需要以财务报表等方式向委托人即出资者做出交代；另一方面，经营者本人也需要借助财务报表了解企业内部的财务和经营情况，以便更好地强化内部经营管理，提高资本运作效率，更好地完成受托管理责任。从这个意义上说，企业经营者本身就是财务报表的自然阅读者。

企业经营者进行财务分析的主要目的是全面评价企业的经营业绩、偿债能力和资产营运效率，并从中找出问题，充分挖掘内部潜力，改善经营管理，提高经济效益。在市场经济条件下，每个企业都面临着激烈的市场竞争，为了在竞争中谋求生存和发展，企业必须及时了解自身的状况。通过财务分析，企业不仅能对现有的财务状况和财务成果进行评价，更为重要的是能找到企业管理中的薄弱环节，找出影响企业财务成果的有利因素和不利因素，改变不利因素的影响，促进企业经济效益的提高。企业经营者为了了解本企业财务状况、经营成果，以及在现有条件下可能达到的各种目标，必须及时获取有用的会计信息，以便采取必需的措施和对策，才能应对企业可能出现的各种情况，财务分析就是取得这些会计信息最有效的途径。

4. 政府机构分析财务报表的目的

政府机构作为财务报表的阅读分析者有其特殊性。

（1）政府作为出资者，所关心的主要不是单个企业的财务和经营状况，而是部分或全部企业的财务和经营状况。在有些情况下，政府可能会将注意力集中在某个大型国有企业上，例如关系国计民生的重要企业。

（2）政府对企业整体财务状况和经营情况的了解主要借助于行业主管部门对单个企业的财务报表的汇总。

（3）政府作为社会管理者，所关心的问题不仅包括企业经营和理财的经济性过程和结果，而且还包括企业的社会性结果（即企业履行社会责任的情况和效果）。

具体而言，通过财务报表分析，税务部门可以审查企业纳税申报数据的合法性；国有资产管理部门可以评价政府政策的合理性和国有企业的业绩；财政部门可以审查企业遵守会计法规的情况；社会保障部门可以评价职工的收入和就业状况等。

5. 业务关联单位分析财务报表的目的

业务关联单位主要是指材料供应者、产品购买者，他们在分析时最关注的是企业的信用状况。对企业的信用状况进行分析，既可以对企业的支付能力和偿债能力进行评估，又可以对企业利润表中反映的企业销售交易等情况进行分析判断。

6. 企业员工分析财务报表的目的

员工是企业最直接的利益相关者，企业的现在和将来，企业的经营和理财，企业的生存和发展，企业的好与坏，都直接影响到内部员工的切身利益。从这个意义上来说，员工必定会关心企业的发展情况，以便进行合理的就业决策。

员工了解企业财务状况的方法有很多，要想全面、完整地了解企业的财务状况和经营情况，把握企业的现在和未来，主要还应依据财务报表进行分析。

可以看出，不同利益主体对财务报表有着不同角度的需求，同时使用的财务分析方法也有较大差异，因此在学习财务报表分析时，应当注意各个主体分别适用于哪些分析方法，即使采用相同的分析方法，得出相同的财务分析结论，不同主体的解读和利用也是不一样的。

1.2　财务报表分析的程序和基本方法

1.2.1　财务报表分析的程序

财务报表分析是一项比较细致而复杂的工作，只有按照科学合理的程序进行，才能取得预期效果。

1. 明确分析目标

进行财务报表分析的一般目的是解读会计信息，并从中找出有用的信息作为决策依据。但企业的财务报表有众多的使用者，例如债权人、投资者、经营者和政府监管部门等，他们与企业的利益关系不同，所关注的问题和所做的决策不同，分析的具体目的也就不同。债权人关心的是能否及时足额地收回债权，获得预期的报酬，为此他们分析的是企业的偿债能力；投资者关心的是其对企业投资能否获得最大的回报，他们要分析企业的获利能力、财务状况及资本结构等信息；

经营者希望通过财务报表分析发现企业生产经营中隐含的问题，及时采取有效措施，使企业现有资源能够得到合理利用，盈利能力稳步增长。从上述分析可以看出，财务报表分析主体具有多元性，分析的具体目标也存在差异。因此，只有明确财务报表分析目标，才能保证财务报表分析工作的顺利进行。

2. 明确分析范围

在进行财务报表分析时，并不是所有的报表使用者都需要对企业的财务状况和经营成果进行全面分析，更多的情况是仅对其中某一方面进行分析，或是重点对某一方面进行分析，其他方面的分析仅作为参考。这就要求在明确分析目标的基础上，明确分析的范围，做到有的放矢，将有限的精力放在分析重点上，以降低收集分析资料、选择分析方法等环节的成本。

3. 拟订分析计划

分析目标及范围确定以后，就要拟订分析计划，包括分析人员的选配及分工、工作的时间进度、资料收集的方法和分析的内容等，进行统筹规划，以便在分析时做到心中有数，有利于分析工作的整体安排。

4. 收集分析资料

收集分析资料是财务报表分析的重要阶段，是指根据已经确定的分析范围收集分析所需要的资料。信息的收集可以通过查找资料、专题调研、座谈会或有关会议等多种渠道来完成。资料准备得不充分、问题分析得不深入，都会影响分析质量。通常，财务报表是任何分析都需要的，除此之外，还需要收集一些相关的资料信息，例如宏观经济形势、行业情况和企业内部数据（包括企业的市场占有率、企业的销售政策与措施、产品品种和有关经济预测数据等）。财务报表分析的一个重要前提是财务报表能够反映企业的真实财务状况和经营成果，否则，财务报表分析将毫无意义，这就要求企业对所收集的资料进行认真核对，尽可能地保证资料的真实性。

5. 确定分析标准

财务报表分析的对象是某一特定企业，在分析的过程中必须将企业的财务状况、经营成果与分析标准进行比较，在比较中分析判断，得出结论。因此，财务报表分析者应根据分析目的与分析范围的不同，选择并确定财务报表分析标准。如果对企业的经营业绩进行分析，就要选择企业历史同期经营业绩水平，还要将本企业的经营业绩与行业标准企业的业绩进行比较；如果是企业内部评价，还应与企业预算、计划进行比较。分析时，为得出科学合理的结论，可选择其中一个或多个作为分析评价的标准。

6. 选择分析方法

在进行财务报表分析时，企业应当根据不同的分析目的，运用科学的分析方法，深入比较、研究所收集的资料。常用的分析方法有比较分析法、比率分析法、趋势分析法、因素分析法、单项分析法、分类分析法和综合分析法等，这些方法各有特点，在进行财务报表分析时可以结合使用。

7. 进行具体分析

具体分析是报表分析人员根据分析目的，运用恰当的分析方法，对所收集的信息资料经过去粗取精、去伪存真的加工过程，寻找数据间的关系，对企业财务状况和经营成果等方面的现状进行深入分析。首先，通过指标的对比分析，进行综合判断，企业的经济业务是相互制约、相互促进的，同一指标数值，在不同的情况下反映的问题可能会有所不同，应通过指标间的联系，进行对比和综合分析，揭露矛盾。其次，应点面结合，抓住重点，既要对指标本身的数值大小进行分析解释，又要对该指标在其他方面所产生的影响进行说明。再次，应注意不同时期数据的比较分析，因为企业的生产经营活动是一个动态的发展过程，仅依靠某一时期的数据资料难以做出合理的判断，因此，应根据过去若干时期历史资料的情况，结合当前的实际情况及未来可能发生的变化，对企业发展趋势做出判断。最后，在定量分析的基础上还应注意结合定性分析，因为企业所面对的外部环境复杂多变，往往难以定量分析，而环境的变化又对企业的财务状况和经营成果产生重要的影响，因此，在进行定量分析的同时，还要做出定性分析，做到定量分析与定性分析相结合。

8. 得出分析结论，编写分析报告

编写分析报告是财务报表分析的最后一个阶段，在具体分析的基础上，对企业财务状况、经营成果做出全面分析和评价，揭示企业财务管理中存在的问题，找出产生问题的原因，以便采取相应的措施加以改进，为企业经营者做出决策提供直接依据。分析人员在完成分析并得出结论后，还要将分析结论及分析过程形成书面报告，对财务报表分析进行概括和总结。

1.2.2 财务报表分析的基本方法——定量分析法

财务报表分析的方法是实现财务报表分析的手段，由于分析目的不同，在实际分析时，必然要适应不同目标的要求，采用多种多样的分析方法。财务报表分析的方法有很多，但概括起来主要分为两类，即定量分析法和定性分析法，一般财务分析主要采用的是定量分析法。定量分析法主要有比率分析法、比较分析法、趋势分析法和因素分析法。

1. 比率分析法

比率分析法是利用财务报表中两项相关数值的比率来反映和揭示企业财务状况和经营成果的一种分析方法。由于相关数值的对比更能深入地揭示财务本质，更能恰当地评价企业的财务状况和经营成果，所以比率分析法在财务报表分析中运用得十分广泛。同时，它也是其他分析法的基础。

根据分析的不同内容和要求，比率分析法主要分为相关比率分析、构成比率分析和效率比率分析 3 种。

（1）相关比率分析。相关比率分析是指根据经济活动客观存在的相互依存、相互联系的关系，将两个性质不同但又相关的指标加以对比，计算出比率，以便从经济活动的客观联系中认识企业的生产经营状况。例如，将速动资产、流动资产分别与流动负债对比，反映短期偿债能力，从不同的角度来揭示企业短期偿债能力的大小；或者分别将净利润同销售收入、总资产和所有者权益对比，计算销售净利率、总资产净利率和净资产收益率等指标，从侧面来揭示企业盈利能力状况。

（2）构成比率分析。构成比率又称结构比率，是某项财务指标的各组成部分数值占总体数值的百分比，反映部分与总体的关系。利用构成比率，可以考察总体中某个部分的形成和安排是否合理，以便协调各项财务活动。其计算公式如下。

$$构成比率=\frac{某个组成部分数值}{总体数值}\times100\%$$

例如，企业资产中流动资产、固定资产和无形资产占资产总额的百分比（资产构成比率），企业负债中流动负债和长期负债占负债总额的百分比（负债构成比率）；将利润表各项目分别与销售收入比较，计算各项目占销售收入的比重，可以将对企业盈利能力的分析进一步深化到对盈利结构的分析，更能发现提高企业盈利能力的重要因素。

财务分析中常用的构成比率有以下几种。

① 资产各项目占资产总额的比重。

② 负债各项目占负债总额的比重。

③ 负债、所有者权益各项目占资产总额的比重。

④ 各类固定资产占固定资产总额的比重。

⑤ 各成本项目占总成本的比重。

⑥ 各类存货占存货总额的比重。

⑦ 各项成本、费用、利润占营业收入的比重。

⑧ 各项现金流入（出）占现金总流入（出）的比重。

（3）效率比率分析。效率比率是指某项财务活动中所费与所得的比率，反映投入与产出的关系，利用效率比率，可以进行得失比较，考察经营成果，评价经济效益。例如，将利润项目与销售成本、销售收入、资本金等项目加以对比，可以计算出成本利润率、销售利润率和资本金利润率指标，从不同角度观察比较企业获利能力的高低及其增减变化情况。

运用比率分析法应注意以下 4 点。

① 相比较的两个项目必须是彼此关联的。若两个项目不相关或相关性不大，这个比率则毫无意义。例如，资产负债表中的流动资产与盈余公积之比是毫无意义的，但它和流动负债比，则能说明企业可用以清偿短期负债的流动资产的相对多寡，反映企业的变现能力。

② 各种比率计算出来以后要和本企业历史、同类企业相比才更有意义。例如，销售净利率为20%，往往没有什么更深刻的意义，但它如果和历史相比则能反映企业获利是否有所提高，与同类企业相比则说明该企业是否具有先进性。

③ 计算比率的分子与分母之间必须在计算时间和范围等方面保持口径一致。

④ 衡量标准的科学性。

利用比率分析法，需要选用一定的标准进行对比，以便对企业的财务状况和经营业绩做出评价。一般而言，科学合理的评价标准主要有以下几种。

a. 历史标准：如上期实际、上年同期实际和历史先进水平等。

b. 预定标准：如预算指标、设计指标、定额指标和理论指标等。

c. 行业标准：如行业协会颁布的标准、国内外同类企业的先进水平等。

d. 公认标准：包括国内和国际公认标准。

财务报表中有大量的数据，可根据需要计算出许多有意义的财务比率，这些财务比率涉及企业经营管理的各个方面，一般可分为 4 类，即变现能力比率、长期偿债能力比率、盈利能力比率和资产管理比率。

2. 比较分析法

比较分析法是将同一企业不同时期的财务状况和经营成果或者不同企业之间的财务状况和经营成果进行比较，计算出财务指标变动的绝对数和相对数，从而揭示企业财务状况和经营成果存在的差异，并分析变动差异的一种方法。比较分析法可以进行以下分类。

（1）按照比较形式分类。比较分析法按照比较形式的不同可分为绝对数比较和百分比变动比较两种。

① 绝对数比较。绝对数比较就是将取得的财务报表数据与比较基准直接进行比较。绝对数比较最常见的形式就是比较财务报表，将两期或多期的财务报表予以并行列示，进行对比，进而观

察各个报表项目数据的增减变动，以分析这些变动表示的经济含义。

② 百分比变动比较。绝对数的比较可以反映出项目金额的变动情况和变动趋势，但难以反映不同规模分析对象之间的差异。为了解决这个问题，分析人员可采取计算百分比的方法。百分比的计算主要包括完成百分比和增减百分比两种，其计算公式分别如下。

$$完成百分比 = \frac{指标的实际值}{指标的标的值} \times 100\%$$

$$增减百分比 = \frac{指标的实际值 - 指标的标的值}{指标的标的值} \times 100\%$$

（2）按照比较对象分类。比较分析法按照比较对象的不同可分为纵向比较、横向比较和与计划预算比较 3 种。

① 纵向比较。财务报表分析不能只对企业某一年度的财务报表进行分析，只分析一年的报表数据往往是不够的，因为该年可能会有较多的偶然事项，并不能代表企业的真实情况。用纵向比较法进行财务报表分析就是对企业若干年度的财务报表按时间序列进行分析，从而看出企业的发展趋势，有助于规划未来。

② 横向比较。横向比较的一种方法是以本企业与同行业、同规模的先进企业进行比较，可以看出本企业与先进企业的不同，从而为发现问题和寻找差距提供依据。另一种横向比较的方法是将企业与同行业平均水平进行比较，这样比较更易发现企业的异常情况，便于揭示企业存在的问题。

③ 与计划预算比较。除了可以进行纵向比较和横向比较，常用的比较还有与企业理想财务报表、预计财务报表的比较。理想财务报表是根据标准财务比率和企业规模确定的财务报表，代表了企业的理想财务状况。预计财务报表是根据企业年度计划编制的财务报表，代表了企业的目标财务状况。

3. 趋势分析法

趋势分析法是计算连续若干期的相同指标，揭示和预测发展趋势的一种方法。通过将不同时期财务报表中相同的指标或比率进行比较，直接观察其增减变动情况及幅度，分析判断其发展趋势，包括定基动态比率和环比动态比率两种方法。

（1）定基动态比率。定基动态比率是指以某一时期为基数，将其他各期均与该期的基数进行比较分析，其计算公式如下。

$$定基动态比率 = \frac{分析期数值}{基期数值} \times 100\%$$

（2）环比动态比率。环比动态比率是指分别以上一时期为基数，将下一时期与上一时期的基数进行比较，其计算公式如下。

$$环比动态比率 = \frac{分析期数值}{上期数值} \times 100\%$$

做一做

　　请利用互联网等途径，选择和获取一家上市公司不同时期的财务数据，利用上述公式围绕某一项目进行定基、环比动态趋势分析，并由老师随机抽取几位学生，向全班同学做趋势分析汇报。

4. 因素分析法

因素分析法是依据分析指标与其影响因素的关系，从数量上确定各因素对分析指标影响方向和影响程度的一种方法。

其实质是将某项指标与计划数或前期数等相比之下的差异按照因素分解成几部分，每部分是由不同的因素变化引起的。因素分析法包括连环替代法和差额分析法。

（1）连环替代法。连环替代法是指将一项综合性的指标分解为各项构成因素，顺序用各项因素的实际数替换基数，分析各项因素影响综合指标的程度的一种方法。

在运用因素分析法时，应遵循以下操作程序。

① 分解某项综合指标的各个构成因素。

② 确定各个因素与某项综合指标的关系，例如加减关系、乘除关系等。

③ 确定各个因素的排列顺序，按一定的顺序将各个因素加以替代，来具体测算各个因素对指标变动的影响方向和程度。

④ 计算各个因素影响数值的代数和，检查是否与分析对象相符。

连环替代过程如下。

假定某一经济指标 Y 受 A、B、C 三个因素的影响，其关系式为：$Y=A\times B\times C$

计划指标：$Y_0=A_0\times B_0\times C_0$

实际指标：$Y_3=A_1\times B_1\times C_1$

Y_3-Y_0 即为分析的对象。

那么，A、B、C 三个因素对 Y 的变动影响的计算过程如下。

第一次：以 A_1 替换 A_0，B_0、C_0 保持不变，则 $Y_1=A_1\times B_0\times C_0$

第二次：以 B_1 替换 B_0，A_1、C_0 保持不变，则 $Y_2=A_1\times B_1\times C_0$

第三次：以 C_1 替换 C_0，A_1、B_1 保持不变，则 $Y_3=A_1\times B_1\times C_1$

则有：

Y_3-Y_2 为因素 C 的变动对整体指标 Y 的影响；

Y_2-Y_1 为因素 B 的变动对整体指标 Y 的影响；

Y_1-Y_0 为因素 A 的变动对整体指标 Y 的影响。

最后，将 A、B、C 三个因素的变动影响程度相加，得到：

$$(Y_3-Y_2)+(Y_2-Y_1)+(Y_1-Y_0)=Y_3-Y_0$$

【例1-1】M公司上年生产甲产品，有关材料费用消耗如表1-2所示。

表1-2　　　　　　　　M公司甲产品材料费用消耗情况表

项目	单位消耗量（千克/件）	产量（万件）	材料单价（元/千克）	材料费用（万元）
计划数	10	800	20	160 000
实际数	9	1 000	25	225 000
差异	-1	200	5	65 000

要求：采用连环替代法进行分析。（为减少误差，本书所有计算结果均保留小数点后适当位数，且均采用等号表示，后文不再具体说明。）

【解析】

甲产品材料消耗费用（Y）＝产品产量（A）×产品单位消耗量（B）×材料单价（C）

计划成本（Y_0）=$A_0 \times B_0 \times C_0$= 800×10×20=160 000（万元）

实际成本（Y_3）=$A_1 \times B_1 \times C_1$= 1 000×9×25=225 000（万元）

合计三个因素变动影响（Y_3-Y_0）=225 000-160 000=65 000（万元）

具体因素变动影响金额分析如下。

第一次替换，用实际产量替换计划产量，则

$Y_1=A_1 \times B_0 \times C_0$=1 000×10×20=200 000（万元）

可以发现，产量（A）变动对材料费用的影响（Y_1-Y_0）为

200 000-160 000=40 000（万元）

第二次替换，用产品单位实际消耗量替换产品单位计划消耗量，则

$Y_2=A_1 \times B_1 \times C_0$=1 000×9×20=180 000（万元）

因此，单位消耗量（B）变动对材料费用的影响（Y_2-Y_1）为

180 000-200 000=-20 000（万元）

第三次替换，用材料实际单价替换材料计划单价，则

$Y_3=A_1 \times B_1 \times C_1$=1 000×9×25=225 000（万元）

可以发现，材料单价（C）变动对材料费用的影响（Y_3-Y_2）为

225 000-180 000=45 000（万元）

三个因素合计影响变动额=40 000+（-20 000）+45 000=65 000（万元）

通过计算发现，由于产品产量增加而使企业本期材料费用增加 40 000 万元，产品单位材料消耗量降低而使材料费用减少 20 000 万元，而材料单价的升高使材料费用增加 45 000 万元，三个因素共同作用使实际材料费用比计划材料费用增加 65 000 万元。产品产量增加而相应地增加材料消耗属于正常情况，产品单位消耗量降低，说明企业对材料费用控制得比较好，市场价格的变动，说明外部市场环境发生了变化，企业应进一步进行分析，看能否采取一些补救措施将这一不利因素对企业的影响降到最低。

想一想

运用连环替代法时，相关因素的分解与替换是否有顺序之分？如有，应如何确定因素替换的顺序？

答：在进行因素替代时，必须按照各因素之间的依存关系，排列成一定的顺序并依次替代，不可随意加以颠倒，否则就会得出不同的计算结果。一般而言，确定排列因素替代程序的原则：如果既有数量因素又有质量因素，则数量因素排列在先，质量因素排列在后；如果既有实物数量因素又有价值数量因素，则实物数量因素排列在先，价值数量因素排列在后；如果都是数量因素或都是质量因素，那么应区分主要因素和次要因素，主要因素排列在先，次要因素排列在后。

（2）差额分析法。差额分析法是因素分析法的一种简化形式，运用这一方法时，先要确定各个因素实际数和计划数之间的差异，然后按照各个因素的排列顺序，依次计算出各个因素的变动影响程度。这种方法的原理和因素分析法基本相同，只是计算的程序不同。

【例 1-2】承接【例 1-1】，根据资料采用差额分析法计算各因素变动对材料费用的影响。

【解析】

A 因素（产品产量）变动的影响$=(A_1-A_0)\times B_0\times C_0$

$\qquad\qquad\qquad\qquad\qquad=(1\,000-800)\times10\times20$

$\qquad\qquad\qquad\qquad\qquad=40\,000$（万元）

B 因素（单位消耗）变动的影响$=A_1\times(B_1-B_0)\times C_0$

$\qquad\qquad\qquad\qquad\qquad=1\,000\times(9-10)\times20$

$\qquad\qquad\qquad\qquad\qquad=-20\,000$（万元）

C 因素（材料单价）变动的影响$=A_1\times B_1\times(C_1-C_0)$

$\qquad\qquad\qquad\qquad\qquad=1\,000\times9\times(25-20)$

$\qquad\qquad\qquad\qquad\qquad=45\,000$（万元）

合计影响：$40\,000+(-20\,000)+45\,000=65\,000$（万元）

1.2.3 财务报表分析的基本方法——定性分析法

定性分析法主要是对财务报表附注进行分析的方法。财务理论的相对稳定性、经济业务的迅速发展和报表使用者日益扩大的信息需求使报表附注越来越重要。因此，现代财务报告的一个显著特点就是表外信息越来越多。

按照财务报表附注分析深度的不同，财务报表附注的分析方法可分为单项分析法、分类分析法和综合分析法。

（1）单项分析法。单项分析法是指按财务报表附注的项目，一项一项地单独分析。例如，公司在会计政策变更中披露了公司发出存货的计价方法的变更，针对这项变更可进一步分析公司进行变更的真实原因、这项政策变更对公司当期财务状况和损益的影响及对未来损益的影响等。

（2）分类分析法。财务报表附注按作用可分为两大类：一是提高财务报表的可比性、增进财务报表的可理解性的财务报表附注；二是提供财务报表体系不能涵盖的企业重要事项和交易的财务报表附注。在对财务报表附注进行单项分析后应继续进行分类分析。分类分析的目的是把握财务报表、财务报表附注各项目之间的联系，找出对决策有实质性影响的重要信息。

（3）综合分析法。综合分析法是在找出财务报表附注各项目之间的联系后将财务报表附注视为整体，综合评价其提供的相关信息。应用综合分析法的目的是对公司未来的经营状况做出恰当的预测。

🌱 任务实施

任务资料和任务目标见本任务的【任务导入】，具体任务实施过程如下。

M 产品耗用材料成本（Y）=产品产量（A）×产品单位消耗量（B）×材料单价（C）

计划成本（Y_0）$=A_0\times B_0\times C_0=160\times13\times8=16\,640$（万元）

实际成本（Y_3）$=A_1\times B_1\times C_1=180\times12\times10=21\,600$（万元）

实际成本与计划成本之间的总差异（Y_3-Y_0）$=21\,600-16\,640=4\,960$（万元）

三个因素变动影响金额分析如下。

第一次替换，用实际产量替换计划产量，则

$$Y_1=A_1\times B_0\times C_0=180\times13\times8=18\,720\text{（万元）}$$

可以发现，产量（A）变动对材料成本的影响（Y_1-Y_0）为

$$18\ 720-16\ 640=2\ 080（万元）$$

第二次替换，用产品单位实际消耗量替换产品单位计划消耗量，则

$$Y_2=A_1\times B_1\times C_0=180\times12\times8=17\ 280（万元）$$

因此单位消耗量（B）变动对材料成本的影响（Y_2-Y_1）为

$$17\ 280-18\ 720=-1\ 440（万元）$$

第三次替换，用材料实际单价替换材料计划单价，则

$$Y_3=A_1\times B_1\times C_1=180\times12\times10=21\ 600（万元）$$

可以发现，材料单价（C）变动对材料成本的影响（Y_3-Y_2）为

$$21\ 600-17\ 280=4\ 320（万元）$$

三个因素合计影响变动额＝$2\ 080+（-1\ 440）+4\ 320=4\ 960$（万元）

通过替换分析可以发现，由于产品产量增加而使企业本期材料成本增加 2 080 万元，产品单位材料消耗量降低而使材料成本减少 1 440 万元，而材料单价的升高使材料成本增加 4 320 万元，三个因素共同作用使实际材料成本比计划材料成本增加 4 960 万元。

小结

财务报告是会计核算的最终产品，是用以全面反映企业某一特定日期的财务状况和某一会计期间的经营成果、现金流量的报告文件。企业编制的财务报告主要有资产负债表、利润表、现金流量表、所有者权益变动表及报表附注（俗称"四表一注"）。

就不同的分析主体而言，财务报表的分析目的也不同，常见的报表使用者主要有投资者、债权人、经营者、政府有关部门、业务关联单位以及企业内部员工等。财务报表分析，有助于企业评估和预测未来的现金流动性，有助于相关决策者进行合理决策，有助于反映企业经营者的经营业绩和受托经营责任，有助于政府有关部门制定经济政策、加强宏观调控，促进社会资源的最佳配置。

财务报表分析常用的基本方法有比较分析法、比率分析法、趋势分析法和因素分析法等。

习题与实训

一、单项选择题

1. 企业投资者进行财务报表分析的根本目的是关心企业的（　　　）。
   A. 盈利能力　　　　B. 营运能力　　　　C. 偿债能力　　　　D. 发展能力
2. 从企业债权人的角度看，财务报表分析最直接的目的是看企业的（　　　）。
   A. 盈利能力　　　　B. 营运能力　　　　C. 偿债能力　　　　D. 发展能力
3. 与获利能力有关的财务报表分析中，最为重要的是（　　　）。
   A. 资产负债表分析　　　　　　　　　　B. 利润表分析
   C. 现金流量表分析　　　　　　　　　　D. 所有者权益变动表分析
4. 为了评价判断企业所处的地位与水平，在分析时通常采用的标准是（　　　）。

01

A. 经验标准　　　　B. 历史标准　　　　C. 行业标准　　　　D. 预算标准

5. 可以预测企业未来财务状况的分析方法是（　　　）。

A. 比较分析法　　　B. 比率分析法　　　C. 趋势分析法　　　D. 因素分析法

6. 对于连环替代法中各因素的替代顺序，传统的排列方法是（　　　）。

A. 不能明确责任的在前，可以明确责任的在后

B. 价值数量因素在前，实物数量因素在后

C. 数量指标在前，质量指标在后

D. 质量指标在前，数量指标在后

7. 分析某项财务指标的各组成部分数值占总体数值的百分比，这种分析方法属于（　　　）。

A. 比较分析法　　　B. 构成比率分析法　　C. 相关比率分析法　　D. 效率比率分析法

8. 差额分析法是（　　　）的简化形式。

A. 分类分析法　　　B. 因素分析法　　　C. 比率分析法　　　D. 比较分析法

9. 下列方法中，常用于因素分析法的是（　　　）。

A. 比较分析法　　　B. 比率分析法　　　C. 连环替代法　　　D. 平衡分析法

10. 在财务分析主体中，必须对企业的获利能力、偿债能力、营运能力和发展能力的全部信息予以详尽了解掌握的是（　　　）。

A. 企业投资者　　　B. 企业债权人　　　C. 企业经营者　　　D. 税务机关

二、多项选择题

1. 因素分析法包括（　　　）。

A. 差额分析法　　　B. 连环替代法　　　C. 趋势分析法　　　D. 结构分析法

2. 财务报表分析的方法包括（　　　）。

A. 比较分析法　　　B. 比率分析法　　　C. 因素分析法　　　D. 趋势分析法

3. 财务报告信息的使用者包括（　　　）。

A. 税务部门　　　　B. 审计局　　　　　C. 投资人　　　　　D. 企业管理者

4. 偿债能力是（　　　）最关心的核心内容。

A. 银行　　　　　　B. 供应商　　　　　C. 投资人　　　　　D. 管理者

5. 财务报告主要包括（　　　）和报表附注。

A. 资产负债表　　　　　　　　　　　　B. 利润表

C. 现金流量表　　　　　　　　　　　　D. 所有者权益变动表

三、判断题

1. 在采用因素分析法时，既可以按照各因素的依存关系排列成一定的顺序并依次替代，也可以任意颠倒顺序，其结果也是相同的。　　　　　　　　　　　　　　　　（　　　）

2. 债权人通常不仅关心企业的偿债能力，而且还关心企业的盈利能力。　　　（　　　）

3. 财务报表分析的主体不同，分析的内容不同，分析的目的也有所不同。　　（　　　）

4. 财务指标分析就是指财务比率分析。　　　　　　　　　　　　　　　　（　　　）

5. 财务报表分析的第一个步骤是收集与整理分析信息。　　　　　　　　　（　　　）

四、计算分析题

海洋公司生产 A 产品，产品的产量、单位产品材料消耗量、材料单价及材料费用总额等有关资料如表 1-3 所示。

表 1-3   海洋公司 A 产品材料消耗情况表

项目	计划	实际
产品产量（件）	100	120
单位产品材料消耗量（千克）	30	25
材料单价（元/千克）	20	22
材料费用总额（元）	60 000	66 000

要求：分别采用因素分析法、差额分析法分析产品产量、单位产品材料消耗量和材料单价对材料费用的影响。

五、实训

财务报表信息搜集

目的：熟悉财务报表，正确理解财务报表的作用。

要求：搜集上市公司财务报表及其他信息资料，熟悉财务报表资料。

实施：将学生进行分组，按每 4 人为一组划分学习小组，选定小组长负责组内工作，以小组为单位进行讨论、实训和学习。利用互联网或其他途径，搜集上市公司财务报表及其他信息资料，熟悉财务报表资料，指出各报表所能提供的会计信息。

任务二

认知财务报表

学习目标 ↓

【知识目标】

1. 了解财务报表的结构和内容。
2. 掌握资产负债表的基本结构与主要项目分析。
3. 掌握利润表的基本结构与主要项目分析。
4. 熟悉现金流量表的基本结构与主要项目分析。
5. 了解所有者权益变动表的基本结构与简单分析。
6. 熟悉不同财务报表之间的内在勾稽关系。

【能力目标】

1. 能运用水平分析和垂直分析方法对资产负债表进行分析。
2. 能运用水平分析和垂直分析方法对利润表进行分析。
3. 能运用水平分析和垂直分析方法对现金流量表进行分析。
4. 能运用水平分析和垂直分析方法对所有者权益变动表进行分析。

【思政目标】

1. 形成认真、细致的职业素养，弘扬工匠精神。
2. 识别假账危害的警示教育，筑牢思想防线。

任务导入 ↓

任务资料：华日公司本年度与上年度的资产负债表各项目如表 2-1 所示。

表 2-1　　　　　　　　　　　　　　　　华日公司资产负债表　　　　　　　　　　　　　　　　单位：万元

项目	本年期末数	上年期末数
货币资金	93 290	85 732
交易性金融资产	8 200	7 600
应收票据	5 900	6 590
应收账款	16 500	16 800
预付款项	13 400	17 000
存货	130 550	122 381
其他流动资产	32 179	25 202

项目	本年期末数	上年期末数
流动资产合计	300 019	281 305
长期股权投资	5 000	3 437
固定资产	533 950	541 900
无形资产	68 600	67 220
非流动资产合计	607 550	612 557
资产总计	907 569	893 862
短期借款	70 000	86 000
应付账款	36 400	46 500
应付职工薪酬	12 600	15 400
应交税费	4 600	8 462
流动负债合计	123 600	156 362
长期借款	150 000	100 000
负债合计	273 600	256 362
实收资本	500 000	500 000
资本公积	28 963	26 481
盈余公积	16 894	15 874
未分配利润	88 112	95 145
所有者权益合计	633 969	637 500
负债和所有者权益总计	907 569	893 862

任务目标：根据上述资料，请思考以下问题。

1. 华日公司本年度与上年度相比，资产总额有何变化？

2. 华日公司本年度变化最大的资产项目是什么？变化最小的资产项目又是什么？

3. 华日公司的资产构成以什么资产为主？说出最主要的3个资产项目。

4. 华日公司的存货项目本年度与上年度相比有何变化？

5. 华日公司的资金来源中，占比最大的项目是什么？本年度变化最大的权益项目是什么？

6. 结合资产负债表中的信息，对华日公司的财务状况做简要评述。

相关知识 ↓

2.1 资产负债表

2.1.1 资产负债表的格式

资产负债表是反映企业某一时点静态财务状况的会计报表，是财务报告中的首张主表，也是企业的四大核心报表之一。它揭示了企业拥有或控制的能以货币形式表现的经济资源的规模及分布形态，反映了企业全部资金的来源及其构成，是企业对外编报的主要报表之一。通过资产与负债、所有者权益的对比，可以初步判断企业的财务状况；通过不同时点资产负债表的比较，可以判断企业财务状况的未来发展趋势。其报表格式有账户式和报告式两种，我国采用的是账户式。为更好地掌握并理解账户式资产负债表的格式及其平衡关系，本书通过一个简化的账户结构图形象、直观地展示什么是账户式资产负债表，如图 2-1 所示。

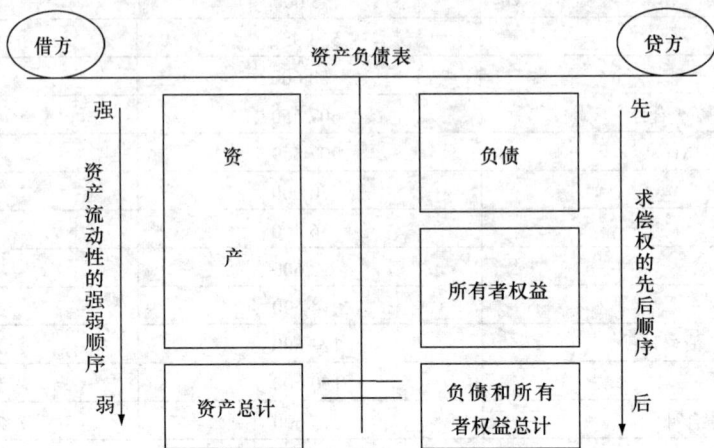

图 2-1　账户式资产负债表示意图

通过图 2-1 可以清晰地看到，列示在账户左侧的是余额为借方的账户，即资产类账户，列示在账户右侧的是余额为贷方的账户，即负债类和所有者权益类账户，根据试算平衡原理，期末，全部账户的借方余额合计应等于全部账户的贷方余额合计，即"资产＝负债＋所有者权益"。

同时，在图中也展示了账户的排列顺序。资产负债表左侧按照资产流动性的强弱顺序排列，右侧按照求偿权的先后顺序排列，将需要按期偿还的负债列示在右侧上方，将不需要偿还的所有者权益列示在右侧下方，最后资产负债表左右两侧根据会计恒等式原理，金额合计相等。

2.1.2　分析资产负债表的目的与内容

1. 分析资产负债表的目的

资产负债表是财务报告中的首张主表，企业的所有资本活动及结果，必然会直接通过资产负债表全面、系统、综合地反映出来。但是，仅仅通过阅读资产负债表，只能了解企业在某一特定时日所拥有或控制的资产、所承担的经济义务以及所有者对净资产的要求权。尽管这些信息是必要的，但却不能满足报表使用者进行决策的需要。只有借助于对资产负债表的分析，才有可能最大限度地满足报表使用者的需要。

微课：分析资产负债表的目的与内容

资产负债表分析的目的，就在于了解企业会计对企业财务状况的反映程度及其所提供会计信息的质量，据此对企业资产和权益的变动情况以及企业的财务状况做出恰当的评价，具体如下。

（1）通过分析，可以掌握企业经济资源的分布与结构信息。资产负债表把企业拥有或控制的资产按经济性质、用途等分成流动资产、长期投资、固定资产、无形资产等项目。各项目之下又具体分成多个明细项目。例如，流动资产根据其构成项目的不同性质，分为货币资金、应收及预付款项、存货等。财务报表使用者可以一目了然地从资产负债表上了解到企业在某一特定时点所拥有的资产总量及其结构。

（2）通过分析，可以掌握企业资金来源构成信息。资产负债表的资产方反映了企业拥有的经济资源及其结构，那么，这些资产是从哪里来的呢？通常情况下企业资产的来源不外乎两个方面：一是债权人提供，二是所有者投资及其积累。资产负债表把债权人权益和所有者权益分类列示，并根据不同性质将负债又分为流动负债和非流动负债，把所有者权益又分为实收资本（股本）、资本公积、盈余公积、未分配利润。这样，企业的资金来源及其构成情况便可在资产负债表中充分反映。

（3）通过分析，可以掌握企业的财务实力、偿债能力和支付实力信息。通过了解企业资产项目的构成，可以分析企业资产的流动性，进而判断企业的偿债能力和支付能力。通过对企业资产结构和权益结构（资本结构）的分析，可以了解企业筹集资金和使用资金的能力，即企业的财务实力。资产是未来收益的源泉，也会在将来转化为费用，因而，通过了解企业资产项目的构成，还可以对企业未来的盈利能力做出初步判断。

（4）通过分析，可以判断企业财务状况发展的趋势。通过对企业不同时点资产负债表的比较，可以对企业财务状况的发展趋势做出判断。一般来说，企业某一特定时点的资产负债表对报表使用者的作用极其有限。只有把不同时点的资产负债表结合起来分析，才能把握企业财务状况的发展趋势。同样，将不同企业同一时点的资产负债表进行对比，还可对不同企业的相对财务状况做出评价。

2．分析资产负债表的主要内容

（1）资产负债表项目分析，就是在资产负债表全面分析的基础上，对资产负债表中资产、负债和所有者权益的主要项目进行深入分析。

（2）资产负债表水平分析，就是通过企业各项资产、负债和所有者权益的对比分析，揭示企业筹资与投资过程的差异，从而分析与揭示企业生产经营活动、经营管理水平、会计政策等对筹资与投资的影响。

（3）资产负债表垂直分析，就是通过资产负债表中各项目与总资产或总权益进行对比，分析企业的资产构成、负债构成和所有者权益构成，揭示企业资产结构和资本结构的合理程度，探索企业资产结构优化、资本结构优化和资产结构与资本结构适应程度优化的思路。

2.1.3　资产负债表项目分析——资产项目

1．货币资金

货币资金是指以货币形态存在的资金，包括企业库存现金、银行存款、外埠存款、银行汇票存款、银行本票存款、信用卡存款和信用证存款等。

货币资金是企业流动性最强的资产，其变现速度最快。若该项目数额较大，表明企业的支付能力较强，是偿还债务和支付货款的有力保障。相反，当企业的货币资金数额较小时，将会影响企业的支付能力，使企业面临偿债困难和支付货款存在巨大压力等问题，严重的最终将导致企业破产。

盈利能力最弱是货币资金的另一属性。如果其仅仅停留在货币形态，便只有支付功能，增值能力微乎其微。所以，货币资金的数额不宜过大，否则，对企业的盈利能力会产生不良影响，削弱自身的增值能力。

货币资金的增减变化与企业的经营活动、投资活动和筹资活动有关，全面理解货币资金项目应结合现金流量表的解读与分析。

货币资金的规模及其占总资产比例的合理性判定，需要考虑以下因素：①货币资金的目标持有量；②资产的规模及业务量；③企业融资能力；④企业运用货币资金的能力；⑤行业特点：与其他行业相比，银行业、保险业要保持较大的货币资金数额。

分析企业货币资金收支过程中的内部控制制度的完善程度以及实际执行质量，应考虑以下两点：①国家对货币资金的相关规定（包括库存资金限额、现金使用范围、内部控制要求等）；②企业现金收支内部控制制度（包括对国家有关规定的遵守情况），从现金收入和现金支出两个方面展开。

2. 交易性金融资产

此类金融资产可以进一步划分为以公允价值计量且其变动计入当期损益的金融资产和直接指定为以公允价值计量且其变动计入当期损益的金融资产，通常包括以赚取差价收入为目的从二级市场购买的股票、债券和基金等。对该类金融资产进行分析时，可以从以下几个方面进行。

（1）规模是否适度。持有该资产的目的就是将货币资金转换为有价证券，以获得额外收益；需要时又可以及时将其转换为现金，故一般交易性金融资产应适度，规模不宜过大。

（2）业绩是否较好。一是关注利润表中的"公允价值变动收益"及其在财务报表附注中对该项目的说明；二是关注利润表中的"投资收益"及其在财务报表附注中对该项目的说明。

（3）风险是否可控。通常情况下，债券投资风险较小，股票投资风险较大，在资产的风险分析中应该注意交易性金融资产的构成，及时发现风险并予以防范。

3. 应收票据

应收票据是指企业持有的、尚未到期兑现的商业票据。商业票据是一种载有一定付款日期、付款地点、付款金额和付款人的无条件支付证券，也是一种可以由持票人自由转让给他人的债权凭证。票据的法律约束力和兑付力强于一般的商业信用，在结算中为企业所广泛使用。

应收票据的分析重点是应收票据占总资产的比重及与其销售规模、销售模式的适应性。

4. 应收账款

应收账款是企业为扩大销售和增加盈利而发生的一项资金垫支。从资金占用角度讲，应收账款的资金占用是一种最不经济的行为，但这种损失往往足以通过它所附带的销售的扩大而得到补偿。所以，应收账款的资金占用又是必要的。对应收账款的分析，应与企业销售收入增长相结合，分析其数额大小、质量高低及其对坏账准备计提的影响。

（1）应收账款的规模。其与企业销售收入有密切关系，一方面要结合企业经营方式、所处行业特点，分析量的变动，例如大部分工业企业、批发企业采用赊销方式较多，应收账款较多，而商业零售企业现销业务多，应收账款较少；另一方面要结合企业信用政策分析，如果企业放松信用政策，就会刺激销售，增加应收账款，但坏账损失出现的可能性会随之增加，反之紧缩信用政策，会制约销售，减少应收账款，发生坏账损失的可能性降低。

（2）应收账款的质量。应收账款的质量是指债权转化为货币的能力，该项内容分析主要是通过应收账款的账龄分析来进行。应收账款的账龄越长，其不能收回的可能性就越大，坏账可能性越大。分析时从以下几点入手：①应收账款的债务人分布；②应收账款是否长期挂账，是否计提了坏账准备；③关联方交易中形成的应收账款在应收账款总额中的比重。

（3）坏账准备政策的影响。资产负债表上的应收账款是以净额列示的，因此，应关注坏账准备计提的合理性与合规性。分析时重点关注计提方法和计提比率，观察企业应收账款的计提方法是否在不同期间保持一致；企业是否对计提方法的改变做出了合理解释；企业计提比率是否恰当，是否低估了坏账比率。

5. 应收款项融资

应收款项融资项目，反映资产负债表日以公允价值计量且其变动计入其他综合收益的应收票据和应收账款等。该项目指的是企业将应收账款、应收票据出售给银行或其他金融机构，相当于企业把这项应收款项作为质押，从银行或其他金融机构借款。在分析时，需要注意的是银行或其他金融机构具有追索权，即如果应收账款、应收票据款项无法收回时，银行或其他金融机构有权向企业索要款项，此时应收款项的风险报酬并没有转移，因此应收款项融资金额过高的公司，可能存在资金紧张的风险。

6. 预付账款

预付款项是指企业按照购货合同的规定，预先以货币资金或货币等价物支付给供应单位的款项，是一种特殊的流动资产，是外单位占用的本企业的资金。一般来说，在卖方市场环境下，预付款项发生的机会较多；而在买方市场环境下，预付款项发生的可能性较小。因此，对企业来说，预付款项总是越少越好。如果企业的预付款项较高，则可能是企业向其他有关单位提供贷款、非法转移资金或抽逃资本的信号。

7. 其他应收款

其他应收款是指企业发生非购销活动而产生的应收债权，具体包括应收的各种赔款、罚款，应收的出租包装物租金，存出保证金，应向职工收取的各种垫付款项，以及符合预付款性质而按规定转入其他应收款的预付账项等。正常情况下，其他应收款一般不会太多。该项资产如果长期大量存在，常常与关联公司特别是母公司或其大股东非正常挪用或侵占资金、转移销售收入偷逃税款等有关。因此，分析时要借助财务报表附注分析其具体构成项目的内容和发生时间，重点关注金额较大、时间较长、来自关联方的应收款项。

8. 存货

存货项目在流动资产中所占比重较大，是企业收益形成的基础。存货储存量的大小与企业生产规模和周转速度相适应。存货持有数量过多，会降低存货周转率，降低资金使用效率，增加存货库存成本；反之，如果存货持有量过少，可能会使企业面临缺货的风险。因此，对存货的分析应重点关注存货内容及构成、存货计价方法、存货周转状况和存货跌价准备等。

（1）存货内容及构成。存货从内容来看包括库存商品、在产品、原材料、周转材料等。企业的存货类别较多，每种存货对企业盈利能力及存货周转情况的影响不同。对存货内容的分析应重点加强对存货内容真实性的分析：一是将原有的实物价值与账面价值进行核对，确认是否账实相符；二是检查各种存货是否完好，分析其真实性与合理性。分析存货构成时，应结合存货明细表从存货市场前景、盈利能力和技术状况来进行。

（2）存货计价方法。存货取得的入账是按实际成本计量的，而计算存货耗用成本或销售成本时，则采用先进先出法、加权平均法等计价方法。存货成本计算的正确与否，不仅影响本期的资产负债表和利润表，还会影响下期的财务报表。

（3）存货周转状况。判断存货数据质量高低的另一个标准是观察存货能否在短期内变现，因此存货周转的速度直接关乎存货的质量。

（4）存货跌价准备。分析存货跌价准备时，要注意存货可变现净值确定的合理性、期末存货数量的多少及存货用途划分的规范性，重点关注存货可变现净值与账面金额的比较。

9．合同资产

该项目反映企业按照《企业会计准则第 14 号——收入》（财会〔2017〕22 号）的相关规定，根据本企业履行履约义务与客户付款之间的关系在资产负债表中列示的合同资产。在分析中，我们应按照实质重于形式的原则，可以把"合同资产"近似作为"应收账款"来看待。

10．持有待售资产

该项目为《关于修订印发 2019 年度一般企业财务报表格式的通知》（财会〔2019〕6 号）中新增项目，主要反映企业资产负债表日划分为持有待售类别的处置组中的流动资产和非流动资产的期末账面价值，对该项目进行分析时，要弱化其影响，毕竟属于非持续性资产，同时还需要关注其变现能力。

11．债权投资

债权投资项目反映资产负债表日企业以摊余成本计量的长期债权投资的期末账面价值。自资产负债表日起一年内到期的长期债权投资的期末账面价值，在"一年内到期的非流动资产"项目中反映。企业购入的以摊余成本计量的一年内到期的债权投资的期末账面价值，在"其他流动资产"项目中反映。对其质量进行分析时应当注意以下几点：一是对债权相关条款的履约行为进行分析；二是债务人的偿债能力分析；三是持有期内投资收益的确认。

12．其他债权投资

其他债权投资项目反映资产负债表日企业分类为以公允价值计量且其变动计入其他综合收益的长期债权投资的期末账面价值。自资产负债表日起一年内到期的长期债权投资的期末账面价值，在"一年内到期的非流动资产"项目中反映。企业购入的以公允价值计量且其变动计入其他综合收益的一年内到期的债权投资的期末账面价值，在"其他流动资产"项目中反映。该项目按照公允价值进行计量，公允价值变动不计入当期损益，而是直接计入所有者权益项目，排除了企业操纵利润的可能。

13．长期应收款

长期应收款项目，反映企业融资租赁产生的应收款项和采用递延方式分期收款、实质上具有融资性质的销售商品和提供劳务等经营活动产生的应收款项。在分析时需要注意其收款时间及收款性质。

14．长期股权投资

长期股权投资包括企业持有的对其子公司、合营企业及联营企业的权益性投资，以及企业持有的对被投资单位不具有控制、共同控制或重大影响且在活跃市场中没有报价、公允价值不能可靠计量的权益性投资。长期股权投资的分析，可以从以下几个方面进行：一是长期股权投资构成分析；二是投资收益分析；三是长期股权投资减值准备分析。

15．其他权益工具投资

其他权益工具投资项目，反映资产负债表日企业指定为以公允价值计量且其变动计入其他综合收益的非交易性权益工具投资的期末账面价值。该部分资产公允价值的变动计入其他综合收益，排除了人为干预企业利润的空间。

16．投资性房地产

投资性房地产包括土地、房产等不同的投资对象。不同的投资对象的价值变动风险不同，增值潜力也不尽相同，因此，应分析投资性房地产的结构情况及其所蕴含的风险与收益。投资性房地产的计价方法及其变更情况反映了投资性房地产本身的市场状况，也反映了企业会计政策方面的考虑。会计政策与估计是否具有一贯性在一定程度上反映了投资性房地产金额的可信度。

投资性房地产是成本与实际价值背离最大的资产项目之一，在采用公允价值进行计量时，账面价值与实际价值的背离程度较小，但在采用成本模式进行计量时，其实际价值与账面价值的背离程度非常大，因此计价方法的选择至关重要。

17. 固定资产

固定资产占用资金数额较大，资金周转时间长，是资产管理的重点，分析该项目时应注意以下两个方面。

（1）固定资产的构成。一般固定资产分为生产经营用固定资产、非生产经营用固定资产和闲置固定资产三类。这三类中只有生产经营用固定资产能为企业带来盈利，在分析该项目时，应结合固定资产明细表，了解固定资产的构成是否合理。

（2）固定资产占总资产的比例。固定资产的规模和结构与企业所处行业的性质直接相关，制造企业的固定资产比重较大，服务业或其他行业的固定资产相对较少，因此，应结合行业具体分析。

18. 在建工程

在建工程包括固定资产新建工程、改建工程及扩建工程等。投资在建工程的目的是最终使其成为固定资产，增加企业的生产经营能力，因此保质保量地早日完工对企业具有重大意义。

在建工程项目分析重点包括以下内容。

（1）借款费用资本化。按规定在符合一定条件的情况下，与固定资产建造过程有关的借款费用可以资本化计入在建工程，企业应当严格确定资本化区间，把握借款费用资本化起止的时点。在分析时重点关注企业是否将不能资本化的借款费用计入了在建工程。

（2）固定资产投资变动率。首先，分析企业在建工程年初、年末数额的增减变动及其在固定资产合计数中的比重变化，反映是否合理安排工程支出，减少未完工程比重。其次，结合在建工程所提供的项目明细资料，进行在建工程完工程度分析和支出结构分析。

19. 使用权资产

使用权资产反映资产负债表日承租人持有的使用权资产的期末账面价值。在新租赁准则下，承租人不再区分经营租赁和融资租赁，为防止表外融资，资产和义务初始确认均按照未来租金的折现值确认，对净资产没有任何影响，同时，资产使用权确认为资产，后续折旧；在分析中，我们把"使用权资产"作为长期经营资产，在分析时要注意结合其合同资产标的来进行。

20. 无形资产

对无形资产的分析应注意其账面价值是否被高估或低估，为此，分析时应注意以下两个方面的问题。

（1）无形资产账面价值大于实际价值的情况。会计准则允许企业的开发性支出在一定条件下资本化，因此分析人员首先应当关注企业是否严格遵循了相关要求，是否有扩大资本化的倾向。其次，应当检查企业无形资产的摊销政策，对于应当采用加速摊销法的，是否使用了直线摊销法。

（2）无形资产账面价值小于实际价值的情况。鉴于相关支出是作为无形资产入账的，为了严格会计准则要求，企业实际形成无形资产的一些支出（尤其是自创的无形资产）只能费用化，从而形成账外无形资产。例如，对于企业自创商标的支出，其中发生的大额广告费用在进行财务分析时就不能仅仅将其计入当期损益。

21. 开发支出

开发支出项目反映企业开发无形资产过程中能够资本化形成无形资产成本的支出部分。在分析时，需要关注该项金额的大小；如果过大，则需要关注企业是否真正注重研发还是另有隐情。

2.1.4 资产负债表项目分析——负债项目

1. 短期借款

短期借款是指企业向银行或其他金融机构借入的期限在 1 年以内（含 1 年）的各种借款。短期借款一般是企业为了维持正常的生产经营活动所需的资金而借入的或者为抵偿某项债务而借入的款项。短期借款数量的多少一般取决于企业生产经营对流动资金的需要。适量的短期借款是必需的，但如果持有数量超出了企业的实际需要，则会给企业带来不利影响。在进行财务报表分析时，要关注短期借款持有量的变动。

短期借款的数量与企业经营需要以及企业筹资政策有关，应重点关注短期借款与流动资产是否相适应，同时注意企业筹资政策。由于短期借款的数量变动会相应地带动非流动负债的增减，负债结构的变化会引起成本和风险的相应变动，所以分析企业筹资政策可以得出短期借款数量是否适当的结论。

2. 交易性金融负债

交易性金融负债反映企业资产负债表日承担的交易性金融负债的公允价值，是指企业持有的直接指定为以公允价值计量且其变动计入当期损益的金融负债的期末账面价值。

3. 应付票据

应付票据的付款时间具有约束力，如果企业不能到期支付，不仅会影响企业的信誉和日后资金筹集，而且还会招致银行的处罚。因此，在进行报表分析时，企业应当认真分析其应付票据，了解应付票据的到期情况，评价其是否能按期偿付。相对应付账款而言，应付票据的压力和风险较大，分析人员应注意：第一，应付票据是否带息，企业是否发生过延期支付到期票据的情况；第二，企业开具的商业汇票是银行承兑汇票还是商业承兑汇票，如果是后者居多，应当进一步分析企业是否存在信用状况下降和资金匮乏的问题。如果是关联方发生的应付票据，应了解关联方交易的事项、价格、目的等因素。

4. 应付账款

应付账款属于企业的一种短期资金来源，是企业最常见、最普遍的流动负债，其期限一般都在 30～60 天，而且一般不用支付利息，有的供货单位为刺激客户及时付款设置了现金折扣。如果企业不按期偿付应付账款，不仅不能享受现金折扣优惠，而且会影响企业信誉，使企业以后无法充分利用这种资金来源，影响企业未来发展。因此，在对应付账款进行分析时，应注意观察其中有无异常情况，并测定未来的现金流量，以保证及时偿付各种应付账款。

5. 预收账款

预收账款是指企业向购货方预收的购货订金或部分货款。分析人员在分析时，应当对预收账款引起足够的重视，因为预收账款一般是按收入的一定比例预交的，通过预收账款的变化可以预测企业未来营业收入的变动，而且预收账款作为一种短期资金来源，成本很低，风险也很小。该债务是一种"良性"债务，预示着企业产品销售情况很好。但分析过程中若发现预收账款是由大量的关联交易产生的，则应注意这是否为企业之间的一种变相借贷方式。因此，分析预收账款的重点是关注其是否由企业产品销售而形成，否则该项目增加就是低质量的。

6. 合同负债

合同负债项目反映企业按照《企业会计准则第 14 号——收入》（财会〔2017〕22 号）的相关规定，根据本企业履行履约义务与客户付款之间的关系在资产负债表中列示的合同负债。

7. 应付职工薪酬

应付职工薪酬是企业对企业职工的一项短期负债。职工薪酬是指企业为获得职工提供的服务而给予各种形式的报酬以及其他相关支出。职工薪酬包括职工工资、奖金、津贴和补贴等，职工福利费，医疗保险费、养老保险费、失业保险费、工伤保险费和生育保险费等社会保险费，住房公积金，工会经费和职工教育经费，非货币性福利，因解除与职工的劳动关系给予的补偿，其他与获得职工提供的服务相关的支出。分析应付职工薪酬关键在于确认其是否为企业的真正负债，企业是否通过此账户调节利润。

8. 应交税费

企业依法缴纳的税金，主要包括增值税、消费税、资源税、城市维护建设税等商品流转税，房产税、土地使用税、车船使用税、矿产资源补偿费等费用性税金，土地增值税等资本性支出税金，以及企业所得税，此外还有代扣代缴的个人所得税。这些税金在未缴纳之前，形成企业的一项负债。应交税费的变动与企业销售收入、利润的变动相关，分析时应注意查明企业有无拖欠国家税款的现象。

9. 其他应付款

其他应付款是指企业除应付账款与预收账款外，应付或暂收其他单位与个人的款项，一般包括暂收其他单位与个人的保证金和押金、应付保险费、应付经营性租入资产的租金、应付统筹退休金等。对该项目进行分析时应注意与销售业务的债务相比，其数额不应过大，时间不应过长，分析人员应重点关注企业有无利用该项目进行非法资金拆借、转移营业收入等违规行为。

10. 持有待售负债

该项目为《关于修订印发 2019 年度一般企业财务报表格式的通知》（财会〔2019〕6 号）中新增项目，主要反映企业资产负债表日划分为持有待售类别的处置组中的流动负债和非流动负债的期末账面价值，对该项目进行分析时，因为它属于非持续性负债，所以要弱化其影响。

11. 长期借款

长期借款是指企业向银行或其他金融机构借入的偿还期在 1 年以上（不含 1 年）的各项借款。举借长期借款的目的在于扩展经营规模、购置大型设备和房地产、扩建厂房等。在分析时应注意长期借款数量的增减变动对企业财务状况的影响。同时，要注意长期借款的数量与用其购建资产的规模的适应程度，以及长期借款费用的处理的合理性与合规性问题。

12. 应付债券

应付债券用于核算企业发行长期债券的本金和利息。长期债券是企业为筹集长期使用资金而发行的一种书面凭证。凭证上所记载的利率、期限等，表明发行债券企业允诺在未来某一特定日期还本付息。企业发行的超过一年期以上的债券，构成一项长期负债。债券的发行价格受同期银行存款利率的影响较大，可能平价发行、溢价发行和折价发行。债券发行后如果企业偿付遇到了困难或预期存在困难，债券价格将会下降，企业资信能力受损，再融资将更加困难。在进行分析时，需要对债券的价格、增减变动给予重点关注，从而考察债券对企业财务状况的影响。

13. 租赁负债

租赁负债反映资产负债表日承租人尚未支付的租赁付款额的期末账面价值。自资产负债表日起一年内到期应予以清偿的租赁负债的期末账面价值，在"一年内到期的非流动负债"中项目反映。

在新租赁准则下，承租人不再区分经营租赁和融资租赁，为防止表外融资，资产和义务初始确认均按照未来租金的折现值确认，对净资产没有任何影响，对支付租金义务确认为负债，后续用摊余成本计量。在分析中，由于租赁本身的实质是融资行为，因此本书把"租赁负债"作为有息债务。

2.1.5 资产负债表项目分析——所有者权益项目

1. 实收资本或股本

实收资本或股本具有不需要支付利息、无期限限制、金额相对固定不变等特点。企业投资者增加投入资本，会使营运资金增加，表明投资者对企业未来的生产经营充满信心。将实收资本或股本与企业注册资本数额相比较，如果该项目的数额小于注册资本的数额，说明该企业的注册资本存在不到位的现象。

2. 其他权益工具

其他权益工具项目反映资产负债表日企业发行在外的除普通股以外分类为权益工具的金融工具的期末账面价值，下设"优先股"和"永续债"两个项目，分别反映企业发行的分类为权益工具的优先股和永续债的账面价值。

3. 资本公积

分析人员在对资本公积进行分析时，应注意资本公积构成的合理性。资本溢价（或股本溢价）是"准资本"，而直接计入所有者权益的利得和损失是具有"损益性质"的资本公积。报表使用者必须深入认识资本公积的性质，了解资本公积信息的充分性及股本扩张能力，借此才能评价所有者权益各组成部分的结构是否合理，避免过度使用资本公积。

4. 其他综合收益

其他综合收益项目反映企业其他综合收益的期末余额。该项目是将部分原记在"其他资本公积"中的内容重新分类到"其他综合收益"中。

5. 专项储备

专项储备项目反映高危行业企业按国家规定提取的安全生产费的期末账面价值。

6. 盈余公积

盈余公积是指从企业实现的净利润中按法定比例或者自行额外从净利润中提取留存在企业中用于企业未来发展的积累资金，该部分金额越大表明企业以往的盈利能力越强，对于企业来说，在所有者权益中，盈余公积最为稳定，既无使用期限又无须支付利息。企业的盈余公积可以用于弥补亏损、转增资本（或股本）和扩大企业生产经营。对盈余公积的分析主要包括：了解盈余公积的变动总额、变动原因和变动趋势，评价其变动的合理性。

7．未分配利润

未分配利润项目是企业实现净利润后，经过提取法定盈余公积或者任意盈余公积、向股东分配利润后的剩余金额，留存企业用于未来发展的资金，该项目变动金额的多少，取决于企业的盈亏状况和企业的利润分配政策。未分配利润相对于盈余公积而言，属于未确定用途的留存收益，所以企业在使用未分配利润上有较大的自主权，且无须支付利息，财务分析人员在分析时要注重分析、评价其变动的合理性。

2.1.6 资产负债表水平分析

资产负债表水平分析的目的就是从总体上概括了解资产、负债、权益的变动情况，揭示资产、负债和所有者权益变动的差异，分析其差异产生的原因。资产负债表水平分析就是通过水平分析法，将资产负债表的实际数与选定的标准进行比较，编制出资产负债表水平分析表，在此基础上进行评价。

资产负债表水平分析要根据分析的目的来选择比较的标准（基期）。若分析的目的在于揭示资产负债表的实际变动情况，分析产生实际差异的原因，其比较的标准应选择资产负债表的上年实际数；若分析的目的在于揭示资产负债表的预算或计划情况，分析影响资产负债表预算或计划执行情况的原因，其比较的标准应选择资产负债表的预算数或计划数。

资产负债表水平分析除了要计算某项目的变动额和变动率，还应计算出该项目变动对总资产或总负债和所有者权益总额的影响程度，以便确定影响总资产或总负债和所有者权益总额的重点项目，为进一步分析指明方向。

$$\frac{某项目变动对总资产}{（或总权益）的影响（\%）} = \frac{某项目的变动额}{基期总资产（或总权益）} \times 100\%$$

下面以A电器股份有限公司（母公司个别报表）本年年度报告中公布的资产负债表为例，编制其水平分析表并进行分析，如表2-2所示。

表2-2 资产负债表水平分析表

编制单位：A电器股份有限公司　　　　　　　本年12月31日　　　　　　　单位：元

项目	本年期末数	上年期末数	本年比上年		对总资产（权益总额）的影响（%）
			变动额	变动率（%）	
流动资产：					
货币资金	56 549 689 744.49	39 503 710 543.78	17 045 979 200.71	43.15	15.02
交易性金融资产					
衍生金融资产	84 177 518.23	916 366 023.72	-832 188 505.49	-90.81	-0.73
应收票据	49 431 835 044.64	45 309 194 550.85	4 122 640 493.79	9.10	3.63
应收账款	867 519 605.52	772 755 153.09	94 764 452.43	12.26	0.08
预付款项	2 372 298 627.17	597 286 598.10	1 775 012 029.07	297.18	1.56
应收利息	1 444 828 732.56	794 608 647.89	650 220 084.67	81.83	0.57
应收股利					
其他应收款	690 428 604.35	804 546 552.00	-114 117 947.65	-14.18	-0.10
存货	6 628 236 813.58	9 301 853 183.85	-2 673 616 370.27	-28.74	-2.36

续表

项目	本年期末数	上年期末数	本年比上年		对总资产（权益总额）的影响（%）
			变动额	变动率（%）	
划分为持有待售的资产					
一年内到期的非流动资产					
其他流动资产	85 535 051.53	100 853 889.36	−15 318 837.83	−15.19	−0.01
流动资产合计	118 154 549 742.07	98 101 175 142.64	20 053 374 599.43	20.44	17.67
非流动资产：					
债权投资					
其他债权投资					
长期应收款					
长期股权投资	6 537 975 197.84	5 978 184 120.05	559 791 077.79	9.36	0.49
其他权益工具投资					
投资性房地产	32 814 796.21	34 059 734.65	−1 244 938.44	−3.66	0.00
固定资产	3 644 985 397.40	3 621 368 109.21	23 617 288.19	0.65	0.02
在建工程	19 774 148.54	216 275 796.27	−196 501 647.73	−90.86	−0.17
工程物资					
固定资产清理	5 719 971.02	5 685 130.31	34 840.71	0.61	0.00
生产性生物资产					
油气资产					
使用权资产					
无形资产	230 278 938.39	217 012 134.42	13 266 803.97	6.11	0.01
开发支出					
商誉					
长期待摊费用					
递延所得税资产	7 600 112 360.47	5 288 973 862.76	2 311 138 497.71	43.70	2.04
其他非流动资产					
非流动资产合计	18 071 660 809.87	15 361 558 887.67	2 710 101 922.20	17.64	2.39
资产总计	136 226 210 551.94	113 462 734 030.31	22 763 476 521.63	20.06	20.06
流动负债：					
短期借款		1 371 499 779.14	−1 371 499 779.14	−100.00	−1.21
交易性金融负债					
衍生金融负债					
应付票据	5 999 909 205.58	7 564 036 735.17	−1 564 127 529.59	−20.68	−1.38
应付账款	36 838 580 264.43	31 379 703 785.95	5 458 876 478.48	17.40	4.81
预收款项	8 524 176 232.97	13 777 662 550.34	−5 253 486 317.37	−38.13	−4.63
合同负债					
应付职工薪酬	799 500 790.48	766 672 180.18	32 828 610.30	4.28	0.03

续表

项目	本年期末数	上年期末数	本年比上年		对总资产（权益总额）的影响（%）
			变动额	变动率（%）	
应交税费	7 188 383 987.01	5 072 733 232.61	2 115 650 754.40	41.71	1.86
应付利息	2 054 740.94	14 751 236.87	−12 696 495.93	−86.07	−0.01
应付股利	602 881.87	602 881.87	0.00	0.00	0.00
其他应付款	574 663 407.65	540 716 495.94	33 946 911.71	6.28	0.03
划分为持有待售的负债					
一年内到期的非流动负债	1 571 943 705.56	205 007 550.84	1 366 936 154.72	666.77	1.20
其他流动负债	48 688 587 593.39	30 634 828 689.00	18 053 758 904.39	58.93	15.91
流动负债合计	110 188 402 809.88	91 328 215 117.91	18 860 187 691.97	20.65	16.62
非流动负债：					
长期借款	2 258 969 252.88	887 608 831.59	1 371 360 421.29	154.50	1.21
应付债券					
租赁负债					
长期应付款	106 716 248.00	92 923 562.00	13 792 686.00	14.84	0.01
专项应付款					
预计负债					
递延收益	66 958 361.74	23 932 402.89	43 025 958.85	179.78	0.04
递延所得税负债	229 362 324.98	258 933 140.83	−29 570 815.85	−11.42	−0.03
其他非流动负债					
非流动负债合计	2 662 006 187.60	1 263 397 937.31	1 398 608 250.29	110.70	1.23
负债合计	112 850 408 997.48	92 591 613 055.22	20 258 795 942.26	21.88	17.86
所有者权益（或股东权益）：					
实收资本（或股本）	3 007 865 439.00	3 007 865 439.00	0.00	0.00	0.00
其他权益工具					
资本公积	3 198 838 934.25	3 194 073 297.47	4 765 636.78	0.15	0.00
其他综合收益	−42 371 423.77	25 919 074.26	−68 290 498.03	−263.48	−0.06
专项储备					
盈余公积	2 955 531 032.15	2 955 531 032.15	0.00	0.00	0.00
未分配利润	14 255 937 572.83	11 687 732 132.21	2 568 205 440.62	21.97	2.26
所有者权益合计	23 375 801 554.46	20 871 120 975.09	2 504 680 579.37	12.00	2.21
负债和所有者权益总计	136 226 210 551.94	113 462 734 030.31	22 763 476 521.63	20.06	20.06

1. 从投资或资产的角度进行分析评价

从投资或资产的角度进行分析评价主要包括以下几个方面。

（1）分析总资产规模的变动状况以及各类、各项资产的变动状况，揭示资产变动的主要原因，从总体上了解企业资产经历一定经营时期后出现的变动情况。

（2）分析变动幅度较大或对总资产变动影响较大的重点项目，该项目变动对总资产变动的影响，不仅取决于该项目本身的变动程度，还取决于该项目在总资产中所占的比重。当某项目本身变动幅度较大时，如果该项目在总资产中所占比重较小，则该项目变动对总资产的变动就不会有太大影响。反之，即使某项目本身变动幅度较小，但该项目在总资产中所占比重较大，则其对总资产变动的影响程度也很大。

结合以上资产负债表水平分析表，可以对该公司总资产的变动情况做出以下分析评价。

该公司本年年末资产总额较上年年末增加了 22 763 476 521.63 元，增长幅度为 20.06%，说明A电器股份有限公司本年资产规模有较大幅度的增长，进一步分析可以得出以下结论。

流动资产本年年末较上年年末增加了 20 053 374 599.43 元，增长幅度为 20.44%，使总资产规模增长了 17.67%，说明该公司本年度资产总额的增长主要来自流动资产增长的贡献。非流动资产本期增加了 2 710 101 922.20 元，增长幅度为 17.64%，对总资产规模的增长贡献为 2.39%。

本期资产的增长主要体现在流动资产的增长上，其增长主要包括三个方面。一是货币资金出现大幅度增长，货币资金本期增长了 17 045 979 200.71 元，增长幅度为 43.15%，对总资产的影响程度为 15.02%，说明该公司的资金回笼程度很高，货币资金的大幅度增长对提高企业的偿债能力、满足资金流动性需要都是非常有利的。二是应收票据项目也出现较大幅度增长，应收票据项目本期增长了 4 122 640 493.79 元，增长幅度为 9.10%，对总资产的贡献程度为 3.63%，货币资金和应收票据的数据表明该公司的整体经营业绩是稳定增长的，而且销售回款质量是比较高的，安全性系数较高。三是预付款项本年度增长了 1 775 012 029.07 元，增长幅度为 297.18%，对总资产的影响程度为 1.56%，该项目呈现出爆发式增长，增长幅度巨大，说明该公司资金被其他单位占用情况严重，可能是由于该公司销售业绩旺盛，大量购进原材料所预先支付的货款，但也可能是该公司向其他有关单位提供了贷款，总之该项目金额过大，传递的不是一个很好的信号。

该公司本年年末在非流动资产方面相比上年年末，变动金额不是太大，首先体现在递延所得税资产的变动上，该项目本期增加了 2 311 138 497.71 元，增长 43.70%，对总资产变动的影响程度为 2.04%，表明该公司在所得税纳税上，为后期积累了更多的待抵扣资产；其次体现在长期股权投资项目上，该项目本期增加了 559 791 077.79 元，增长 9.36%，对总资产变动的影响程度为 0.49%，表明该公司在对外扩张上稳步推进，从其他非流动资产金额上来看，该公司保持一个比较平稳的发展态势。

2. 从筹资或权益角度进行分析评价

从筹资或权益角度进行分析评价主要从以下几个方面进行。

（1）分析权益总额的变动状况以及各类、各项筹资的变动情况，揭示引起权益总额变动的主要项目，从总体上了解企业经过一定时期经营后权益总额的变动情况。

（2）分析变动幅度较大或对权益总额变动影响较大的重点项目，揭示变动的真正原因。

结合以上资产负债表水平分析表，可以对A电器股份有限公司权益总额变动情况做出以下分析评价。

该公司权益总额较上年年末增加了 22 763 476 521.63 元，增长幅度为 20.06%，说明该公司权益总额有较大幅度的增长，进一步分析可以得出以下结论。

负债项目本期增加了 20 258 795 942.26 元，增长幅度为 21.88%，使权益总额增长了 17.86%；所有者权益本期增加了 2 504 680 579.37 元，增长幅度为 12.00%，使权益总额增长了 2.21%，两项合计使权益总额本期增加了 22 763 476 521.63 元, 增长幅度为 20.06%。可见本期权益总额增长主要体现在负债的增长上。

　　而负债的增长主要体现在流动负债的飞速增加上。流动负债的数据显示, 本年年末相比上年年末增长了 18 860 187 691.97 元, 增长幅度为 20.65%, 该项目的变化使权益总额增长了 16.62%, 通过对流动负债项目的进一步分析, 可以发现本期流动负债项目的增长主要体现在应付账款、应交税费和其他流动负债三个项目的增长上, 其中应付账款本期增长了 5 458 876 478.48 元, 增长幅度为 17.40%, 导致权益增长了 4.81%, 应付账款的增长显示了公司在购进原材料等方面充分利用了商业信用, 但是应特别注意其偿付时间, 以便做好资金方面的准备, 避免出现到期支付能力不足而影响公司信誉的情况。应交税费本期增长了 2 115 650 754.40 元, 增长幅度为 41.71%, 导致权益总额增长了 1.86%, 税费的增加与递延所得税资产项目的增加形成了对应关系, 但应注意企业是否存在拖欠税费的情况。流动负债中增长最大的项目是其他流动负债, 该项目本期增加了 18 053 758 904.39 元, 同比增长幅度为 58.93%, 导致权益总额增长了 15.91%。通过该公司的财务报表附注, 可以发现该项目的增长主要是应付安装维修费、应付销售返利等因素造成的。

　　非流动负债方面, 非流动负债本期增长了 1 398 608 250.29 元, 增长幅度为 110.70%, 对权益总额的影响为 1.23%, 其中长期借款的增加是主要原因。长期借款本期增加了 1 371 360 421.29 元, 增长幅度高达 154.50%, 对权益总额的影响为 1.21%, 使公司面临一定的财务风险。长期借款的增加可能是公司扩大生产规模、企业扩张等因素所致, 公司未来应当注意利息的支付和借款的偿还期限。

　　所有者权益本期增加了 2 504 680 579.37 元, 增长幅度为 12.00%, 对权益总额的影响为 2.21%。其中实收资本和盈余公积没有变化。盈余公积没有增加的原因是其计提的金额已经达到了注册资本的 98.26%, 按照相关规定, 盈余公积达到注册资本的 50% 就可以不再计提。未分配利润本期增长了 2 568 205 440.62 元, 增长幅度为 21.97%, 对权益总额的影响为 2.26%, 说明 A 电器股份有限公司本期增加积累, 增加了未分配利润, 未分配利润出现一定幅度的增长, 需要结合利润表进行进一步分析。

　　值得注意的是, 权益各项目的变动既可能是企业经营活动造成的, 也可能是企业会计政策变更造成的。因此, 只有结合权益各项目变动情况的分析, 才能揭示权益总额变动的真正原因。

2.1.7　资产负债表垂直分析

　　资产负债表垂直分析表反映了资产负债表各项目的相互关系及各项目所占的比重。资产负债表垂直分析是通过计算资产负债表中各项目占总资产或权益总额的比重, 来分析评价企业的资产结构和权益结构变动的合理程度。具体来说有以下三个方面的内容。

　　第一, 分析评价企业资产结构的变动情况及变动的合理性。

　　第二, 分析评价企业资本结构的变动情况及变动的合理性。

　　第三, 分析评价企业资产结构与资本结构的适应程度。

　　资产负债表垂直分析可以从静态角度和动态角度两个方面进行。从静态角度分析, 就是以本期资产负债表为分析对象, 分析评价其实际构成情况。从动态角度分析, 就是将资产负债表的本期实际构成与选定的标准进行对比分析, 对比的标准可以是上期实际数、预算数和同行业的平均数或可比企业的实际数, 其选择可根据分析目的的确定。

下面以 A 电器股份有限公司（母公司个别报表）本年年度报告中公布的资产负债表为例编制其垂直分析表并进行分析，如表 2-3 所示。

表 2-3　　　　　　　　　　　　资产负债表垂直分析表

编制单位：A 电器股份有限公司　　　　　　　　本年 12 月 31 日　　　　　　　　　　　　单位：元

项目	本年期末数	上年期末数	结构（占总资产或权益总额的比重）（%）		
			本年	上年	变动情况
流动资产：					
货币资金	56 549 689 744.49	39 503 710 543.78	41.51	34.82	6.70
交易性金融资产					
衍生金融资产	84 177 518.23	916 366 023.72	0.06	0.81	−0.75
应收票据	49 431 835 044.64	45 309 194 550.85	36.29	39.93	−3.65
应收账款	867 519 605.52	772 755 153.09	0.64	0.68	−0.04
预付款项	2 372 298 627.17	597 286 598.10	1.74	0.53	1.22
应收利息	1 444 828 732.56	794 608 647.89	1.06	0.70	0.36
应收股利					
其他应收款	690 428 604.35	804 546 552.00	0.51	0.71	−0.20
存货	6 628 236 813.58	9 301 853 183.85	4.87	8.20	−3.33
划分为持有待售的资产					
一年内到期的非流动资产					
其他流动资产	85 535 051.53	100 853 889.36	0.06	0.09	−0.03
流动资产合计	118 154 549 742.07	98 101 175 142.64	86.73	86.46	0.27
非流动资产：					
债权投资					
其他债权投资					
长期应收款					
长期股权投资	6 537 975 197.84	5 978 184 120.05	4.80	5.27	−0.47
其他权益工具投资					
投资性房地产	32 814 796.21	34 059 734.65	0.02	0.03	−0.01
固定资产	3 644 985 397.40	3 621 368 109.21	2.68	3.19	−0.52
在建工程	19 774 148.54	216 275 796.27	0.01	0.19	−0.18
工程物资					
固定资产清理	5 719 971.02	5 685 130.31	0.00	0.01	0.00
生产性生物资产					
油气资产					
使用权资产					
无形资产	230 278 938.39	217 012 134.42	0.17	0.19	−0.02
开发支出					
商誉					

续表

项目	本年期末数	上年期末数	结构（占总资产或权益总额的比重）（%）		
			本年	上年	变动情况
长期待摊费用					
递延所得税资产	7 600 112 360.47	5 288 973 862.76	5.58	4.66	0.92
其他非流动资产					
非流动资产合计	18 071 660 809.87	15 361 558 887.67	13.27	13.54	-0.27
资产总计	136 226 210 551.94	113 462 734 030.31	100.00	100.00	0.00
流动负债：					
短期借款		1 371 499 779.14	0.00	1.21	-1.21
交易性金融负债					
衍生金融负债					
应付票据	5 999 909 205.58	7 564 036 735.17	4.40	6.67	-2.26
应付账款	36 838 580 264.43	31 379 703 785.95	27.04	27.66	-0.61
预收款项	8 524 176 232.97	13 777 662 550.34	6.26	12.14	-5.89
合同负债					
应付职工薪酬	799 500 790.48	766 672 180.18	0.59	0.68	-0.09
应交税费	7 188 383 987.01	5 072 733 232.61	5.28	4.47	0.81
应付利息	2 054 740.94	14 751 236.87	0.00	0.01	-0.01
应付股利	602 881.87	602 881.87	0.00	0.00	0.00
其他应付款	574 663 407.65	540 716 495.94	0.42	0.48	-0.05
划分为持有待售的负债					
一年内到期的非流动负债	1 571 943 705.56	205 007 550.84	1.15	0.18	0.97
其他流动负债	48 688 587 593.39	30 634 828 689.00	35.74	27.00	8.74
流动负债合计	110 188 402 809.88	91 328 215 117.91	80.89	80.49	0.39
非流动负债：					
长期借款	2 258 969 252.88	887 608 831.59	1.66	0.78	0.88
应付债券					
租赁负债					
长期应付款	106 716 248.00	92 923 562.00	0.08	0.08	0.00
专项应付款					
预计负债					
递延收益	66 958 361.74	23 932 402.89	0.05	0.02	0.03
递延所得税负债	229 362 324.98	258 933 140.83	0.17	0.23	-0.06
其他非流动负债					
非流动负债合计	2 662 006 187.60	1 263 397 937.31	1.95	1.11	0.84
负债合计	112 850 408 997.48	92 591 613 055.22	82.84	81.61	1.24
所有者权益（或股东权益）：					
实收资本（或股本）	3 007 865 439.00	3 007 865 439.00	2.21	2.65	-0.44

02

项目	本年期末数	上年期末数	结构（占总资产或权益总额的比重）（%）		
			本年	上年	变动情况
其他权益工具					
资本公积	3 198 838 934.25	3 194 073 297.47	2.35	2.82	−0.47
其他综合收益	−42 371 423.77	25 919 074.26	−0.03	0.02	−0.05
专项储备					
盈余公积	2 955 531 032.15	2 955 531 032.15	2.17	2.60	−0.44
未分配利润	14 255 937 572.83	11 687 732 132.21	10.46	10.30	0.16
所有者权益合计	23 375 801 554.46	20 871 120 975.09	17.16	18.39	−1.24
负债和所有者权益总计	136 226 210 551.94	113 462 734 030.31	100.00	100.00	0.00

1. 资产结构的评价

根据表 2-3 提供的数据，可以从以下两个方面对企业的资产结构进行分析评价。

从静态方面分析：该公司本年流动资产比重高达 86.73%，非流动资产比重仅为 13.27%。根据这样的资产结构，可以认为 A 电器公司资产的流动性很强，资产风险较小，灵活性较强，但这种结构的稳定性较弱。

从动态方面分析：本年该公司流动资产比重较上年上升了 0.27%，其中货币资金的比重上升了 6.70%，预付款项的比重上升了 1.22%，应收票据的比重下降了 3.65%，存货的比重下降了 3.33%。各项非流动资产的变动幅度都不大，说明该公司的资产结构在发展过程中相对比较稳定。

2. 资本结构的评价

根据表 2-3 提供的数据，可以从以下两个方面对企业的资本结构进行分析评价。

从静态方面看，该公司本年负债比重为 82.84%，所有者权益比重为 17.16%，资产负债率极高，公司财务风险非常大，这也与该公司保留足够的流动资产形成对应关系。

从动态方面分析，本年该公司所有者权益比重较上年下降了 1.24%，负债比重上升了 1.24%，流动负债项目中应付票据所占比重下降了 2.26%，预收款项比重下降了 5.89%，其他流动负债比重上升了 8.74%，其余各项目变动幅度不大，表明 A 电器公司资本结构还是比较稳定的，充分利用了负债的财务杠杆效应，但是应警惕财务风险的发生。

2.2 利润表

2.2.1 利润表的格式

利润表主要提供有关企业经营成果方面的信息，可以反映企业一定会计期间的收入实现情况、费用耗费情况、利润的构成以及净利润实现情况等，有助于使用者判断净利润的质量及其风险，有助于使用者预测净利润的持续性，从而做出正确的决策。

利润表一般包括表首、正表两个部分。表首说明报表名称、编制单位、编制日期、报表编号、货币名称、计量单位等。正表是利润表的主体，反映形成经营成果的各个项目和计算过程。利润表正表的格式一般有单步式利润表和多步式利润表两种。我国最新会计准则要求企业采用多步式利润表，其格式如表 2-4 所示。它是通过对当期的收入、费用、支出项目按性质加以归类，按利润形成的主要环节列示一些中间性利润指标，例如营业利润、利润总额、净利润，分步计算当期净损益。

表 2-4　　　　　　　　　　　　　　　　利润表

编制单位：　　　　　　　　　　　　　　年　月　　　　　　　　　　　　　　　　单位：元

项目	本期数	上期数
一、营业收入		
减：营业成本		
税金及附加		
销售费用		
管理费用		
研发费用		
财务费用		
其中：利息费用		
利息收入		
加：其他收益		
投资收益（损失以"-"号填列）		
其中：对联营企业和合营企业的投资收益		
以摊余成本计量的金融资产终止确认收益（损失以"-"号填列）		
净敞口套期收益（损失以"-"号填列）		
公允价值变动收益（损失以"-"号填列）		
信用减值损失（损失以"-"号填列）		
资产减值损失（损失以"-"号填列）		
资产处置收益（损失以"-"号填列）		
二、营业利润（亏损以"-"号填列）		
加：营业外收入		
减：营业外支出		
三、利润总额（亏损总额以"-"号填列）		
减：所得税费用		
四、净利润（净亏损以"-"号填列）		
（一）持续经营净利润（净亏损以"-"号填列）		
（二）终止经营净利润（净亏损以"-"号填列）		
五、其他综合收益的税后净额		
（一）不能重分类进损益的其他综合收益		
……		
（二）将重分类进损益的其他综合收益		
……		
六、综合收益总额		
七、每股收益		
（一）基本每股收益		
（二）稀释每股收益		

2.2.2 分析利润表的目的与内容

1. 分析的目的

分析利润表的目的主要有以下 3 个。

（1）正确评价企业报告期经济活动的业绩。营业收入、利润、每股收益与综合收益等指标是衡量企业经济活动业绩的重要指标。这些指标都属于利润表的重要项目，通过对这些项目的绝对数和相对数进行纵向、横向的比较和分析，再结合资产负债表和现金流量表等数据，可以评价企业在报告期经济活动的业绩及其质量。

（2）及时地发现企业经营管理中存在的问题。利润表在某种程度上是企业经济活动的"晴雨表"，企业经济活动的业绩都会通过利润表反映出来。通过对企业利润表的分析既可以看到企业取得的成绩，又能发现企业经济活动中存在的问题。因此，通过对利润表的分析，企业经营者可以发现企业存在的问题或不足，为进一步改进企业经营管理工作指明方向。

（3）为利益相关者的决策提供有用的信息支持。通过对企业利润表的分析，企业的投资者、债权人以及其他利益相关者既能够获得企业报告期营业规模和获利能力方面的信息，也能进一步推断企业未来期间经营活动的潜力及盈利前景，从而为相应的投资决策、信贷决策以及其他相关的决策提供必要的信息支持。

微课：分析利润表的目的与内容

2. 分析的内容

利润表的分析内容包括以下 5 个方面。

（1）利润额增减变动分析。利润额增减变动分析即通过对利润表的比较分析，从利润的形成和分配两个方面，分析利润额的变动情况，揭示企业在利润形成与分配各环节的会计政策、管理业绩及存在的问题。

（2）利润结构变动分析。利润结构变动分析主要是在对利润表进行结构分析的基础上，揭示各项利润及成本费用与收入的关系，以反映企业各环节的利润构成、利润及成本费用水平。

（3）收入分析。收入是利润的来源，是影响利润的关键因素。企业收入分析的内容包括收入的确认与计量分析、影响收入的价格因素与销售量因素分析、企业收入的构成分析等。

（4）成本费用分析。成本费用分析包括营业成本分析和期间费用分析两个部分，其中，期间费用包括管理费用、销售费用和财务费用，通过分析揭示各项成本费用升降的原因，为进一步分析利润表找到方向。

（5）其他损益项目分析。其他损益项目分析主要包括资产减值损失、公允价值变动收益、投资收益、营业外收支以及所得税费用的分析。

2.2.3 分析利润表的主要项目

1. 营业利润项目

企业营业利润代表了企业的总体经营管理水平和效果，很大程度上决定着企业净利润的数量和收益的持久性。营业利润包括营业收入、营业成本、税金及附加、销售费用、管理费用、财务费用、资产减值损失、公允价值变动收益、投资收益等项目。一般来说，营业利润应是企业利润形成的主要渠道。要想深入了解企业经营状况的好坏，还应深入分析构成营业利润的每个项目。

（1）营业收入。营业收入是利润的主要来源，是利润表的关键项目。营业收入包括主营业务收入和其他业务收入。在对营业收入进行分析时，应注意以下内容。

① 要分析营业收入的增长幅度。收入增长稳定的企业其生产经营才能正常进行。同时，该增长幅度必须在合理的范围内。一个企业的发展是循序渐进的，其营业收入不可能突然有翻天覆地的增长。如果一个企业营业收入的增长幅度过高，分析人员要注意其可信度。表 2-5 中，A 电器股份有限公司本年的营业收入比上年增长了 16.12%，结合该公司近四年营业收入变动趋势分析图可以发现，本年年度营业收入的增长属于正常增长范围，销售收入稳中有增，也充分显示了家电行业的激烈竞争，如图 2-2 所示。

表 2-5　　　　　　　　　A 电器股份有限公司营业收入增长分析　　　　　　　　　单位：元

类别	本年	上年	增长额	增长率
主营业务收入	122 745 036 614.31	108 052 844 520.69	14 692 192 093.62	13.60%
其他业务收入	15 005 321 781.39	10 575 103 687.90	4 430 218 093.49	41.89%
合计	137 750 358 395.70	118 627 948 208.59	19 122 410 187.11	16.12%

注：上述数据为母公司合并报表数据。

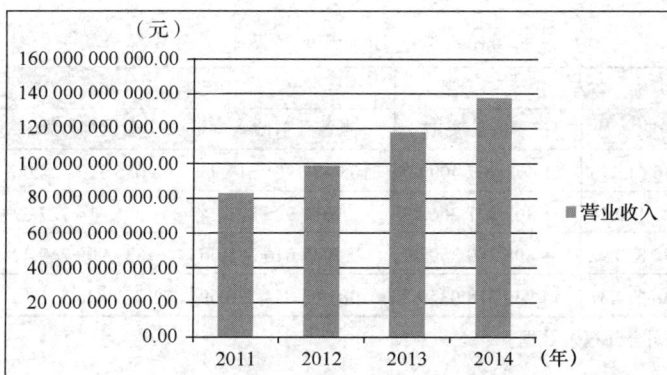

图 2-2　近四年 A 电器股份有限公司营业收入变动趋势分析

② 分析主营业务收入的比重。主营业务收入是企业最稳定的收入来源，在企业总收入中所占的比重通常最大。如果一个企业的主营业务收入逐年下降，而营业收入却在上升，一种情况是，该企业可能在经营战略和经营方式上正在进行转型和调整；另一种情况是，企业可能正处在衰退阶段，其营业收入上升的持久性可能较弱。表 2-6 的数据表明，A 电器股份有限公司的主营业务非常突出，近两年的占比都在 90% 左右。

表 2-6　　　　　　　　　A 电器股份有限公司营业收入构成分析　　　　　　　　　单位：元

类别	绝对数		比重（%）	
	本年	上年	本年	上年
主营业务收入	122 745 036 614.31	108 052 844 520.69	89.11	91.09
其他业务收入	15 005 321 781.39	10 575 103 687.90	10.89	8.91
合计	137 750 358 395.70	118 627 948 208.59	100.00	100.00

注：上述数据为母公司合并报表数据。

③ 分析营业收入的经营种类分布。企业从事多品种经营时，其不同品种的商品或劳务的营业收入构成及变动情况对分析和预测企业的利润具有十分重要的意义。报表使用者要观察占总收入比重较大的商品或劳务的营业收入的变化情况，因为这些收入项目往往是企业过去和目前业绩的构成要素。可以通过这些收入项目的变动，来预测企业利润的发展趋势，从而判断企业的发展走向和增长点。

从表 2-7 和表 2-8 的数据分析情况可以看出，该公司空调业务收入占据主营业务收入的绝对比重，主营业务产品销售突出，且空调业务的毛利率近 40%，在家电行业中实属不易。

表 2-7　　　　　　　　　A 电器股份有限公司主营业务收入构成分析　　　　　　　　　单位：元

产品名称	本年		上年	
	主营业务收入	收入所占比重（%）	主营业务收入	收入所占比重（%）
空调	118 719 140 613.15	96.72	105 487 901 617.95	97.62
生活电器	1 786 123 170.24	1.46	1 617 926 821.24	1.50
其他	2 239 772 830.92	1.82	947 016 081.50	0.88
合计	122 745 036 614.31	100.00	108 052 844 520.69	100.00

注：上述数据为母公司合并报表数据。

表 2-8　　　　　　　　　A 电器股份有限公司主营业务及毛利率情况分析表　　　　　　　　单位：元

产品名称	本年		上年		毛利率（%）	
	主营业务收入	主营业务成本	主营业务收入	主营业务成本	本年	上年
空调	118 719 140 613.15	71 472 207 409.57	105 487 901 617.95	69 085 322 534.06	39.80	34.51
生活电器	1 786 123 170.24	1 369 321 266.99	1 617 926 821.24	1 296 614 727.67	23.34	19.86
其他	2 239 772 830.92	1 898 789 359.27	947 016 081.50	837 909 269.42	15.22	11.52
合计	122 745 036 614.31	74 740 318 035.83	108 052 844 520.69	71 219 846 531.15	39.11	34.09

注：上述数据为母公司合并报表数据。

④ 营业收入的地区构成。在分析营业收入时还应该考虑收入的地区构成，分析哪些地区的收入是企业利润的增长点。不同地区的消费者对不同企业的不同品牌具有不同的偏好，不同地区的市场潜力，在很大程度上制约着企业的未来发展。

从表 2-9 的数据分析情况可以看出，该公司的主营业务收入构成主要来自企业产品的内销，在外部经济环境不景气的背景下，该公司本年的外销收入所占比重较上一年度下降了 3.56%。

表 2-9　　　　　　　　　A 电器股份有限公司主营业务收入分地区构成分析表　　　　　　　　单位：元

地区名称	本年		上年	
	主营业务收入	收入所占比重（%）	主营业务收入	收入所占比重（%）
内销	108 934 550 640.47	88.75	92 051 726 504.66	85.19
外销	13 810 485 973.84	11.25	16 001 118 016.03	14.81
合计	122 745 036 614.31	100.00	108 052 844 520.69	100.00

注：上述数据为母公司合并报表数据。

（2）营业成本。营业成本是指与营业收入相关的，已经确定了归属期和归属对象的费用，主要包括主营业务成本和其他业务成本。企业营业成本水平的高低既有企业不可控的因素（例如受市场因素的影响而引起的价格波动等），也有企业可以控制的因素（例如企业可以选择供货渠道、采购批量来控制成本水平等），因此，对营业成本变化的评价应结合多种因素进行。此外，对营业成本水平的高低进行判断时，应将营业成本和营业收入配比，并结合行业特征、企业生命周期等因素来评价营业成本的合理性。

在进行营业成本分析时，应关注存货核算方法的一贯性。计算营业成本的方法有很多，例如先进先出法、加权平均法、个别计价法等。采用不同的方法对营业成本的计算影响不同，最终会对企业利润产生影响。如果发现企业本期营业成本有较大的变化，则需要分析该变化是否为企业对本期成本计算方法进行调整带来的影响，并分析其影响程度。

同时，还可以把营业成本与平均存货余额进行对比，计算存货周转率，以此来评价企业存货的管理效率。关于存货周转率的计算和分析将在"任务四　分析企业营运能力"中予以详细介绍。

（3）税金及附加。税金及附加主要包括消费税、资源税、城市维护建设税和教育费附加等。税金及附加体现了企业在生产经营环节中负担的税收情况，是反映企业对国家财政贡献水平的一个重要指标。通常，该指标越大，说明企业对国家财政贡献越多，受政府关注的程度也会越高。

税金及附加金额一般应与营业收入相匹配，如果出现较大的不匹配，应具体分析其原因，可能是因为税法的变化，也可能是税收申报方面出现了问题，还有可能是享受了某些税收优惠。依据财政部关于印发《增值税会计处理规定》的通知（财会〔2016〕22 号），在分析本项目时应注意从 2016 年 12 月起，将房产税、车船税、城镇土地使用税、印花税也一并列入税金及附加项目中进行核算。增值税是价外税，是向买方收取的，与本项目没有直接关系；所得税是利润总额的抵减项目，也不含在本项目中。

（4）销售费用。销售费用是指企业在销售商品过程中发生的运输费、包装费、广告费等费用和为本企业销售商品专设的销售机构的职工薪酬、业务费等经营费用。销售费用的高低实际上反映了一个企业的营销水平和产品的市场供求状况。

企业的销售费用与收入的关系因行业不同而不同，也因企业不同而有所不同。如果产品的市场竞争比较激烈，则其销售费用较高，反之则较低。对于销售费用的分析，应当注意其支出数额与本期收入之间是否匹配，如果不匹配，应当关注相关原因。从销售费用的作用上看，一味地降低企业的销售费用，减少相关开支，从长远来看并不一定有利，所以，在对销售费用的分析上，不应简单看其数额的增减。第一，如果销售费用有较大的增长，应观察增长的内容是什么，如果企业广告费出现大额支出，应对其作用进行分析。第二，企业如果在新地域和新产品上投入较多的销售费用，例如在新地域设立销售机构和销售人员的支出等，这些新的支出不一定在本期就能增加销售收入，分析人员对此也应当慎重分析，以判定其促使今后期间收入增加的可能性。

（5）管理费用。管理费用的项目比较庞杂，是企业为组织和管理企业生产经营活动所发生的各项费用，包括企业在筹建期间发生的开办费的摊销、董事会和行政管理部门在企业的经营管理过程中发生的各项经营管理费用。

管理费用作为企业正常生产经营管理所发生的费用支出，发生时直接作为利润的抵减项目，减少了当期营业利润。如果企业当期管理费用过多，应注意是否存在企业管理不力而导致浪费或虚列管理费用而减少当期利润的行为。

总体而言，管理费用的支出水平与企业规模相关，对管理费用的有效控制可以体现企业管理效率的提高，但是有些项目的控制或减少对企业长远发展是不利的，例如研究开发费、职工教育经费等的下降会影响企业今后的发展。如果企业本期资金充裕，将不会减少此类支出，如果本期发生这些项目的支出下降，分析人员应关注企业本期是否面临资金紧张的问题。管理费用多数项目属于固定性费用，与企业营业收入在一定范围和期间内没有很强的相关性，因此，分析时不能仅仅依据营业收入的一定比率来评价管理费用的支出效率。预算标准是控制管理费用的重要依据，通过与预算数的对比，可以更容易地判断管理费用的支出质量。

（6）财务费用。财务费用反映企业在生产经营过程中为筹集资金而发生的各项费用，包括企业生产经营期间发生的利息支出（减利息收入）、汇兑净损失（减汇兑收益）、金融机构手续费，以及筹资发生的其他财务费用，如债券印刷费、国外借款担保费等。

企业在分析财务费用时应注意以下几个因素。

① 贷款规模。如果因为贷款规模的减少而导致应计入利润表中的财务费用降低，企业虽然降低了财务风险，但是不能获得财务杠杆作用，会限制企业的发展规模。

② 贷款期限和贷款利率。企业的贷款利息取决于贷款的期限和贷款的利率，而贷款的利率又取决于一定时期的资本市场的供求关系、贷款规模、贷款担保条件等，在利率选择上可选择固定利率、变动利率和浮动利率等。企业在不考虑贷款规模和贷款期限的条件下，利息费用将随着贷款利率水平的波动而波动。

财务费用是由企业筹资活动而发生的，在进行财务费用分析时，应当将财务费用的增减变动和企业的筹资活动联系起来，分析财务费用的增减变动的合理性和有效性，发现其中存在的问题，查明原因，并采取对策以及控制和降低费用，提高企业利润水平。

（7）资产减值损失分析。资产减值损失反映企业各项资产发生的减值损失。企业会计准则规定，资产减值损失一经确认，在以后会计期间不得转回。但是，遇到资产处置、出售、对外投资、以非货币性资产交换方式换出、在债务重组中抵偿债务等情况，同时符合资产终止确认条件的，企业应当将相关资产减值准备予以转销。

资产减值损失的确认直接减少企业当期的利润，但是它不会带来企业当期现金的流出，而是企业资产使用过程中的"潜在亏损"。在未来相关因素发生变化的情况下，资产的价值既有可能发生减损，也有可能发生增加，带有很大的不确定性。对资产减值损失既要关注当期减值的金额和不同期间资产减值的变化情况，也要关注资产减值的具体项目构成，以便发现引起企业资产价值减损的主要项目，从而有针对性地进行资产管理，降低资产经营风险。

（8）公允价值变动损益。公允价值变动损益反映企业按照相关准则规定应当计入当期损益的资产或负债因公允价值变动而产生的收益或损失，例如交易性金融资产当期公允价值的变动额、衍生金融工具公允价值变动形成的利得或损失。公允价值变动损益是在一个较为成熟和完善的市场中相关资产与负债价格变化的反映。随着市场环境的变化，公允价值会不断发生变化。公允价值变动损益虽然影响企业当期的利润，但在相关资产或负债没有真正转移或处置之前，这些变动的损益还带有很大的不确定性。当相关市场环境出现相反变化时，这些损益可能出现大幅减少，甚至出现相反的情况。

公允价值变动损益的分析一方面要关注其绝对数额，其绝对数额越大，说明企业相关资产面临的风险越大，反之则说明相关资产的风险越小；另一方面要关注采用公允价值计价的资产构成及单项资产公允价值波动的可能性的大小，以分析企业面临的风险水平。

（9）投资收益。投资收益是指企业以各种方式对外投资所取得的收益，通常是指企业进行股票投资、债券投资等投资活动以及企业所从事的联营、合营活动所取得的收益或发生的损失。投资收益主要取决于被投资对象的经营情况和股利分配政策。分析投资收益主要分析当期变动的原因，是被投资单位经营管理的问题还是投资方的战略决策问题，进而采取相应的措施加以改进。

分析投资收益项目时要注意以下问题。

① 投资收益是一种间接获得的收益。投资是通过让渡企业的部分资产而换取另一项资产，即通过其他单位使用投资者投入的资产所创造的效益后分配取得的，或通过投资改善贸易关系等措施达到获取利益的目的。正是由于对外投资这种间接获取收益的特点，其投资收益的高低及其真实性不易控制。

② 投资收益与有关投资项目（例如交易性金融资产、债权投资）配比。即要求投资收益应与企业对外投资的规模相适应，一般投资收益率应高于同期银行存款利率，只有这样企业才值得对外投资。同时，对外投资是一把"双刃剑"。如果投资收益连续几个会计期间低于同期银行存款利率，或为负数，则需进一步分析其合理性。

③ 投资收益核算方法的正确性。例如，长期股权投资有成本法和权益法两种核算方法。若不恰当地采用成本法，则可能导致企业存在掩盖投资损失或转移企业的资产等风险；而不恰当地采用权益法，则可导致企业存在虚报投资收益等风险。对此，应结合对长期股权投资项目的分析，判断企业核算方法的选择正确与否。

2. 利润总额项目

利润总额代表了企业当期综合的盈利能力和为社会所做的贡献。同时，利润总额也直接关系到各种利益分配问题，例如投资人、职工、国家（税收）。对于影响利润总额的非生产经营性因素，例如营业外收入和营业外支出项目，应进一步分析评价。

（1）营业外收入。营业外收入是指企业发生的与其日常活动无直接关系的各项利得，主要包括非流动资产处置利得、盘盈利得、捐赠利得、确实无法支付而按规定程序经批准后转作营业外收入的应付款项等。

营业外收入不具有经常性的特点，其数额一般很小。如果数额较大，则需要进一步分析，是否为关联方交易，操纵企业利润。营业外收入与营业外支出不存在配比关系。

（2）营业外支出。营业外支出是指企业发生的与其日常活动无直接关系的各项损失，主要包括非流动资产处置损失、盘亏损失、公益性捐赠支出、非常损失等。

与营业成本相比，既然是营业外发生的开支，营业外支出的数额不应过大，否则是不正常的，对比应严加关注：①是否因为企业管理者的经营管理水平较低；②是否为关联方交易，转移企业资产；③是否有违法经营行为，例如违反经济合同、滞延纳税、非法走私商品；④是否有经济诉讼和纠纷等。

3. 净利润项目

净利润是企业当期利润总额减去所得税费用后的余额，是企业经营业绩的最终结果，也是企业进行利润分配的主要来源。净利润的增长是企业成长性的基本表现。在分析净利润增长率时应结合主营业务收入增长率进行评价。当净利润增长率高于主营业务收入增长率时，表明企业主营业务的获利能力在不断提高，企业具有良好的发展前景。对于净利润项目的分析，在利润总额的基础上，还须考虑对所得税费用项目的分析。

所得税费用包括当期所得税费用和递延所得税费用两部分。一般而言，公司利润表上的所得税费用并不等于当期应纳税所得税，应纳税所得额与利润总额之间、所得税费用与当期应纳所得税之间一般都有调整，但这种调整依然是建立在所得税以利润为基础上的。在对所得税费用进行分析时应注意：既然所得税费用是与公司盈亏相联系的，且所得税费用的大小取决于公司利润总额的大小，那么，所得税费用与利润总额之间的相关性应该在适当的范围内，如果出现较大背离，则应进一步分析原因。

4. 其他综合收益和综合收益总额项目

其他综合收益反映企业根据最新会计准则规定，未在损益中确认的各项利得和损失扣除相应的所得税影响后的净额。综合收益总额反映企业净利润与其他综合收益的合计金额。其他综合收益概念的引入充实了利润表的内容，更加全面地反映了企业在报告期间内经济活动的成果。在实务工作中，通常的做法是对没有计入利润表而直接反映在所有者权益中的事项进行甄别，汇总符合其他综合收益定义的事项，并列示在利润表中。

在对其他综合收益进行分析时，应当重点分析财务报表附注中披露的其他综合收益各项目金额及其所得税影响，以及前期计入其他综合收益、本期转入利润的信息。对综合收益总额的分析可以从绝对数、相对水平及质量构成等方面进行。

2.2.4 利润表水平分析

利润表水平分析（即横向分析）是指将利润表中的各个项目不同时期的绝对值数据进行比较，计算其增减百分比，分析增减变化的原因，了解企业目前的利润状况，借以判断企业的发展趋势。

采用利润表水平分析，应编制横向利润表比较分析表，即将连续数期的报表数据并列起来，并设置"比较"栏，反映增减的数额和增减的百分比。现以 A 电器股份有限公司（母公司个别报表）为例（表中增减额和增减率是根据分析的需要依照公司发布的数据计算而得的），说明利润表的横向比较分析，如表 2-10 所示。

表 2-10 利润表水平分析表

编制单位：A 电器股份有限公司　　　　　　　　　　　　　　　　　　　　　　　　　单位：元

项目	本年	上年	本年比上年	
			变动额	变动率（%）
一、营业收入	130 386 872 511.80	113 451 559 029.47	16 935 313 482.33	14.93
减：营业成本	91 513 904 545.52	83 523 033 950.67	7 990 870 594.85	9.57
税金及附加	926 927 025.43	720 276 631.67	206 650 393.76	28.69
销售费用	29 127 545 268.62	22 119 107 243.50	7 008 438 025.12	31.68
管理费用	2 276 709 422.04	2 533 835 319.13	-257 125 897.09	-10.15
研发费用				
财务费用	-1 939 847 457.08	-821 675 588.83	-1 118 171 868.25	136.08
加：其他收益				
投资收益（损失以"-"号填列）	557 810 947.37	578 699 101.15	-20 888 153.78	-3.61
其中：对联营企业和合营企业的投资收益	-3 600 894.26	2 855 797.81	-6 456 692.07	-226.09
净敞口套期收益（损失以"-"号填列）				
公允价值变动收益（损失以"-"号填列）	-832 188 505.49	839 260 888.59	-1 671 449 394.08	-199.16
信用减值损失（损失以"-"号填列）				
资产减值损失（损失以"-"号填列）				
资产处置收益（损失以"-"号填列）	10 746 773.18	139 947.16	10 606 826.02	7 579.16
二、营业利润（亏损以"-"号填列）	8 196 509 375.97	6 794 801 515.91	1 401 707 860.06	20.63

续表

项目	本年	上年	本年比上年	
			变动额	变动率（%）
加：营业外收入	63 071 370.44	60 791 489.21	2 279 881.23	3.75
其中：非流动资产处置利得	1 033 268.95		1 033 268.95	
减：营业外支出	1 924 639.82	10 455 345.32	-8 530 705.50	-81.59
其中：非流动资产处置损失	1 187 459.35	663 466.07	523 993.28	78.98
三、利润总额（亏损总额以"-"号填列）	8 257 656 106.59	6 845 137 659.80	1 412 518 446.79	20.64
减：所得税费用	1 177 652 507.47	858 836 652.01	318 815 855.46	37.12
四、净利润（净亏损以"-"号填列）	7 080 003 599.12	5 986 301 007.79	1 093 702 591.33	18.27
（一）持续经营净利润（净亏损以"-"号填列）	7 080 003 599.12	5 986 301 007.79	1 093 702 591.33	18.27
（二）终止经营净利润（净亏损以"-"号填列）				
五、其他综合收益的税后净额	-68 290 498.03	14 229 075.04	-82 519 573.07	-579.94
（一）不能重分类进损益的其他综合收益	-12 874 330.00	12 994 580.00	-25 868 910.00	-199.07
1. 重新计量设定受益计划变动额	-12 874 330.00	12 994 580.00	-25 868 910.00	-199.07
2. 权益法下不能转损益的其他综合收益				
（二）将重分类进损益的其他综合收益	-55 416 168.03	1 234 495.04	-56 650 663.07	-4 588.97
1. 权益法下可转损益的其他综合收益中				
2. 其他债权投资公允价值变动				
3. 金融资产重分类计入其他综合收益的金额				
4. 其他债权投资信用减值准备				
5. 现金流量套期储备	-55 416 168.03	1 234 495.04	-56 650 663.07	-4 588.97
6. 外币财务报表折算差额				
7. 其他				
六、综合收益总额	7 011 713 101.09	6 000 530 082.83	1 011 183 018.26	16.85
七、每股收益				
（一）基本每股收益				
（二）稀释每股收益				

对利润表的水平分析，一般按照绝对数进行比较分析，根据表 2-10 可以得出以下结论。

（1）A 电器股份有限公司本年的营业收入比上年增长了 14.93%，营业成本增长了 9.57%，显然收入的增长要快于成本的增长，公司的毛利有了较大的提高。

（2）该公司的营业利润和净利润分别增长了 20.63% 和 18.27%，主要因为公司的毛利有较大的提高。

（3）税金及附加、销售费用、财务费用、资产减值损失都有较大幅度的增长，且远高于收入的增长，应引起分析人员的关注，它们的增长进一步制约了利润的增长。

（4）从总体上看，该公司的盈利能力有了较大的提高，主要源于公司的收入增长快于成本的增长，但应关注并控制上升较快的费用，它们对利润的侵蚀不容小觑。

2.2.5 利润表垂直分析

利润表的垂直分析（即纵向分析）是指以利润表某一关键项目的数额为基数（即100%），再将其余各有关项目的数额分别换算成对该关键项目的百分比，借以分析企业财务成果的结构及其增减变动的合理程度。

进行利润表的垂直分析，应编制结构百分比利润表，即先将"营业收入"项目数据作为基数，以100%表示，再将利润表的其他各项数据与"营业收入"项目相比较，求出它们相对于共同基数的百分比，并按原有结构列示而进行比较分析。

进行利润表的垂直分析，一般不编制单一期间的结构百分比。为了更好地分析项目的变化趋势，通常将若干比较期间的结构百分比并列列示，进行结构分析和趋势分析。现以A电器股份有限公司（母公司个别报表）为例（表中增减额和增减率是根据分析的需要依照公司发布的数据计算而得的），说明利润表的纵向比较分析，如表2-11所示。

表 2-11　　　　　　　　　　　　　利润表垂直分析表

编制单位：A电器股份有限公司　　　　　　　　　　　　　　　　　　　　　　单位：元

项目	本年		上年	
	金额	百分比（%）	金额	百分比（%）
一、营业收入	130 386 872 511.80	100.00	130 386 872 511.80	100.00
减：营业成本	91 513 904 545.52	70.19	83 523 033 950.67	64.06
税金及附加	926 927 025.43	0.71	720 276 631.67	0.55
销售费用	29 127 545 268.62	22.34	22 119 107 243.50	16.96
管理费用	2 276 709 422.04	1.75	2 533 835 319.13	1.94
研发费用				
财务费用	-1 939 847 457.08	-1.49	-821 675 588.83	-0.63
加：其他收益				
投资收益（损失以"-"号填列）	557 810 947.37	0.43	578 699 101.15	0.44
其中：对联营企业和合营企业的投资收益	-3 600 894.26	0.00	2 855 797.81	0.00
净敞口套期收益（损失以"-"号填列）	-832 188 505.49	-0.64	839 260 888.59	0.64
公允价值变动收益（损失以"-"号填列）	10 746 773.18	0.01	139 947.16	0.00
信用减值损失（损失以"-"号填列）				
资产减值损失（损失以"-"号填列）				
资产处置收益（损失以"-"号填列）				
二、营业利润（亏损以"-"号填列）	8 196 509 375.97	6.29	6 794 801 515.91	5.21
加：营业外收入	63 071 370.44	0.05	60 791 489.21	0.05
其中：非流动资产处置利得	1 033 268.95	0.00		0.00
减：营业外支出	1 924 639.82	0.00	10 455 345.32	0.01
其中：非流动资产处置损失	1 187 459.35	0.00	663 466.07	0.00
三、利润总额（亏损总额以"-"号填列）	8 257 656 106.59	6.33	6 845 137 659.80	5.25
减：所得税费用	1 177 652 507.47	0.90	858 836 652.01	0.66
四、净利润（净亏损以"-"号填列）	7 080 003 599.12	5.43	5 986 301 007.79	4.59
（一）持续经营净利润（净亏损以"-"号填列）	7 080 003 599.12	5.43	5 986 301 007.79	4.59

项目	本年		上年	
	金额	百分比（%）	金额	百分比（%）
（二）终止经营净利润（净亏损以"-"号填列）				
五、其他综合收益的税后净额	-68 290 498.03		14 229 075.04	
（一）不能重分类进损益的其他综合收益	-12 874 330.00		12 994 580.00	
1. 重新计量设定受益计划变动额	-12 874 330.00		12 994 580.00	
2. 权益法下不能转损益的其他综合收益				
（二）将重分类进损益的其他综合收益	-55 416 168.03		1 234 495.04	
1. 权益法下可转损益的其他综合收益中				
2. 其他债权投资公允价值变动				
3. 金融资产重分类计入其他综合收益的金额				
4. 其他债权投资信用减值准备				
5. 现金流量套期储备	-55 416 168.03		1 234 495.04	
6. 外币财务报表折算差额				
7. 其他				
六、综合收益总额	7 011 713 101.09		6 000 530 082.83	
七、每股收益				
（一）基本每股收益				
（二）稀释每股收益				

根据表 2-11 的数据可以得出以下结论。

（1）A 电器股份有限公司的营业成本率本年为 70.19%，比上年的 64.06% 上升了 6.13%，成本在收入中所占比率的提高也从另一个侧面说明了家电行业的激烈竞争，应引起高度的重视。

（2）本年年度 A 电器股份有限公司的净利润占营业收入的比重为 5.43%，比上年度的 4.59% 增长了 0.84%。营业利润和利润总额占营业收入的比重均上升了 1.08%，造成净利润比重上升幅度较小的原因是所得税费用的提高。

（3）从营业利润的内部结构来看，该公司营业成本、销售费用、税金及附加、资产减值损失所占比重有所上升，对利润影响较大，管理费用、财务费用等项目所占比重呈现小幅度下降，说明企业在费用控制和资产管理方面取得了成绩。

（4）从总体上看，公司在增加营业收入、控制费用方面取得了一定的成效，但是对销售费用、营业成本等项目的控制还需进一步加强。

2.3 现金流量表

2.3.1 现金流量表的格式

现金流量表是反映企业在一定会计期间现金流入和流出情况的财务报表，它从现金流量的角度反映企业一定时期经济活动的业绩。

除特殊说明外，现金流量表及其分析中所使用的都是广义的现金概念，既包括狭义的现金，又包括现金等价物。狭义的现金是指企业的库存现金以及可随时用于支付的存款。现金等价物是指企业持有的期限短、流动性强、易于转换为已知金额的现金和价值变动风险很小的投资。

根据企业会计准则的规定，现金流量表应当分别按经营活动、投资活动和筹资活动三大类列报现金流量，每一类又进一步分为现金流入、现金流出及现金流量净额。现金流量表的基本格式应包括以下三个部分。

1. 表头

表头主要标明报表的名称、编制时间、编制单位名称、货币单位及报表编号。

2. 基本部分（正表）

基本部分包括六个项目：前三个项目分别是企业的经营活动、投资活动和筹资活动产生的现金流量；第四项是汇率变动对现金及现金等价物的影响；第五项是现金及现金等价物净增加额，其金额等于前四个项目的现金流量净额之和；第六项是期末现金及现金等价物余额，其金额等于第五项加上期初现金及现金等价物余额。

3. 补充资料（报表附注）

补充资料主要包括三个部分的内容：将净利润调节为经营活动现金流量；不涉及现金收支的重大投资和筹资活动；现金及现金等价物净变动情况。

现金流量表的具体格式如表 2-12 所示。

表 2-12　　　　　　　　　　　　现金流量表

编制单位：　　　　　　　　　　　　年　　月　　　　　　　　　　　　单位：元

项目	本期金额	上期金额
一、经营活动产生的现金流量		
销售商品、提供劳务收到的现金		
收到的税费返还		
收到其他与经营活动有关的现金		
经营活动现金流入小计		
购买商品、接受劳务支付的现金		
支付给职工以及为职工支付的现金		
支付的各项税费		
支付其他与经营活动有关的现金		
经营活动现金流出小计		
经营活动产生的现金流量净额		
二、投资活动产生的现金流量		
收回投资收到的现金		
取得投资收益收到的现金		
处置固定资产、无形资产和其他长期资产收回的现金净额		
处置子公司及其他营业单位收到的现金净额		
收到其他与投资活动有关的现金		
投资活动现金流入小计		
购建固定资产、无形资产和其他长期资产支付的现金		

项目	本期金额	上期金额
投资支付的现金		
取得子公司及其他营业单位支付的现金净额		
支付其他与投资活动有关的现金		
投资活动现金流出小计		
投资活动产生的现金流量净额		
三、筹资活动产生的现金流量		
吸收投资收到的现金		
取得借款收到的现金		
收到其他与筹资活动有关的现金		
筹资活动现金流入小计		
偿还债务支付的现金		
分配股利、利润或偿付利息支付的现金		
支付其他与筹资活动有关的现金		
筹资活动现金流出小计		
筹资活动产生的现金流量净额		
四、汇率变动对现金及现金等价物的影响		
五、现金及现金等价物净增加额		
加：期初现金及现金等价物余额		
六、期末现金及现金等价物余额		

现金流量表补充资料

项目	本期金额	上期金额
1. 将净利润调节为经营活动现金流量		
净利润		
加：资产减值准备		
固定资产折旧、油气资产折耗、生产性生物资产折旧		
无形资产摊销		
长期待摊费用摊销		
处置固定资产、无形资产和其他长期资产的损失（收益以"-"号填列）		
固定资产报废损失（收益以"-"号填列）		
公允价值变动损失（收益以"-"号填列）		
财务费用（收益以"-"号填列）		
投资损失（收益以"-"号填列）		
递延所得税资产减少（增加以"-"号填列）		
递延所得税负债增加（减少以"-"号填列）		
存货的减少（增加以"-"号填列）		
经营性应收项目的减少（增加以"-"号填列）		

续表

项目	本期金额	上期金额
经营性应付项目的增加（减少以"-"号填列）		
其他		
经营活动产生的现金流量净额		
2. 不涉及现金收支的重大投资和筹资活动		
债务转为资本		
一年内到期的可转换公司债券		
融资租入固定资产		
3. 现金及现金等价物净变动情况		
现金的期末余额		
减：现金的期初余额		
加：现金等价物的期末余额		
减：现金等价物的期初余额		
现金及现金等价物净增加额		

2.3.2 分析现金流量表的目的与内容

现金流量包括现金流入量和现金流出量，企业销售商品、提供劳务、出售固定资产、向银行借款等取得现金，形成现金流入；购买原料、接受劳务、购建固定资产、对外投资、偿还债务等支付现金，形成现金流出。现金流量信息能够表明企业经营状况是否良好，资金是否紧缺，企业偿付能力是否有问题，从而为投资者、债权人、企业管理者提供非常有用的信息。

1. 分析的目的

现金流量对企业生存发展至关重要，更决定着利益相关者基于契约在企业中各种利益的实现。"现金为王""现金是企业的血液""只有现金才能放在口袋里，盈利则不能"等诸如此类的理财观念无不反映人们对企业现金流量的重视。对现金流量表的分析，可以为企业管理者提供下列信息。

（1）直接揭示企业的偿债能力和支付能力。企业的还本付息活动、股利支付活动和生产采购活动是企业债权人、投资者和供应商极为关注的部分，通过对现金流量表的分析，企业管理者可以获取企业是否具备现金偿债能力和支付能力的重要信息。

（2）对企业经营活动、投资活动和筹资活动做出评价。经营活动产生的现金流量从本质上讲代表了企业自我创造现金的能力，该部分占现金流量的比重越高，企业的财务基础越稳固。而投资活动和筹资活动也是企业重要的业务活动，会对现金流动状况产生较大影响。企业管理者通过对现金流量的分析，可以有效地进行现金管理。

（3）对企业收益质量做出评价。企业账面利润并不一定意味着收回了相应的现金，当应收账款过多时，营业收入的质量就值得怀疑。按照权责发生制计量的企业会计利润和按照收付实现制计量的现金净流量并非同向变化。有的企业账面利润很高，但收现能力很差。对现金流量的分析可以揭示企业的收益质量。

（4）预测企业未来的现金流量。在许多情况下，过去的现金流量是报表使用者预计企业未来现金流量变动的基础。分析过去现金流量变化的趋势，可以从中找到现金流量变化的规律，为未来的经营决策打下基础。在企业资本预算和项目评估中，现金流量是预测分析的关键信息。

（5）防范会计操纵。现金流量表的编制基础是现金，它可以避免权责发生制下通过虚拟交易发生的信息操纵，以及通过会计政策和核算方法的改变而发生的盈利操纵。现金流量表因为有对应的银行存款等资金可供验证，因而它具有较高的信息真实性。

2. 分析的内容

（1）经营活动产生的现金流量。经营活动是指企业投资活动和筹资活动以外的所有交易和事项，例如销售商品和提供劳务、经营性租赁、购买货物或接受劳务、制造产品、进行广告宣传、缴纳税款等。通过对经营活动产生的现金流量分析，可以看出企业日常经营中现金流入、流出的情况及其原因。

（2）投资活动产生的现金流量。投资活动是指企业长期资产的购置和不包括在现金等价物范围内的投资及其处置活动，例如取得投资收益所收到的现金、购建固定资产所支付的现金等。通过投资活动产生的现金流量分析，可以了解企业的投资运作能力。

（3）筹资活动产生的现金流量。筹资活动是指导致企业资本及债务规模和构成发生变化的活动。这里所说的资本，包括实收资本（股本）和资本溢价（股本溢价）。与资本有关的现金流入和流出项目，包括吸收投资、发行股票、分配利润等。这里所说的债务，是指企业对外举债所借入的款项，例如发行债券、向金融机构借入款项等。

2.3.3 分析现金流量表的主要项目

1. 分析经营活动产生的现金流量

经营活动产生的现金流量是企业现金的主要来源，与净利润相比，经营活动所产生的现金净流量的多少，能够更确切地反映企业的经营质量。经营活动产生的现金流量净额指标表明企业经营活动获取现金的能力。在正常情况下，企业的现金流入量主要应依靠经营活动来获取。通过将该指标与净利润指标相比较，可以了解到企业净利润的现金含量。如果企业的净利润大大高于"经营活动产生的现金流量净额"，则说明企业利润的含金量不高，存在大量的赊销行为及应收账款的收账风险，同时在某种程度上说明可能存在着操纵利润之嫌。在了解该指标的过程中，分析人员还可以了解企业相关税费的缴纳情况。对于经营活动产生的现金流量质量，可通过以下表现形式进行分析。

（1）经营活动产生的现金流量净额小于零。经营活动产生的现金流量净额小于零，意味着企业通过正常的供、产、销所带来的现金流入量，不足以支付因上述经营活动而引起的现金流出。企业正常经营活动所需的现金支付，则需要通过以下几种方式来解决：①消耗企业现存的货币积累；②挤占本来可以用于投资活动的现金；③进行额外贷款融资；④加大负债规模。

如果这种情况出现在企业经营初期，可以认为是企业在发展过程中不可避免的正常状态。在企业生产经营活动的初期，经营成本较高，导致企业现金流出较多。为了开拓市场，企业有可能投入较大资金，从而有可能使企业在这一时期的经营活动现金流量表现为"入不敷出"的状态。但是，如果企业在正常生产经营期间仍然出现这种状态，则说明企业通过经营活动创造现金净流量的能力下降，应当认为企业经营活动现金流的质量较差。

（2）经营活动产生的现金流量净额等于零。经营活动产生的现金流量净额等于零，意味着企业通过正常的供、产、销所带来的现金流入量，恰好能够支付因上述经营活动而引起的现金流出，企业的经营活动现金流量处于"收支平衡"的状态。在这种情况下，企业正常经营活动虽然不需要额外补充流动资金，但企业的经营活动也不能为企业的投资活动以及融资活动贡献现金。

按照企业会计准则，企业经营成本中有相当一部分属于按照权责发生制原则的要求而确认的摊销成本（例如无形资产、长期待摊费用摊销、固定资产折旧等）和应计成本（例如预提产品售后服务维修费用等），即非付现成本。这样，在经营活动中产生的现金流量净额等于零时，企业经营活动产生的现金流量不可能为这部分非付现成本的资源消耗提供货币补偿。如果这种状态长期持续下去，企业不可能继续维持"简单再生产"。因此，如果企业在正常生产经营期间持续出现这种状态，则说明企业经营活动现金流量的质量不高。

（3）经营活动产生的现金流量净额大于零。经营活动产生的现金流量净额大于零，意味着企业具有创造现金的能力，通常表明企业生产经营状况较好。但是，企业经营活动产生的现金流量仅大于零是不够的。经营活动产生的现金净流量大于零并在补偿当期的非付现成本后仍有剩余，才意味着企业通过正常的供、产、销所带来的现金流入量，不但能够支付因经营活动而引起的现金流出、补偿全部当期的非付现成本，而且还有余力为企业的投资等活动提供现金支持。这种状态表明企业所生产的产品适销对路，市场占有率高，销售回款能力较强，同时企业的付现成本、费用控制有效。在这种状态下，企业经营活动利润才具有含金量，对企业经营活动的稳定与发展、企业投资规模的扩大才能起到较好的促进作用。

（4）经营活动现金流量净额与净利润对比分析。利润表上反映的净利润，是企业根据权责发生制原则确定的，它并不能反映企业生产经营活动产生了多少现金净流入；而现金流量表中的经营活动产生的现金流量净额是以收付实现制原则为基础确定的，经营活动产生的现金流量净额与净利润往往是不一致的。但是，为了防止人为操纵利润和加强企业经营管理，分析人员有必要将经营活动的现金流量净额与净利润进行对比，了解净利润与经营活动产生的现金流量差异的原因，从而对净利润质量进行评价。如果经营活动产生的现金流量净额与净利润之比大于1或等于1，通常说明会计收益的收现能力较强，经营活动现金流量质量与净利润质量较好；若小于1，则说明净利润可能受到人为操纵或存在大量应收账款，经营活动现金流量质量与净利润质量较差。

2. 分析投资活动产生的现金流量

投资活动产生的现金流量净额指标反映企业固定资产投资及权益性、债权性投资业务的现金流量情况。投资活动产生的现金流出会对企业未来的市场竞争力产生影响，其数额较大时，应对相关投资行为的可行性做相应的分析了解。对于投资活动产生的现金流量质量，可通过以下表现形式进行分析。

（1）投资活动产生的现金流量净额小于零。投资活动产生的现金流量净额小于零，意味着企业在购建固定资产、无形资产和其他长期资产、权益性投资以及债权性投资等方面所流出的现金之和，大于企业因收回投资、分得股利或利润、取得债券利息收入、处置固定资产、无形资产和其他长期资产而流入的现金净额之和。通常情况下，企业投资活动的现金流量处于"入不敷出"的状态，投资活动所需资金的"缺口"只能通过其他渠道解决。在企业的投资活动符合企业的长期规划和短期计划的条件下，投资活动产生的现金流量净额小于零，表明企业扩大再生产的能力较强，也可能表明企业进行产业及产品结构调整的能力或参与资本市场运作、实施股权及债权投资的能力较强，是投资活动现金流量的正常状态。企业投资活动的现金流出大于流入的部分，将由经营活动的现金流入量来补偿。例如，企业的固定资产、无形资产购建支出，将由未来使用有关固定资产和无形资产会计期间的经营活动的现金流量来补偿。

（2）投资活动产生的现金流量净额大于或等于零。投资活动产生的现金流量净额大于或等于零，意味着企业在投资活动方面的现金流入量大于或等于流出量。这种情况的发生，如果是企业在本会计期间投资回收的规模大于投资支出的规模，则表明企业资本运作成效显著、投资回报及变现能力较强；如果是企业处理手中的长期资产以求变现，则表明企业产业、产品结构将有所调整，或者企业未来的生产能力将受到严重影响，甚至企业有可能已经陷入深度的债务危机之中。因此，分析人员必须对企业投资活动的现金流量原因进行具体分析。

3. 分析筹资活动产生的现金流量

筹资活动产生的现金流量反映了企业的融资能力和融资政策，可以通过以下表现形式进行质量分析。

（1）筹资活动产生的现金流量净额大于零。筹资活动产生的现金流量净额大于零，意味着企业在吸收权益性投资、发行债券及借款等方面收到的现金之和大于企业在偿还债务、支付筹资费用、分配股利或利润、偿付利息及减少注册资本等方面支付的现金之和。在从企业起步到成熟的整个发展过程中，筹资活动产生的现金流量净额往往大于零，通常表明企业通过银行及资本市场的筹资能力较强。例如，在企业处于发展的起步阶段，需要大量的资金，而此时企业经营活动的现金流量净额大多小于零，企业对现金的需求主要通过筹资活动产生的现金流入来解决。因此，分析企业筹资活动产生的现金流量大于零是否正常时，关键要看企业的筹资活动是否已经纳入企业的发展规划，是企业管理层的主动行为，还是企业因投资活动和经营活动的现金流出失控不得已而为之的被动行为。

（2）筹资活动产生的现金流量净额小于零。筹资活动产生的现金流量净额小于零，意味着企业筹资活动收到的现金之和小于企业筹资活动支付的现金之和。这种情况的出现，如果是企业在本会计期间集中发生偿还债务、支付筹资费用、分配股利或利润、偿付利息等业务，则表明企业经营活动与投资活动在现金流量方面运转较好，自身资金周转已经进入良性循环阶段，经济效益得到增强，从而使企业支付债务本息和股利的能力加强。如果企业筹资活动产生的现金流量净额小于零，若是企业在投资和扩张方面没有更多作为造成的，或者是企业丧失融资信誉造成的，则表明筹资活动产生的现金流量质量较差。

4. 分析现金及现金等价物净增加额的质量

（1）现金及现金等价物净增加额为正数。企业的现金及现金等价物净增加额为正数，如果主要是由经营活动产生的现金流量净额引起的，则通常表明企业经营状况好，收现能力强，坏账风险小；如果主要是由投资活动，甚至是由处置固定资产、无形资产和其他长期资产引起的，则表明企业生产经营能力衰退，或者是企业调整了资产结构，此时需结合资产负债表和利润表做深入的分析；如果主要是由筹资活动引起的，则意味着企业未来将支付更多的利息或股利，需要创造更多的现金流量净增加额，才能满足偿付的需要，否则，企业就可能承受较大的财务风险。

（2）现金及现金等价物净增加额为负数。企业的现金及现金等价物净增加额为负数，通常是一个不良信号。但如果企业经营活动产生的现金流量净额是正数，且数额较大，而企业整体上现金流量净增加额减少主要是由固定资产、无形资产或其他长期资产投资引起的，或主要是由对外投资引起的，则可能是企业为了进行设备更新或扩大生产能力或投资开拓更广阔的市场，此时现金流量净增加额减少并不意味着企业经营能力不佳，而是意味着企业未来可能有更大的现金流入。同样情况下，如果企业现金流量净增加额减少主要是由偿还债务及利息引起的，就意味着企业未来用于偿债的现金将减少，企业财务风险变小，只要企业生产经营保持正常运转，就不会走向衰退。

2.3.4　现金流量表水平分析

现金流量表水平分析（即横向分析）是指将现金流量表中的各个项目不同时期的绝对值数据进行比较，计算其增减百分比，分析增减变化的原因，了解企业的现金流量状况，借以判断企业的发展状态。

采用现金流量表水平分析，应编制横向现金流量表比较分析表，即将连续数期的报表数据并列起来，并设置"比较"栏，反映增减的数额和增减的百分比。现以 A 电器股份有限公司（母公司个别报表）为例（表中增减额和增减率是根据分析的需要依照公司发布的数据计算而得的），说明现金流量表的横向比较分析，如表 2-13 所示。

表 2-13　　　　　　　　　现金流量表比较分析表（横向分析）

编制单位：A 电器股份有限公司　　　　　　　　　　　　　　　　　　　　　　单位：元

项目	本年	上年	本年比上年	
			变动额	变动率（%）
一、经营活动产生的现金流量				
销售商品、提供劳务收到的现金	81 121 907 908.96	61 581 129 826.06	19 540 778 082.90	31.73
收到的税费返还	439 259 771.97	409 412 848.92	29 846 923.05	7.29
收到其他与经营活动有关的现金	2 044 956 373.73	2 176 543 361.33	−131 586 487.60	−6.05
经营活动现金流入小计	83 606 124 554.66	64 167 086 036.31	19 439 038 518.35	30.29
购买商品、接受劳务支付的现金	46 433 067 550.09	39 819 995 898.06	6 613 071 652.03	16.61
支付给职工以及为职工支付的现金	2 108 619 806.11	2 021 725 506.49	86 894 299.62	4.30
支付的各项税费	8 867 754 724.24	5 447 946 168.06	3 419 808 556.18	62.77
支付其他与经营活动有关的现金	6 201 781 599.39	5 024 411 625.09	1 177 369 974.30	23.43
经营活动现金流出小计	63 611 223 679.83	52 314 079 197.70	11 297 144 482.13	21.59
经营活动产生的现金流量净额	19 994 900 874.83	11 853 006 838.61	8 141 894 036.22	68.69
二、投资活动产生的现金流量				
收回投资收到的现金				
取得投资收益收到的现金	31 332 303.10	220 474 066.99	−189 141 763.89	−85.79
处置固定资产、无形资产和其他长期资产收回的现金净额	1 516 760.00	26 230.00	1 490 530.00	5 682.54
处置子公司及其他营业单位收到的现金净额	6 986 414.44		6 986 414.44	
收到其他与投资活动有关的现金	507 637 912.96		507 637 912.96	
投资活动现金流入小计	547 473 390.50	220 500 296.99	326 973 093.51	148.29
购建固定资产、无形资产和其他长期资产支付的现金	349 976 946.59	269 303 482.81	80 673 463.78	29.96
投资支付的现金	253 000 000.00	251 552 743.20	1 447 256.80	0.58

续表

项目	本年	上年	本年比上年	
			变动额	变动率（%）
取得子公司及其他营业单位支付的现金净额				
支付其他与投资活动有关的现金		24 926 702.72	−24 926 702.72	−100.00
投资活动现金流出小计	602 976 946.59	545 782 928.73	57 194 017.86	10.48
投资活动产生的现金流量净额	−55 503 556.09	−325 282 631.74	269 779 075.65	−82.94
三、筹资活动产生的现金流量				
吸收投资收到的现金				
取得借款收到的现金	6 321 749 791.33	2 393 992 106.76	3 927 757 684.57	164.07
收到其他与筹资活动有关的现金	235 620 087.87	475 964 970.99	−240 344 883.12	−50.50
筹资活动现金流入小计	6 557 369 879.20	2 869 957 077.75	3 687 412 801.45	128.48
偿还债务支付的现金	4 961 710 236.95	2 063 965 287.70	2 897 744 949.25	140.40
分配股利、利润或偿付利息支付的现金	4 607 076 863.78	3 063 394 203.02	1 543 682 660.76	50.39
支付其他与筹资活动有关的现金				
筹资活动现金流出小计	9 568 787 100.73	5 127 359 490.72	4 441 427 610.01	86.62
筹资活动产生的现金流量净额	−3 011 417 221.53	−2 257 402 412.97	−754 014 808.56	33.40
四、汇率变动对现金及现金等价物的影响	38 392 791.70	−447 758 783.98	486 151 575.68	−108.57
五、现金及现金等价物净增加额	16 966 372 888.91	8 822 563 009.92	8 143 809 878.99	92.31
加：期初现金及现金等价物余额	33 405 450 196.45	24 582 887 186.53	8 822 563 009.92	35.89
六、期末现金及现金等价物余额	50 371 823 085.36	33 405 450 196.45	16 966 372 888.91	50.79

通过表 2-13 中的数据，可以得出以下结论。

（1）经营活动现金流量分析。经营活动产生的现金净流量净额比上年增长了 8 141 894 036.22 元，增长率为 68.69%。经营活动流入量与流出量分别比上年增长了 30.29% 和 21.59%，增长额分别为 19 439 038 518.35 元和 11 297 144 482.13 元。经营活动在现金流出方面，主要体现在税费支出提升幅度较大，这也反映了公司对国家的贡献度较高，经营活动产生的现金流量增加的原因主要得益于公司销售业绩的提升。从该公司的利润表中可以发现，该公司本年的营业收入增长了 14.93%，尤其是现销收入大幅度提升了 31.73%，促使公司经营活动现金净流量的增加。

（2）投资活动现金流量分析。本年投资活动现金净流出比上年减少了 269 779 075.65 元，增长率为 −82.94%，也反映出公司在投资活动中的现金净流出在大幅度减少，其中投资活动现金流入量增加了 326 973 093.51 元，增长了 148.29%，主要是因为公司在处置固定资产、无形资产和其他长期资产、处置子公司及其他营业单位方面收回了大量的现金，在投资活动的现金流出方面增加了 57 194 017.86 元，增长了 10.48%。

（3）筹资活动现金流量分析。筹资活动现金净流出本年比上年增加了 754 014 808.56 元，增长率为 33.40%，其中在现金流入方面主要是由于公司取得借款收到的现金大幅度增加，比上年增长了 128.48%，在现金流出方面主要体现在偿还债务支付的现金和分配股利、利润或偿付利息支付的现金两个项目上，分别比上年增长了 140.40% 和 50.39%，这也是该公司高负债的现状形成的必然结果，这一点可以从该公司的资产负债表的分析中明显看出。

2.3.5 现金流量表结构分析

现金流量结构可以划分为现金流入结构、现金流出结构和现金净流量结构。现金流量表的结构分析（纵向分析）就是对这三类结构中某一类或某个项目占其总体的比重所进行的分析。通过结构分析，可以具体了解现金主要来自哪里、用于何处，以及净现金流量是如何构成的，并可进一步分析个体对总体所产生的影响、发生变化的原因和变化的趋势，从而有利于对现金流量做出更准确的评价。现金流量表的分析是通过编制现金流量表结构分析表来进行的。

同样以 A 电器股份有限公司（母公司个别报表）为例，展开结构分析，如表 2-14 所示。

表 2-14　　　　　　　　现金流量表结构分析表（纵向分析）

编制单位：A 电器股份有限公司

项目	本年（元）	现金流入结构（%）	现金流出结构（%）	内部结构（%）
一、经营活动产生的现金流量：				
销售商品、提供劳务收到的现金	81 121 907 908.96	89.43		97.03
收到的税费返还	439 259 771.97	0.48		0.53
收到其他与经营活动有关的现金	2 044 956 873.73	2.25		2.45
经营活动现金流入小计	83 606 124 554.66	92.17		100.00
购买商品、接受劳务支付的现金	46 433 067 550.09		62.93	73.00
支付给职工以及为职工支付的现金	2 108 619 806.11		2.86	3.31
支付的各项税费	8 867 754 724.24		12.02	13.94
支付其他与经营活动有关的现金	6 201 781 599.39		8.41	9.75
经营活动现金流出小计	63 611 223 679.83		86.21	100.00
经营活动产生的现金流量净额	19 994 900 874.83			
二、投资活动产生的现金流量：				
收回投资收到的现金				
取得投资收益收到的现金	31 332 303.10	0.03		5.72
处置固定资产、无形资产和其他长期资产收回的现金净额	1 516 760.00	0.00		0.28
处置子公司及其他营业单位收到的现金净额	6 986 414.44	0.01		1.28
收到其他与投资活动有关的现金	507 637 912.96	0.56		92.72
投资活动现金流入小计	547 473 390.50	0.60		100.00
购建固定资产、无形资产和其他长期资产支付的现金	349 976 946.59		0.47	58.04
投资支付的现金	253 000 000.00		0.34	41.96
取得子公司及其他营业单位支付的现金净额				
支付其他与投资活动有关的现金				
投资活动现金流出小计	602 976 946.59		0.82	100.00
投资活动产生的现金流量净额	−55 503 556.09			

续表

项目	本年（元）	现金流入结构（%）	现金流出结构（%）	内部结构（%）
三、筹资活动产生的现金流量：				
吸收投资收到的现金				
取得借款收到的现金	6 321 749 791.33	6.97		96.41
收到其他与筹资活动有关的现金	235 620 087.87	0.26		3.59
筹资活动现金流入小计	6 557 369 879.20	7.23		100.00
偿还债务支付的现金	4 961 710 236.95		6.72	51.85
分配股利、利润或偿付利息支付的现金	4 607 076 863.78		6.24	48.15
支付其他与筹资活动有关的现金				
筹资活动现金流出小计	9 568 787 100.73		12.97	100.00
筹资活动产生的现金流量净额	-3 011 417 221.53			
现金流入总额	90 710 967 824.36	100.00		
现金流出总额	73 782 987 727.15		100.00	
四、汇率变动对现金及现金等价物的影响	38 392 791.70			
五、现金及现金等价物净增加额	16 966 372 888.91			
加：期初现金及现金等价物余额	33 405 450 196.45			
六、期末现金及现金等价物余额	50 371 823 085.36			

根据表 2-14 的数据，可以得出以下结论。

（1）现金流入结构分析。A 电器股份有限公司本年现金流入总量为 90 710 967 824.36 元，其中经营活动现金流入量、投资活动现金流入量和筹资活动现金流入量所占比重分别为 92.17%、0.60% 和 7.23%。可见，企业的现金流入量基本上都是由经营活动产生的。经营活动的现金流入量中销售商品、提供劳务收到的现金占 89.43%。总体来说，该公司的现金流入量中，经营活动的现金流入量占大部分比例，特别是其销售商品、提供劳务收到的现金明显高于其他业务活动流入的现金。

（2）现金流出结构分析。A 电器股份有限公司本年现金流出总量为 73 782 987 727.15 元，其中经营活动现金流出量、投资活动现金流出量和筹资活动现金流出量所占比重分别为 86.21%、0.82% 和 12.97%。可见，在现金流出总量中经营活动现金流出量所占的比重最大。在经营活动现金流出量中购买商品、接受劳务支付的现金占 73.00%，比重最大，是现金流出的主要项目。投资活动的现金流出量仅占 0.82%，主要用于购建固定资产、无形资产和其他长期资产等项目的投资。筹资活动的现金流出量占 12.97%，主要用于偿还债务和分配股利、利润或偿付利息支付。这两项现金流出量占筹资活动现金流出量的比重分别为 51.85% 和 48.15%。总起来说，该公司的现金流出量中，购买商品、接受劳务支付的现金占较大的比重，筹资活动的现金流出主要是企业的资本结构偏重于负债而导致的。

2.4　所有者权益变动表

2.4.1　所有者权益变动表的格式

所有者权益变动表（股东权益变动表）是反映构成所有者权益的各组成部分当期的增减变动

情况的报表。根据《企业会计准则第 30 号——财务报表列报》的规定，所有者权益变动表成为企业列报的主要财务报表之一。所有者权益变动表反映各项交易或事项导致的所有者权益的增减变动，不仅包括所有者权益总量的增减变动，还包括所有者权益各组成部分增减变动的结构性信息，特别是反映直接计入所有者权益的利得和损失，让报表使用者准确理解所有者权益增减变动的信息。所有者权益变动表在一定程度上体现了企业在一定时期内综合收益的来源和构成。综合收益也称全面收益，是指企业在某一期间与所有者之外的其他方进行交易或者发生事项所引起的净资产变动。

所有者权益变动表包括表首、正表两个部分。其中，表首包括报表名称、编制单位、编制日期、报表编号、货币名称和计量单位；正表是所有者权益变动表的主体，具体说明所有者权益变动表的各项内容，包括实收资本（股本）、资本公积、盈余公积、未分配利润等。每个项目又分为年初余额、本年增加数、本年减少数、年末余额 4 个小项。每个小项又分别根据具体情况列示其不同的内容。所有者权益变动表各项目应根据当期净利润、直接计入所有者权益的利得和损失项目、所有者投入资本和向所有者分配利润、提取盈余公积，以及所有者权益的内部转移等内容分析填列。

所有者权益变动表反映的信息包括：①净利润；②直接计入所有者权益的利得与损失项目及其总额；③会计政策变更和差错变更的累计影响金额；④所有者投入资本和向所有者分配利润等；⑤按照规定提取的盈余公积；⑥实收资本（股本）、资本公积、盈余公积、未分配利润的期末和期初余额及其调节情况。

所有者权益变动表的格式如表 2-15 所示。

2.4.2　分析所有者权益变动表的目的与内容

1. 分析的目的

随着资本市场的发展，企业的所有者（股东）越来越重视自己的利益，他们迫切需要详细地了解自己的权益状况，而原先的所有者（股东）权益增减变动表仅仅是将所有者权益项目进行了重复的简单列示，无法满足股东的需求，所以根据最新会计准则要求对所有者（股东）权益变动表进行修订。目前，所有者（股东）权益变动表向企业的投资者（股东）反映权益的增减变动，让人们评估企业管理层受托责任的履行情况，了解所有者权益的构成及变动情况，判明影响所有者权益变动的具体原因。因此，对所有者权益变动表进行分析具有以下几点意义。

（1）有利于对企业的保值增值情况做出正确判断。

（2）有利于揭示所有者权益增减变动的原因。

（3）有利于了解企业净利润的分配去向以及评价利润分配政策。

所有者权益变动表担负起连接资产负债表与损益表的纽带的重任，使财务报告体系中各要素之间能够继续保持紧密的联系，即"期末净资产=期初净资产+净损益+其他收益"。

2. 分析的内容

（1）所有者权益变动表项目分析。所有者权益变动表项目分析，就是对所有者权益的各个组成项目的变化形成原因进行具体的深入分析，以揭示该项目数据从年初到年末的变化过程及原因，以向报表使用者提供企业资本的保值增值信息。

表 2-15

所有者权益变动表

编制单位：A 电器股份有限公司　　　本年度　　　　　　　　　　　　　　　　　　　　　　　单位：元

项目	实收资本（或股本）	其他权益工具			资本公积	减：库存股	其他综合收益	专项储备	盈余公积	一般风险准备	未分配利润	所有者权益合计
		优先股	永续债	其他								
一、上年年末余额												
加：会计政策变更												
前期差错更正												
其他												
二、本年年初余额												
三、本期增减变动金额（减少以"-"号填列）												
（一）综合收益总额												
（二）股东投入和减少资本												
1. 股东投入资本												
2. 股份支付计入股东权益的金额												
3. 其他												
（三）利润分配												
1. 提取盈余公积												
2. 提取一般风险准备												
3. 对所有者（或股东）的分配												
4. 其他												
（四）股东权益内部结转												
1. 资本公积转增资本（或股本）												
2. 盈余公积转增资本（或股本）												
3. 盈余公积弥补亏损												
4. 一般风险准备弥补亏损												
5. 其他												
（五）专项储备												
1. 本期提取												
2. 本期使用												
（六）其他												
四、本年年末余额												

（注：其他综合收益、专项储备、盈余公积、一般风险准备、未分配利润、所有者权益合计等列同属"本期金额"。）

02

（2）所有者权益变动表水平分析。所有者权益变动表水平分析，就是通过企业所有者权益的各组成项目的对比分析，揭示各个组成项目前后各期数据的绝对增长额或增长率。

（3）所有者权益变动表垂直分析。所有者权益变动表垂直分析，就是通过所有者权益变动表中各项目与所有者权益总额之间所占比率的对比分析，分析所有者权益内部项目的构成比率，揭示其内部构成比率的变动影响和企业保值增值的能力。

2.4.3 分析所有者权益变动表的主要项目

1. 所有者投入和减少资本的分析

所有者投入和减少资本反映企业所有者当期投入的资本和减少的资本。所有者投入和减少资本的分析主要包括所有者投入资本分析和所有者减少资本分析。

（1）所有者投入资本分析。所有者投入资本会增加企业的自由资金、扩大企业资产规模、增强企业负债能力等。所有者投入资本分析主要包括投入金额分析、投入者分析及投入资本的形态分析。

投入金额分析是对投入资本的价值总额进行分析。

投入者分析是对投入者的构成进行分析。结合其他资料，对投入者的构成进行分析，可以判断企业不同股东的力量对比情况及其对企业实际控制权的影响。如果企业的实际控制发生转移，企业的经营政策和财务政策等都有可能发生改变。

投入资本的形态分析是对投入资本的表现形式进行的分析。投入资本既可以是无形资产（例如专利权、土地使用权等），也可以是有形资产（例如现金、设备等）。不同形态的资本对企业的影响程度和影响路径是不同的。

（2）所有者减少资本分析。所有者减少资本一方面会减少企业的自有资金，增加企业的财务风险，还可能使企业的举债能力受到不利影响；另一方面会缩小企业的资本规模。

所有者减少资本分析主要包括减少金额分析和减少方式分析。减少金额分析是对减少的价值总额进行分析；减少方式分析是对减少的路径进行分析。减少资本可以采用股份回购的方式，也可以采用实体出售等方式。当企业采用实体出售方式时，分析人员就应该关注企业的经营方向和经营战略是否发生转变。进行所有者减少资本分析时，还应注意所有者的减资是否符合相关法律规定。

2. 会计政策变更的分析

会计政策变更是指企业对相同的交易或事项由原来采用的会计政策改为另一种会计政策的行为。企业选用的会计政策不得随意变更，变更会计政策时，必须有充分、合理的证据表明其变更的合理性，并说明变更会计政策后，能够提供关于企业财务状况、经营成果和现金流量等可靠性、相关性更强的会计信息的理由。例如，无充分、合理的证据表明会计政策变更的合理性或者未经股东大会等类似机构批准擅自变更会计政策的，或者连续、反复地自行变更会计政策的，视为滥用会计政策，按照前期差错更正的方法进行处理。

会计政策变更主要应当采用追溯调整法进行处理，按会计政策变更的累积影响数调整当期期初的留存收益。

3. 前期差错更正的分析

前期差错是指由于没有运用或错误运用下列两种信息，而对前期财务报表造成省略漏报或错报。

（1）编制前期财务报表时预期能够取得并加以考虑的可靠信息。

（2）前期财务报告批准报出时能够取得的可靠信息。前期差错通常包括计算错误、应用会计政策错误、疏忽或曲解事实、舞弊产生的影响以及存货、固定资产盘盈等。

会计差错只要发生就会使报表信息有误，误导利益相关者做出决策。本期发现与以前期间相关的重大会计差错如果影响损益，应按其对损益的影响数调整发现当期的期初留存收益，会计报表其他相关项目的期初数也应一并调整。如果不影响损益，应调整报表相关项目的期初数。分析人员对前期差错更正及其累积影响数进行分析，以及时发现与更正前期的差错，合理判断和区分相关业务是否属于会计差错更正，以确保信息真实、可靠。

4. 所有者权益内部结转的分析

公司的权益属于全体股东。一方面，股东享有的权利因其持有股票列项的不同而不同；另一方面，股东也是动态变化的。同时，公司是法人，有独立的财产。所以，所有者权益必须明确划分为不同的项目，不同项目之间不可混淆，但不同项目在一定条件下可以相互转换。

所有者权益内部结转内容包括资本公积转增资本（或股本）、盈余公积转增资本（或股本）、盈余公积弥补亏损和其他。

该项目分析主要包括内部结转的合法合规性分析以及转变后所有者权益内部构成的变化分析。

2.4.4　所有者权益变动表结构分析

所有者权益变动表的结构分析，需要通过对不同期间的所有者权益内部项目进行对比，编制所有者权益变动表的水平分析表和垂直分析表。同样以 A 电器股份有限公司（母公司个别报表）的数据为例，如表 2-16 所示。

表 2-16　　　　　　　　　　　　　所有者权益变动表水平分析表　　　　　　　　　　单位：元

项目	本年	上年	增减变动	
			金额	增长率（%）
实收资本（或股本）	3 007 865 439.00	3 007 865 439.00	0.00	0.00
资本公积	3 198 838 934.25	3 194 073 297.47	4 765 636.78	0.15
减：库存股				
其他综合收益	−42 371 423.77	25 919 074.26	−68 290 498.03	−263.48
盈余公积	2 955 531 032.15	2 955 531 032.15	0.00	0.00
未分配利润	14 255 937 572.83	11 687 732 132.21	2 568 205 440.62	21.97
所有者权益合计	23 375 801 554.46	20 871 120 975.09	2 504 680 579.37	12.00

从表 2-16 中可以发现，A 电器股份有限公司本年年末所有者权益总额为 23 375 801 554.46 元，比上年增长了 12.00%，其中，资本公积增长了 0.15%，其他综合收益下降了 68 290 498.03 元，降幅高达 263.48%，盈余公积由于计提金额已经达到了注册资本的 98.26%（高于 50%），所以本期不再计提。从表中可以看出本期所有者权益增长的主要贡献来自未分配利润的增加，增加金额为 2 568 205 440.62 元，增幅达 21.97%，可见公司的盈利能力非常强，在市场竞争中处于主导地位。

从表 2-17 中可以看出，实收资本（或股本）项目所占比重从上年的 14.41%下降到 12.87%，资本公积的比重从上年的 15.30%下降到 13.68%，盈余公积从上年的 14.16%下降到 12.64%，未分配利润从上年的 56%上升到 60.99%，企业所有者权益的增加主要来自未分配利润中当期利润的增加，本年所有者权益的内部项目没有发生结转变动。

表 2-17　　　　　　　　　　　　所有者权益变动表垂直分析表　　　　　　　　　　单位：元

项目	本年		上年	
	金额	结构（%）	金额	结构（%）
实收资本（或股本）	3 007 865 439.00	12.87	3 007 865 439.00	14.41
资本公积	3 198 838 934.25	13.68	3 194 073 297.47	15.30
减：库存股				
其他综合收益	−42 371 423.77	−0.18	25 919 074.26	0.12
盈余公积	2 955 531 032.15	12.64	2 955 531 032.15	14.16
未分配利润	14 255 937 572.83	60.99	11 687 732 132.21	56.00
所有者权益合计	23 375 801 554.46	100.00	20 871 120 975.09	100.00

任务实施

任务资料和任务目标见本任务的【任务导入】，具体任务实施过程如下。

根据任务资料中的表 2-1 编制华日公司资产负债表水平分析表，如表 2-18 所示。

表 2-18　　　　　　　　　　　　华日公司资产负债表水平分析表　　　　　　　　　　单位：万元

项目	本年期末数	上年期末数	本年比上年	
			变动金额	变动幅度（%）
货币资金	93 290	85 732	7 558	8.82
交易性金融资产	8 200	7 600	600	7.89
应收票据	5 900	6 590	−690	−10.47
应收账款	16 500	16 800	−300	−1.79
预付款项	13 400	17 000	−3 600	−21.18
存货	130 550	122 381	8 169	6.68
其他流动资产	32 179	25 202	6 977	27.68
流动资产合计	300 019	281 305	18 714	6.65
长期股权投资	5 000	3 437	1 563	45.48
固定资产	533 950	541 900	−7 950	−1.47
无形资产	68 600	67 220	1 380	2.05
非流动资产合计	607 550	612 557	−5 007	−0.82
资产总计	907 569	893 862	13 707	1.53
短期借款	70 000	86 000	−16 000	−18.60
应付账款	36 400	46 500	−10 100	−21.72
应付职工薪酬	12 600	15 400	−2 800	−18.18

项目	本年期末数	上年期末数	本年比上年	
			变动金额	变动幅度（%）
应交税费	4 600	8 462	-3 862	-45.64
流动负债合计	123 600	156 362	-32 762	-20.95
长期借款	150 000	100 000	50 000	50.00
负债合计	273 600	256 362	17 238	6.72
实收资本	500 000	500 000	0	0.00
资本公积	28 963	26 481	2 482	9.37
盈余公积	16 894	15 874	1 020	6.43
未分配利润	88 112	95 145	-7 033	-7.39
所有者权益合计	633 969	637 500	-3 531	-0.55
负债和所有者权益总计	907 569	893 862	13 707	1.53

根据表 2-18 中的数据可以得出以下结论。

（1）华日公司本年度与上年度相比，资产总额增加了 13 707 万元，增长幅度为 1.53%，公司发展平稳。

（2）华日公司本年度变化最大的资产项目是长期股权投资，本年年末比上年增长了 45.48%，金额从上年年末的 3 437 万元，增长到本年年末的 5 000 万元。变化最小的资产项目是固定资产，本年年末金额比上年下降了 7 950 万元，降幅为 1.47%。

（3）华日公司的资产构成以货币资金、存货和固定资产为主，这三个项目本年年末金额分别占公司总资产的 10.28%、14.38% 和 58.83%。

（4）华日公司的存货项目本年年末与上年年末相比金额增加了 8 169 万元，增长幅度为 6.68%。

（5）本年度变化最大的权益项目是长期借款，本年年末比上年年末增长了 50 000 万元，增长幅度为 50%。

（6）结合资产负债表中的信息，对华日公司的财务状况做简要评述。

公司资产负债表中反映的公司的资本结构相对比较稳健，公司的负债比率控制在 30% 左右，自有资本金比率控制在 70% 左右，是一种比较理想化的资本结构，该结构为公司的偿债能力提供了很好的保障。从公司的资产分布情况来看，本年年末数据反映公司非流动资产占比 66.94%，且集中在固定资产项目上，固定资产占公司总资产的 58.83%。从公司的资本来源看，本年年末公司的负债占比 30.15%，流动负债和非流动负债基本各占一半；所有者权益项目占比 69.85%，其中实收资本项目占绝对比重，在所有者权益项目中占比 78.87%。这些数据显示出公司在发展过程中，资本主要来自投资者的投入，公司的盈余公积和未分配利润项目在所有者权益项目中占比 16.56%，反映出公司的积累程度尚不够雄厚，还需要依靠未来的发展来进一步提升。

小结

本任务内容以财务报表为主线，在介绍资产负债表、利润表、现金流量表、所有者权益变动表的格式与内容的基础上，详细讲解了这四张报表主要项目的分析内容与分析方法，重点阐述了水平分析法和垂直分析法在财务报表综合分析实践中的应用。

资产负债表是反映企业在某一特定日期财务状况的财务报表。资产负债表的分析包括总量分析、资产与资本结构分析。通过对资产负债表的分析，可以了解企业的财务权益状况，预测企业的财务状况发展趋势。

利润表是反映企业一定会计期间经营成果的报表。利润表的分析包括利润额增减变动分析和利润构成的结构变动分析。通过对利润表的分析，可以了解企业的经营情况和经营成果，预测企业的发展趋势。

现金流量表是反映企业一定会计期间现金和现金等价物的流入与流出情况的会计报表。现金流量表的分析要结合资产负债表、利润表进行，通过对现金流量表的分析，可以对企业获取现金的能力做出评价，并能更全面、客观地评价企业资产和盈利情况。

所有者权益变动表是反映构成所有者权益的各组成部分当期的增减变动情况的报表。对所有者权益变动表的分析要注意以下几点：阅读、理解报表中各项目的经济含义及来源或去向；对重点项目进行深入剖析；通过该表与资产负债表、利润表和现金流量表中相关项目的勾稽关系，对企业所有者权益增减变化情况做出全面的评价。

财务报表分析既包括定量分析，又包括定性分析，还要考虑财务报表之间的相互关系，从动静结合方面全面、客观地评价企业的财务状况、经营成果、现金流量以及资本保值增值情况。

习题与实训

一、单项选择题

1. 下列报表中反映静态财务状况的是（　　　）。
   A. 资产负债表　　　B. 利润表　　　C. 现金流量表　　　D. 所有者权益变动表
2. 经营活动产生的现金流量不包括的项目是（　　　）。
   A. 销售商品、提供劳务收到的现金　　　B. 收到的税费返还
   C. 购买商品、接受劳务支付的现金　　　D. 购买固定资产支付的现金
3. 筹资活动产生的现金流量不包括的项目是（　　　）。
   A. 吸收投资收到的现金　　　B. 取得借款收到的现金
   C. 销售固定资产获得的现金　　　D. 收到其他与筹资活动有关的现金
4. 税金及附加分析主要分析（　　　）与营业收入是否相关。
   A. 增值税　　　B. 企业所得税　　　C. 关税　　　D. 城市维护建设税
5. 经营活动产生的现金流量是指（　　　）产生的现金流量。
   A. 投资收益取得的现金流量　　　B. 增发股票取得的现金流量
   C. 分配利润形成的现金流量　　　D. 接受劳务产生的现金流量
6. 报表使用者可以据以判断所有者的资本保值增值情况的报表是（　　　）。
   A. 资产负债表　　　B. 利润表　　　C. 现金流量表　　　D. 所有者权益变动表
7. 如果持有的货币资金量过大，则导致企业整体获利能力（　　　）。
   A. 不变　　　B. 上升　　　C. 下降　　　D. 不确定
8. 应收票据质量可靠的票据是（　　　）。
   A. 商业承兑汇票　　　B. 银行承兑汇票　　　C. 银行本票　　　D. 银行汇票

9. 将资产按流动性分类，可分为（　　　　）。

　　A. 固定资产与流动资产　　　　　　　B. 有形资产与无形资产

　　C. 货币资产与非货币资产　　　　　　D. 流动资产与长期资产

10. 企业应收账款的账龄越大，应收账款不能收回的可能性就越大，发生坏账的可能性就（　　　　）。

　　A. 越大　　　　　　　　　　　　　　B. 越小

　　C. 不确定　　　　　　　　　　　　　D. 以上三种情况均有可能

11. 反映一个企业全部经营成果的指标是（　　　　）。

　　A. 主营业务利润　　　B. 利润总额　　　C. 营业利润　　　D. 投资收益

12. 企业的长期偿债能力主要取决于（　　　　）。

　　A. 企业获利能力的强弱　　　　　　　B. 负债的规模

　　C. 资产的短期流动性　　　　　　　　D. 资产规模

13. 对（　　　　）项目进行分析时，应注意其计算的准确性和缴纳的及时性。

　　A. 营业利润　　　　　B. 税金及附加　　　C. 投资收益　　　D. 净利润

14. 进行利润表分析时，不需要分析的项目是（　　　　）。

　　A. 营业利润　　　　　B. 营业外收入　　　C. 营业外支出　　　D. 增值税

15. 企业支付的各项税费应列入现金流量表的（　　　　）现金流出量。

　　A. 筹资活动　　　　　B. 投资活动　　　C. 经营活动　　　D. 汇率变动影响

16. 现金流量表的编制基础是（　　　　）。

　　A. 权责发生制　　　　B. 收付实现制　　　C. 实地盘存制　　　D. 永续盘存制

17. 属于现金等价物的是（　　　　）。

　　A. 原材料　　　　　　　　　　　　　B. 包装物

　　C. 股票投资　　　　　　　　　　　　D. 3 个月到期的债券投资

18. 支付现金股利属于（　　　　）。

　　A. 经营活动　　　　　B. 筹资活动　　　C. 投资活动　　　D. 销售活动

19. 属于投资活动产生的现金流出量是（　　　　）。

　　A. 购建无形资产支付的现金　　　　　B. 支付职工的工资

　　C. 支付其他与经营活动有关的现金　　D. 分配股利、利润支付的现金

20. 属于投资活动现金流量的是（　　　　）。

　　A. 销售商品收到的现金　　　　　　　B. 出售设备收到的现金

　　C. 提供劳务收到的现金　　　　　　　D. 收到投资者投入的现金

21. （　　　　）是反映构成企业所有者权益的各组成部分当期增减变动情况的报表。

　　A. 资产负债表　　　　　　　　　　　B. 利润表

　　C. 现金流量表　　　　　　　　　　　D. 所有者权益变动表

22. （　　　　）是反映企业在一定会计期间经营成果的财务报表。

　　A. 资产负债表　　　　　　　　　　　B. 利润表

　　C. 现金流量表　　　　　　　　　　　D. 所有者权益变动表

23. 我国现行的利润表结构是（　　　　）。

　　A. 单步式　　　　　B. 多步式　　　　C. 简单式　　　　D. 复杂式

24. 在计算营业利润时，不应包括（　　　）。

  A. 营业收入　　　　　　　　　　　　B. 销售费用

  C. 公允价值变动损益　　　　　　　　D. 营业外支出

25. 由现金流量表提供的信息是（　　　）。

  A. 企业的债权人信息　　　　　　　　B. 企业的利润情况

  C. 企业的经营性现金流量　　　　　　D. 企业资产状况

26. 经营活动现金流量大于零，意味着企业（　　　）。

  A. 盈利　　　　　　　　　　　　　　B. 生产经营过程中，现金"入不敷出"

  C. 生产经营过程中，现金"收支平衡"　D. 生产经营比较正常，现金支付有保障

27. 当累计法定盈余公积达到注册资本的（　　　）时，可以不再计提。

  A. 5%　　　　　　B. 10%　　　　　　C. 25%　　　　　　D. 50%

28. 下列各项中对账户式资产负债表表述不正确的是（　　　）。

  A. 将资产负债表中的三个项目由上而下依次排列

  B. 将资产项目列在报表的左方

  C. 资产负债表左右两方平衡，且满足会计恒等式

  D. 我国现行的企业资产负债表采用账户式格式

29. 资产负债表的水平分析，可以反映（　　　）。

  A. 总资产规模的变动状况以及各类、各项资产的变动状况

  B. 流动资产在总资产中的比重

  C. 长期投资在总资产中的比重

  D. 资产负债率

30. 在下列事项中，影响企业现金流量的是（　　　）。

  A. 取得短期借款　　　　　　　　　　B. 分配股票股利

  C. 无形资产摊销　　　　　　　　　　D. 购买 3 个月到期的国债

二、多项选择题

1. 资产负债表的作用是（　　　）。

  A. 反映企业资产及结构信息　　　　　B. 反映企业总体债务水平的信息

  C. 反映企业所有者权益内部结构信息　D. 反映企业资产规模和结构信息

2. 资产负债表的主要资产项目包括（　　　）。

  A. 货币资金　　B. 交易性金融资产　　C. 应收账款　　　　D. 存货及固定资产

3. 资产负债表的主要负债项目包括（　　　）。

  A. 短期借款　　　　　　　　　　　　B. 应付账款和票据

  C. 应交税费及长期借款　　　　　　　D. 应付债券

4. 现金流量表的作用包括（　　　）。

  A. 反映企业资产的变现能力、支付能力、偿债能力和对外筹资能力

  B. 评价企业的收益质量，满足财务报表使用者的需要

  C. 分析、评价企业过去的现金流量合理性，预测企业未来获得现金流量的能力

  D. 提高会计信息的真实性，防止会计造假

5. 下列项目直接影响营业利润的是（　　　）。

　　A. 资产减值损失　　　B. 所得税费用　　　C. 营业外收入　　　D. 投资收益

6. 对利润总额进行分析，主要是指对组成利润总额的（　　　）项目进行比较分析。

　　A. 营业外收入　　　B. 营业利润　　　C. 营业外支出　　　D. 所得税费用

7. 企业的期间费用包括（　　　）。

　　A. 管理费用　　　　B. 制造费用　　　C. 销售费用　　　D. 财务费用

8. 经营活动产生的现金流量包括（　　　）。

　　A. 收到的税费返还　　　　　　　　　B. 销售商品、提供劳务收到的现金

　　C. 取得投资收到的现金　　　　　　　D. 取得借款收到的现金

9. 属于现金流入量的是（　　　）。

　　A. 销售商品、提供劳务收到的现金　　B. 收回投资收到的现金

　　C. 建设投资　　　　　　　　　　　　D. 回收垫资的流动资金

10. 利润表分析的意义有（　　　）。

　　A. 可以加强企业的控制能力

　　B. 可以评价企业报告期经济活动的业绩

　　C. 可以及时地发现企业经营管理中存在的问题

　　D. 利益相关者可以获得对投资、信贷和其他相关决策有用的信息

11. 分析利润表的主要项目包括（　　　）。

　　A. 营业利润　　　　　　　　　　　　B. 利润总额

　　C. 净利润　　　　　　　　　　　　　D. 综合收益总额

12. 进行负债结构分析必须考虑的因素有（　　　）。

　　A. 负债规模　　　B. 负债成本　　　C. 债务偿还期限　　　D. 财务风险

13. 下列属于影响利润的因素有（　　　）。

　　A. 所有者权益　　　B. 收入　　　C. 费用　　　D. 利得

14. 企业现金流量表按照现金流量分类，分为（　　　）。

　　A. 经营活动产生的现金流量　　　　　B. 投资活动产生的现金流量

　　C. 筹资活动产生的现金流量　　　　　D. 其他活动产生的现金流量

15. 企业利润分配以后的留存收益包括（　　　）。

　　A. 利润总额　　　B. 未分配利润　　　C. 资本公积　　　D. 盈余公积

16. 下列项目属于所有者权益内部结转的有（　　　）。

　　A. 资本公积转增资本　　　　　　　　B. 盈余公积转增资本

　　C. 盈余公积弥补亏损　　　　　　　　D. 企业获得净利润

三、判断题

1. 资产负债表的分析必须结合财务报表附注提供的补充资料。　　　　　　　　　　（　　　）

2. 营业成本是指与营业收入相关的，已经确定了归属期和归属对象的费用，主要包括主营业务成本和其他业务成本。　　　　　　　　　　　　　　　　　　　　　　　　　　（　　　）

3. 利润表在某种程度上是企业经济活动的"晴雨表"，企业经济活动的过程和业绩一般都会通过利润表反映出来。　　　　　　　　　　　　　　　　　　　　　　　　　　　（　　　）

4. 企业营业成本水平的高低全部都是不可控的因素。　　　　　　　　　　　　　　（　　　）

5. 所有者权益变动表的出现使得财务报告的内容更加丰富，反映企业经营业绩的信息更加广泛和真实，进而满足报表使用者对企业会计信息披露多样化的需求。　　　　（　　）

6. 所有者权益变动表在一定程度上体现了企业在一定时期内净利润的来源和构成。（　　）

7. 在所有者权益变动表中，净利润和直接计入所有者权益的各项利得与损失均单列项目反映，以充分反映企业综合收益的构成情况。　　　　（　　）

8. 分析企业的现金流量时，现金净流量越大越好。　　　　（　　）

9. 企业资本公积减少的主要原因是转增资本和弥补亏损。　　　　（　　）

10. 正常情况下，企业对外投资所动用的现金应通过取得投资收益所收到的现金来提供。

（　　）

四、计算分析题

1. 某公司的资产负债表资料如表 2-19 所示。

表 2-19　　　　　　　　　　　资产负债表水平分析表　　　　　　　　　　单位：万元

项目	期末数	期初数	变动情况		对总资产的影响（%）
			变动额	变动率（%）	
流动资产：					
货币资金	50 000	40 000			
交易性金融资产	20 000	28 000			
应收账款	25 000	15 500			
存货	85 000	97 000			
其他流动资产	48 510	37 910			
流动资产合计	228 510	218 410			
非流动资产：					
长期股权投资	51 000	42 200			
固定资产	658 500	631 000			
无形资产	94 000	91 000			
非流动资产合计	803 500	764 200			
资产总计	1 032 010	982 610			
流动负债：					
短期借款	55 000	37 600			
应付账款	15 500	13 600			
应交税费	9 530	7 400			
其他流动负债	3 300	4 487			
流动负债合计	83 330	63 087			
非流动负债：					
长期借款	42 000	38 400			
应付债券	181 000	181 000			
非流动负债合计	223 000	219 400			
负债合计	306 330	282 487			

项目	期末数	期初数	变动情况		对总资产的影响（%）
			变动额	变动率（%）	
所有者权益（或股东权益）：					
实收资本（或股本）	500 000	500 000			
资本公积	102 640	107 000			
盈余公积	85 320	82 423			
未分配利润	37 720	10 700			
所有者权益合计	725 680	700 123			
负债和所有者权益总计	1 032 010	982 610			

根据上表进行资产负债表的水平分析计算并做出分析评价。

2. 某家具有限公司是一家生产制造企业，上年和本年有关利润表的各项指标如表 2-20 所示，请编制利润表的垂直分析表并对其做出分析评价。

表 2-20　　　　　　　　　　　利润表垂直分析表

编制单位：某家具有限公司　　　　　　　　本年度　　　　　　　　　　　单位：万元

项目	本年	上年	本年比上年	
			变动额	变动率（%）
一、营业收入	88 405.94	69 642.91		
减：营业成本	71 603.51	58 444.77		
营业税金及附加	197.57	129.09		
销售费用	10 507.38	5 991.95		
管理费用	3 562.45	2 730.41		
财务费用	143.91	9.33		
加：其他收益				
投资收益	194.61	151.86		
公允价值变动收益				
资产减值损失	−112.15	−3.16		
资产处置收益（损失以"−"号填列）				
二、营业利润	2 697.88	2 492.38		
加：营业外收入	141.69	81.34		
减：营业外支出	199.22	152.52		
三、利润总额	2 640.34	2 419.20		
减：所得税费用	709.45	1 050.96		
四、净利润	1 930.90	1 368.24		
（一）持续经营净利润（净亏损以"−"号填列）	1 930.90	1 368.24		
（二）终止经营净利润（净亏损以"−"号填列）				

五、实训

财务报表的信息搜集

目的：熟悉如何搜集财务报表的信息及相关非财务信息，熟悉对财务数据的处理，掌握分析方法。

要求：搜集上市公司财务报表及其他信息资料，并能正确地对财务报表做出简单分析。

实施：将学生进行分组，以每4人为一组划分学习小组，选定小组长负责组内工作，以小组为单位进行讨论、实训和学习，利用互联网或其他途径，搜集中国平安保险（集团）股份有限公司（证券代码：601318）（简称"中国平安"）的财务信息和非财务信息，完成下列任务。

1. 设定自己的角色为股票投资者，已经在2021年1月21日以每股71.62元的价格买进该公司股票100 000股并持有至今。请确定对中国平安进行财务分析的分析目标，明确分析内容。

2. 搜集该公司的会计信息和非会计信息。

3. 运用下列分析方法进行分析并得出基本结论。

（1）编制中国平安资产负债表的水平分析表和垂直分析表，分析该公司资产负债情况并做出基本判断。

（2）编制中国平安利润表的水平分析表和垂直分析表，分析该公司的盈利或亏损情况并做出基本判断。

（3）编制中国平安现金流量表的水平分析表和垂直分析表，分析该公司的现金流量情况并做出基本判断。

（4）编制中国平安所有者权益变动分析表，分析该公司所有者权益各组成项目的变化及构成情况，并做出基本判断。

4. 对上述计算、分析结果做出总体判断，并写出简要的分析结论。

5. 观察该公司最近半年的股价走势，做出卖出、买进还是继续持有该公司股票的决策意见。

任务三

分析企业偿债能力

【知识目标】

1. 掌握偿债能力的内涵。
2. 了解偿债能力分析的目的和内容。
3. 熟悉影响短期偿债能力和长期偿债能力的主要因素。
4. 掌握反映短期偿债能力的指标体系和反映长期偿债能力的指标体系。

【能力目标】

1. 熟练应用各短期偿债能力指标对企业偿债能力进行分析。
2. 熟练应用各长期偿债能力指标对企业偿债能力进行分析。

【思政目标】

1. 树立经营风险意识，维护社会稳定。
2. 树立社会责任意识。
3. 养成诚实守信的优良品质。

任务导入 ↓

任务资料：根据红旗公司资产负债表和利润表得出相关数据资料，如表 3-1 所示。

表 3-1 　　　　　　　　　　　红旗公司资料表　　　　　　　　　　　单位：元

项目	本年（或年末）金额	上年（或年末）金额
资产总额	15 402 938	13 169 380
负债总额	4 584 168	2 516 450
所有者权益总额	10 818 770	10 652 930
无形资产	245 600	305 600
财务费用	16 000	10 000
利润总额	126 400	112 000

其他资料：红旗公司本年发生资本化利息支出 100 000 元。

任务目标：根据上述资料，计算红旗公司资产负债率、产权比率和利息保障倍数并进行分析。

3.1 企业偿债能力分析概述

3.1.1 偿债能力分析的含义

偿债能力是指企业偿还各种债务的能力。企业的负债按偿还期的长短，可以分为流动负债和非流动负债两大类。其中，反映企业偿付流动负债能力的是短期偿债能力；反映企业偿付非流动负债能力的是长期偿债能力。

企业偿债能力是财务分析的重要组成部分。对企业偿债能力的分析有利于投资者进行正确的投资决策，有利于企业经营者正确评价企业的财务状况并进行正确的经营决策，有利于债权人进行正确的借贷决策。因此，偿债能力分析是各利益相关者都十分关心的重要问题。

3.1.2 偿债能力分析的目的

偿债能力是企业经营者、投资人、债权人等都十分关心的重要问题。站在不同的角度，分析的目的也有所区别。

企业经营者是从企业资金管理的角度进行偿债能力分析的，以便调度和筹措资金，及时偿还债务，降低企业的财务风险。因为，企业一旦出现不能偿还到期债务的情况，就会影响企业的持续经营，甚至会使企业陷入破产清算的境地。通过对偿债能力的分析，企业经营者可以及时发现问题，并采取措施加以解决。对于企业来说，任何一家企业要想维持正常的生产经营活动，必须持有足够的现金或者可随时变现的流动资产，以支付各种到期的费用账单和其他债务。其分析的目的：①了解企业的财务状况；②提示企业经营者企业目前所承担的财务风险程度；③预测企业筹资前景；④为企业进行各种理财活动提供重要参考。

投资人最关心企业的盈利能力和长远发展。他们认为，企业具有较强的偿债能力，可以降低财务风险，提高盈利能力。而企业的长远发展不仅受盈利能力的影响，还受偿债能力的影响。企业采取紧急措施筹集资金来偿还到期债务，一方面会增加筹资难度和资本成本，另一方面还会消耗企业经营者大量的时间和精力，影响企业的盈利能力，最终也会损害投资人的利益。企业只有按时偿还债务，才能够持续经营下去，才会有长远的发展前景。

债权人对企业偿债能力的分析，目的在于做出正确的借贷决策，保证其资金安全。债权人更会从他们的切身利益出发来研究企业的偿债能力。只有企业有较强的偿债能力，才能使其债权及时收回，并按期取得利息。债权人通过对企业资金的主要来源和用途以及资本结构的分析，再加上对企业过去盈利能力的分析和未来盈利能力的预测，来判断企业的偿债能力。

可见，企业偿债能力如何，不仅是企业自身所关心的问题，也是各方面利益相关者都非常重视的问题。

3.1.3 偿债能力分析的内容

企业偿债能力分析的内容受企业负债的内容和偿债所需资产内容的制约。不同负债在偿还债务时所需的资产不同，不同的资产偿还债务时的用途亦不同。因此，企业资产和负债之间存在一定的对比关系。从静态角度看，企业偿债能力是用资产清偿企业短期债务和长期债务的能力，表现为资产与负债之间的数量关系；从动态角度看，企业偿债能力是用企业在生产经营过程中创造的收益清偿短期债务和长期债务的能力，表现为企业经营收益与负债之间的数量关系。根据负债的偿还期限，企业偿债能力的分析主要包括以下内容。

（1）短期偿债能力分析。通过对反映短期偿债能力的主要指标和辅助指标的分析，了解企业短期偿债能力的强弱和短期偿债能力的变动情况，说明企业的财务状况和风险程度。

（2）长期偿债能力分析。通过对反映企业长期偿债能力指标的分析，了解企业长期偿债能力的强弱及其变动情况，说明企业整体财务状况和债务负担状况及偿债能力的保证程度。

3.2 企业短期偿债能力分析

3.2.1 短期偿债能力的概念及影响因素

短期偿债能力一般也称为企业的支付能力，主要是通过流动资产的变现，来偿还到期的短期债务。短期偿债能力的强弱对企业的生产经营活动和财务状况有着重要影响，一个企业即使拥有良好的营运能力和较强的盈利能力，但短期偿债能力不强，就会因资金周转困难而影响正常的生产经营活动，降低企业的盈利能力，严重时会出现财务危机而导致企业破产。

微课：短期偿债能力
分析的影响因素

从短期偿债能力对企业的影响可以看出，企业必须十分重视短期偿债能力的分析和研究。了解影响短期偿债能力的因素，对分析企业短期偿债能力的变动情况、变动原因及促进企业短期偿债能力的提高是十分有用的。影响短期偿债能力的因素，总体来说可以分为企业内部因素和企业外部因素。企业内部因素是指企业的资产结构、流动负债结构、融资能力和现金流量水平等因素。企业外部因素是指与企业所处经济环境相关的因素，例如宏观经济形势、证券市场的发育与完善程度、银行的信贷政策等因素，下面分别加以说明。

1. 企业内部因素

影响企业短期偿债能力的内部因素主要有以下几个。

（1）企业的资产结构，特别是流动资产结构。在企业的资产结构中，如果流动资产所占比重较大，则表明企业短期偿债能力相对较大，因为流动负债一般要通过流动资产变现来偿还。如果流动资产所占比重较大，但其内部结构不合理，则企业实际偿债能力也会受到影响。在流动资产中，如果存货资产占较大比重，而存货资产的变现速度通常又低于其他流动资产，则其偿债能力也会受到影响。从这个意义上讲，流动资产中的应收账款、存货资产的周转速度也是反映企业偿债能力强弱的辅助性指标。

（2）企业的流动负债结构。企业的流动负债有些是必须以现金偿付的，例如短期借款、应付账款等，有些则是可以用商品或劳务来偿还的，例如预收账款等。需要用现金偿付的流动负债对资产的流动性要求更高，企业只有拥有足够的现金才能保证其偿债能力。如果在流动负债中预收账款的比重较大，则企业只要拥有充足的存货就可以保证其清偿能力。此外，流动负债中各种负债的偿还期限是否集中，都会对企业的偿债能力产生影响。分析时，不仅要看各种反映偿债能力指标的数据，还要根据各种因素考察其实际的偿债能力。

（3）企业的融资能力。有时候仅仅通过偿债能力指标，还不足以判断企业的实际偿债能力。有些企业各种偿债能力指标都较好，但却不能按期偿付到期的债务；而另一些企业，因为有较强的融资能力，能够随时从银行等金融机构筹集到大量的资金，即使偿债能力指标不高，也总能按期偿付其债务和支付利息。因此，融资能力也是影响偿债能力的重要因素。

（4）企业的现金流量水平。企业的短期债务通常是用现金来偿还的，因此，现金流量是决定企业短期偿债能力的重要因素。企业现金流量状况如何，主要受企业的经营状况和融资能力两方面的影响。如果没有充足的现金流量，即使企业是盈利的，也可能因无法及时偿还到期债务而导致信用危机甚至破产。

2．企业外部因素

影响企业短期偿债能力的外部因素主要有以下几个。

（1）宏观经济形势。宏观经济形势是影响企业短期偿债能力的重要外部因素。当一国经济持续稳定增长时，社会的有效需求也会随之稳定增长，产品畅销。由于市场条件良好，企业的产品和存货可以较容易地通过销售转化为货币资金，从而提高企业短期偿债能力。反之，如果国民经济进入迟滞阶段，消费者购买力不足，就会使企业产品积压，导致其资金周转不灵，企业间相互拖欠形成"三角债"，从而导致企业的偿债能力受到影响。

（2）证券市场的发育与完善程度。在企业的流动资产中，常常会包括一定比例的有价证券，在分析企业短期偿债能力时，是将有价证券视为等量现金的。通常，这样计算的偿债能力指标与企业的实际偿债能力是有区别的。这是因为，有价证券是按其历史成本列示在资产负债表中的，与转让价格必然有一定的差异，且转让有价证券时，要支付一定的转让费用。证券市场的发育和完善程度对企业短期偿债能力的影响还表现为：如果证券市场发达，企业随时可将手中持有的有价证券转换为现金；如果证券市场不发达，企业转让有价证券就很困难，或者不得不以较低的价格出售。这些都会对企业的短期偿债能力产生影响，特别是当企业把投资有价证券作为资金调度手段时，证券市场的发育和完善程度对企业的短期偿债能力的影响就更大。

（3）银行的信贷政策。国家为保证整个国民经济的健康发展，必然要采取宏观调控方法，利用金融、税收等宏观经济政策，调整国家的产业结构和经济发展速度。一个企业，如果其产品是国民经济急需的，发展方向是属于国家政策鼓励的，就会较容易地取得银行借款，其偿债能力也会提高。此外，当国家采取较宽松的信贷政策时，大多数的企业都会在需要资金时地较容易地取得银行信贷资金，其实际偿债能力也会提高。

除以上主要因素外，还有许多因素会影响到企业的短期偿债能力，例如企业的财务管理水平，母公司与子公司之间的资金调拨等。有些因素对企业偿债能力的影响往往难以通过数量指标来体现，分析时，必须结合各个有关因素做出综合判断。

3.2.2　短期偿债能力指标分析

企业短期偿债能力可以从两个方面进行分析评价：一是根据资产负债表进行静态分析评价，重要指标有营运资本、流动比率、速动比率、现金比率；二是根据现金流量表和其他有关资料进行动态分析评价，主要指标有现金流量比率、速动资产够用天数、现金到期债务比率等。

1．营运资本分析

营运资本是流动资产总额与流动负债总额的差额。营运资本表示的是偿还流动负债之后还剩下的部分，营运资本越多，证明企业越有能力偿还短期债务。其计算公式如下。

$$营运资本 = 流动资产 - 流动负债$$

营运资本是衡量企业短期偿债能力的绝对数指标。该指标越高，表示企业可用于偿还流动负债的资金越充足，企业的短期偿付能力越强，企业面临的短期流动性风险越少，债权人的安全程度越高。但该指标也并不是越高越好，因为营运资本过大，表明企业闲置资金过多，既未用于投资，也未用于偿还债务。由于营运资本受到企业规模和行业特性的影响较大，而且是一个绝对数，因此该指标无法直接在同一个企业或不同企业之间进行对比。也正因为如此，在实际工作中较少使用营运资本作为衡量短期偿债能力的指标。

2. 流动比率分析

流动比率是流动资产与流动负债的比率。它表明 1 元流动债务有多少流动资产作为偿还的保证，反映企业有多少流动资产可以在短期内转化为现金用于偿还到期的流动负债的能力。其计算公式如下。

$$流动比率 = \frac{流动资产}{流动负债}$$

一般来讲，从债权人的立场来看，流动比率越高，债权越有保障。但从经营者和所有者的角度来看，并不一定要求流动比率越高越好。在偿债能力允许的范围内，根据经营需要，进行负债经营也是现代企业的经营策略之一。

根据一般经验，流动比率为 2 时，大多数经营者认为是比较合适的，此时企业的短期偿债能力较强，对企业的经营也是有利的。因为变现能力最差的存货通常占流动资产的一半左右，剩下的变现能力较强的流动资产至少要等于流动负债，这样才能保证企业具有较强的短期偿债能力。或者在一种极端情况下，即使流动资产的清算价值缩水一半，仍可偿还流动负债。尽管流动比率为 2 代表有更多的流动资产来保证流动负债，但同时也反映出资产使用效率不高，而且用经验数据评价流动比率，其可信度也不高。因此，这个标准并不具有普遍意义。实际上，不同国家或地区的金融环境和资本市场不同，使得企业的资产结构和资本结构不同，企业的流动比率也有所不同；同一个国家或地区不同行业的流动比率也有明显区别。因此，运用流动比率来评价企业的短期偿债能力，通常只能在行业内进行对比，同时必须与企业的资产结构、资产变现速度及行业特点结合起来进行综合考虑，这样才能正确地分析评价。

3. 速动比率分析

在流动资产中，存货是流动资产中变现速度最慢的资产，而且存货在销售时受市场价格的影响，从而使其变现价值带有很大的不确定性，在市场萧条或产销不对路的情况下，有可能出现存货滞销而无法转化为现金的情况。因此，可以将存货从流动资产中剔除，计算速动比率，以反映企业的短期偿债能力。

速动比率是指企业的速动资产与流动负债的比率，用来衡量企业流动资产中可以立即变现偿付流动负债的能力，反映了企业的即时支付能力。用速动比率来评价企业的短期偿债能力，消除了存货等变现能力较差的流动资产项目的影响，可以部分地弥补流动比率指标存在的缺陷。其计算公式如下。

$$速动比率 = \frac{速动资产}{流动负债}$$

速动比率越高，表明企业在极短的时间内将资产变现以偿还短期债务的能力越强；反之，则说明企业短期偿债能力越差。根据经验，一般认为速动比率为1时较好，表明企业每1元短期债务都有1元易于变现的速动资产做保证。与流动比率一样，速动比率在不同行业和企业也应有所区别。应该说明的是，如果速动比率过低，则企业将可能依赖出售存货或举借新债偿还到期债务，企业的短期偿债能力存在问题。但是如果速动比率过高，在说明企业短期偿债能力较强的同时，也说明企业拥有较多的不能盈利的货币资金和应收账款，这可能会降低企业的盈利能力，也可能使企业失去一些有利的投资机会。

速动比率的优点是计算简单，容易理解，但它也存在一定的局限性。首先，速动比率反映的只是速动资产与流动负债之间的数量关系，没有考虑速动资产的结构和流动性，例如没有考虑应收账款的收回因素和应收票据的可能拒付及预付费用等问题。因此，将全部应收票据和应收账款都作为速动资产是不合适的。其次，速动比率也是静态指标，只反映期末速动资产和流动负债的比率关系，不能代表企业整个期间的偿债能力。最后，经营者也不能简单地根据流动比率的高低来判断企业的短期偿债能力。为了弥补一些不足，大多数企业都采用保守的方法来计算速动比率，即在计算速动资产时扣除了存货、预付货款及预付费用等，使其相比之前的速动比率更加准确。

4. 现金比率分析

由于影响应收账款和存货变现的不确定因素有很多，特别是当财务分析人员怀疑其实际价值和流动性有问题时，可以用现金比率来评价企业的短期偿债能力。

现金比率，又称为超速动比率，是指企业的现金及现金等价物与流动负债的比值，可以显示企业即时付款或随时还债的能力。这里的现金是指货币资金，交易性金融资产可视为现金等价物。其计算公式如下。

$$现金比率 = \frac{货币资金 + 交易性金融资产}{流动负债}$$

为了保证基本的支付能力，企业保持一定的现金比率是很有必要的。现金比率越高，说明企业的短期偿债能力越强，反之则越弱。但在一般情况下，企业的流动负债不是马上就需要全部偿还的，要求企业随时保持足够的现金及现金等价物用来偿还流动负债，既不现实也没有必要。若现金比率过高，则说明企业的货币资金和交易性金融资产过多，暴露出企业在资金管理方面存在问题，因此在实际工作中，财务分析人员并不重视这个指标。只有当企业的应收账款和存货都存在严重问题，或企业陷入财务困境时，才利用现金比率分析企业的短期偿债能力。从这个角度来讲，现金比率表明企业在最坏的情况下偿付流动负债的能力。

5. 现金流量比率分析

现金流量比率是指企业经营活动现金流量净额与流动负债的比率，用来衡量企业流动负债用经营活动所产生的现金来支付的程度，是流动比率、速动比率的延伸。其计算公式如下。

$$现金流量比率 = \frac{经营活动现金流量净额}{流动负债}$$

经营活动现金流量净额的大小反映出企业某一会计期间生产经营活动产生现金的能力，是偿还企业到期债务的基本资金来源。当该指标等于或大于1时，表示企业有足够的能力以生产经营活动产生的现金来偿还其短期债务；如果该指标小于1，表示企业生产经营活动产生的现金不足以偿还到期债务，必须进行对外筹资或出售资产才能偿还债务。

6. 速动资产够用天数分析

在财务分析中，除了以流动负债为基础，说明企业的短期偿债能力，还可以用营业开支水平说明企业的短期偿债能力，通常用"速动资产够用天数"来表示企业速动资产维护企业正常生产经营开支水平的程度。该指标可以作为速动比率的补充指标，其计算公式如下。

$$速动资产够用天数 = \frac{速动资产}{预计每天营业所需的现金支出}$$

从该指标的计算公式中可以看出，如果速动资产较多，而企业每天营业所需的现金支出较少，速动资产够用天数就多；反之，速动资产够用天数就少。企业速动资产够用天数少，表示企业偿债能力低。

7. 现金到期债务比率分析

现金到期债务比率是指经营活动现金流量净额与本期到期的债务的比率，用来衡量企业本期到期的债务用经营活动所产生的现金来支付的程度。其计算公式如下。

$$现金到期债务比率 = \frac{经营活动现金流量净额}{本期到期的债务}$$

当该指标等于或大于 1 时，表示企业有足够的能力以生产经营活动产生的现金来偿还当期的短期债务；当该指标小于 1 时，表示企业生产经营活动产生的现金不足以偿还当期到期的债务，必须采取其他措施才能满足企业当期偿还到期债务的需要。

【例 3-1】鸿飞公司的有关资料如表 3-2 所示，根据这些资料计算出鸿飞公司营运资本、流动比率、速动比率、现金比率和现金流量比率，表 3-3 所示为鸿飞公司短期偿债能力指标计算表，其简要评价如下。

表 3-2　　　　　　　　　　　　　　　　鸿飞公司资料表　　　　　　　　　　　　　单位：元

项目	本年（或年末）金额	上年（或年末）金额
货币资金	8 345 678	6 098 235
交易性金融资产	40 000	220 000
应收票据	429 228	429 228
应收账款	563 928	123 987
预付款项	102 300	102 300
其他应收款	3 400	34 00
存货	6 588 231	6 198 298
流动资产合计	16 072 765	13 175 448
流动负债合计	1 876 367	1 614 257
经营活动现金流量净额	698 909	398 987

表 3-3　　　　　　　　　　　　　　鸿飞公司短期偿债能力指标计算表

短期偿债能力指标	本年（或年末）金额	上年（或年末）金额
营运资本（元）	14 196 398	11 561 191
流动比率	8.57	8.16
速动比率	5.00	4.26
现金比率	4.47	3.91
现金流量比率	0.37	0.25

03

鸿飞公司本年营运资本为 14 196 398 元，上年营运资本为 11 561 191 元，均大于 0，说明公司用于偿还流动负债的资金较充足，且本期营运资本的偿债能力比上期有所增强；本年流动比率为 8.57，上年流动比率为 8.16，均远远超过了经验值 2，说明公司的流动资产对流动负债的偿还保障很高，且本年偿债能力比上年有所提高；本年的速动比率为 5.00，上年的速动比率为 4.26，均超过经验值 1，应警惕公司是否有速动资产存量过多从而影响获利能力的现象；上年的现金比率为 3.91，本年达到了 4.47，主要是由现金资产的增长速度超过了流动负债的增长速度导致的。上述指标说明了公司流动资产偿还流动负债的能力很强，偿债压力不大。上年现金流量比率为 0.25，本年现金流量比率为 0.37，表明公司本年经营活动现金偿债能力有所增强。但公司上年和本年现金流量比率均未达到 1，说明公司依靠生产经营活动产生的现金满足不了偿债的需要，公司必须依靠其他方式取得现金才能保证债务的及时偿还。

03 3.3 企业长期偿债能力分析

3.3.1 长期偿债能力的概念及影响因素

长期偿债能力是指企业偿还非流动负债的能力。企业的非流动负债包括长期借款、应付债券、长期应付款、专项应付款、递延所得税负债及其他非流动负债。影响企业长期偿债能力的因素主要包括以下几个方面。

微课：长期偿债能力
分析的影响因素

1. 企业的盈利能力

企业短期偿债能力，主要考虑流动资产结构、流动负债结构等，从资产变现角度来分析。长期偿债能力则不同，由于所衡量的时间较长，对未来较长时间的资金流量很难做出可靠的预测，而且所包含的因素更加复杂，所以难以通过资产变现情况做出判断。

从企业的偿债义务来看，包括按期偿付本金和按期支付利息两个方面。短期债务可以通过流动资产变现来偿付，因为大多数流动资产的取得往往以短期负债为其资金来源。企业的非流动负债大多用于非流动资产的投资，形成企业的长期资产，在正常生产经营条件下，企业依靠生产经营所得作为偿债的资金来源。从举借债务的目的来看，企业使用资金成本较低的负债资金是为了获取财务杠杆利益，增加企业收益，其利息支出自然要从所融通资金创造的收益中予以偿付。所以说，企业的长期偿债能力是与企业的盈利能力密切相关的。一般而言，企业的盈利能力越强，长期偿债能力越强；反之，则长期偿债能力越弱。如果企业长期亏损，则必须通过变卖资产才能清偿债务，否则会影响企业的正常生产经营活动，最终影响投资人和债权人的利益。因此，企业的盈利能力是影响长期偿债能力最重要的因素。

2. 投资效果

企业所举借的长期债务，主要用于长期投资固定资产等方面，投资的效果决定了企业是否有能力偿还长期债务。特别是当某项具体投资的资金全部依靠非流动负债来筹措时，情况更是如此。当然，作为对债权人的一种保障，企业必须有相当比例的权益资金，不能因为某项投资的效果不佳而损害债权人的利益。但如果企业每一项投资都不能达到预期目标时，即使有相当比例的权益资金做保证，其偿债能力也会受到一定程度的影响。

3. 权益资金的增长和稳定程度

尽管企业的盈利能力是影响长期偿债能力最重要的因素，但如果企业将绝大部分利润都分配给投资者，权益资金增长很少，就会降低偿还债务的可靠性。对于债权人来说，企业将大部分利润留下，会使权益资金增加，减少利润外流，这对投资人并没有什么实质性的影响，却能增加企业偿还债务的可靠性，从而提高企业的长期偿债能力。

4. 权益资金的实际价值

权益资金的实际价值是影响企业最终偿债能力最重要的因素。当企业结束经营时，最终的偿债能力取决于企业权益资金的实际价值。如果资产不能按其账面价值处理，就有可能损害债权人的利益，使债务不能全部清偿。

5. 企业经营现金流量

企业的债务主要还是要用现金来清偿，虽然企业的盈利能力是偿还债务的根本保证，但是企业盈利不等同于企业现金流量充足。企业只有具备较强的变现能力，有充裕的现金，才能保证其自身具有真正的偿债能力。因此，企业的经营现金流量状况是偿债能力保证程度的关键因素。

3.3.2　长期偿债能力指标分析

从资产、盈利能力、现金流量等的内容、特点和作用可以看出，这些因素是从不同角度反映企业偿债能力的。资产是清偿债务的最终物质保证，盈利能力是清偿债务的经营收益保证，现金流量是清偿债务的支付保证。只有将这些因素加以综合分析，才能真正揭示企业的偿债能力。所以，长期偿债能力应从以下三个方面进行分析：①资产规模对长期偿债能力影响的分析；②盈利能力对长期偿债能力影响的分析；③现金流量对长期偿债能力影响的分析。

1. 资产规模对长期偿债能力影响的分析

负债表明企业的债务负担，资产则是偿还债务的物质保证，单凭负债或资产不能说明一个企业的偿债能力。负债减少并不意味着企业的偿债能力强，同样，资产规模大也不能表明企业的偿债能力强。企业的偿债能力体现在资产与负债的对比关系上，这种对比关系中所反映出来的企业长期偿债能力的指标主要有资产负债率、所有者权益比率、产权比率、固定长期适合率等。

（1）资产负债率分析。资产负债率也称为负债经营比率或债务比率，是指企业负债总额与资产总额之间的比例关系。其计算公式如下。

$$资产负债率 = \frac{负债总额}{资产总额} \times 100\%$$

公式中的负债总额包括全部长期负债和流动负债，资产总额包括全部流动资产和长期资产。资产负债率越高，企业的债务负担越重，不能偿还的可能性也就越大，债权人的风险越高。但较高的资产负债率也可能为投资人带来较多的利益。因此，不同的分析主体，对资产负债率的评价也有所不同。

通过对不同时期资产负债率的计算和对比分析，可以了解企业债务负担的变化情况。任何企业都必须根据自身的实际情况，确定一个适度的负债率。当企业债务负担持续增长并超过这个适度负债率时，企业就应注意加以调整，不能只顾获取杠杆利益而不考虑可能面临的财务风险。

资产负债率到底多高才算企业拥有还债能力，目前不同的银行、不同的专家对此持不同的看法。一般认为，债权人投入企业的资金不应高于企业所有者投入企业的资金，也就是资产负债率在 50%以内比较安全、合理。如果债权人投入企业的资金多于所有者，则意味着获得固定利息的债权人承担了比所有者更大的风险，而自己的收益却与企业经营的好坏关系不大，而有可能获得较大收益的所有者却承担了较低的经营风险。银行一般规定，企业资产负债率超过 80%或 75%，就应当拒绝贷款，言下之意是资产负债率超过 80%或 75%的企业缺乏还债能力，存在较大的还债风险。

（2）所有者权益比率分析。所有者权益比率是所有者权益总额同资产总额的比率，反映企业全部资产中有多少是投资人投资所形成的。其计算公式如下。

$$所有者权益比率 = \frac{所有者权益总额}{资产总额} \times 100\% = 1 - 资产负债率$$

所有者权益比率是表示长期偿债能力保证程度的重要指标，该指标越高，说明企业资产中由投资人投资所形成的资产越多，偿还债务的可能性越大。从"所有者权益比率=1-资产负债率"来看，该指标越大，资产负债率越小，债权人对这一比率是非常感兴趣的。当债权人将其资金借给所有者权益比率较高的企业，由于企业有较多的自有资产作为偿债保证，债权人全额收回债权的可能性较大，即使企业清算时资产不能按账面价值收回，债权人也不会有太大损失。例如，企业资产 50%来源于所有者投资，50%通过负债取得，那么，即使企业将全部资产按一半的价格转换为现金，依然能付清所有的负债且还有剩余。可见，债权人利益的保证程度是相当高的。再如，企业资产 80%来源于所有者投资，只有 20%是通过负债取得的，那么，只要企业资产价值不暴跌到 80%以上，即每 1 元资产只要转换成 0.2 元以上的现金，债权人就不会受到任何损失。相反，如果企业资产的 80%是通过各种负债取得的，只要企业资产价值下跌 20%以上，债权人就不能全额收回其债权。由此可见，所有者权益比率的高低能够明显地表示企业对债权人的保护程度。如果企业处于清算状态，该指标对偿债能力的保证程度就显得更为重要。

（3）产权比率分析。产权比率是企业负债总额和所有者权益总额之比，反映债权人投入资本受到所有者权益保障的程度，是判断企业还债能力的一个重要指标。其计算公式如下。

$$产权比率 = \frac{负债总额}{所有者权益总额} \times 100\%$$

如果说资产负债率是反映企业债务负担的指标，所有者权益比率是反映偿债保证程度的指标，产权比率就是反映债务负担与偿债保证程度相对关系的指标。它和资产负债率、所有者权益比率具有相同的经济意义，但该指标更直观地表示出负债受到所有者权益的保护程度。

从所有者角度来看，产权比率是所有者利用债权人资金程度的一种反映，揭示所有者用自己投入的资金引致债权人资金投入的倍数。从债权人角度来看，企业最终用来保证其偿还的就是企业的所有者权益，即企业的净资产。企业净资产的多少是从债权人角度看企业愿意承担债务偿还、亏损风险的一个基本态度。因此，从债权人角度来看，该指标越低越好，但从所有者或经营者的角度看，该指标越高越好，越高说明企业的吸引力越强。

（4）固定长期适合率分析。固定长期适合率是指固定资产净值与所有者权益和非流动负债的比率，用于衡量企业固定资产是否投资过大，以及固定资产的资金来源是否合理。其计算公式如下。

$$固定长期适合率 = \frac{固定资产净值}{所有者权益 + 非流动负债} \times 100\%$$

就大多数企业来说，其固定资产方面的投资都希望用权益资金来解决，这样就不会因为固定资产投资回收期长而影响企业短期偿债能力。当企业固定资产规模较大，而权益资金规模较小，难以满足固定资产投资的需要时，可以通过举借长期债务来解决。一般的标准认为，该指标必须小于1。就是说，当该指标超过1时，说明企业使用了一部分短期资金进行固定资产投资，而流动资产的投资全部由流动负债来解决，这将影响企业短期偿债能力。当企业的固定长期适合率小于1时，表明企业有一部分长期资金用于流动资产投资，这可以减轻企业短期偿债的压力。

2. 盈利能力对长期偿债能力影响的分析

资产固然可以作为偿债的保证，但企业取得资产的目的并不是为了偿债，而是利用资产进行经营以获取收益，所以债务的清偿要依赖于资产变现，资产的变现主要是通过产品销售来实现的。因此，盈利能力对偿债能力的影响更为重要。从盈利能力角度分析，评价企业长期偿债能力的指标主要有销售利息比率、利息保障倍数、债务本息偿付保障倍数等。

（1）销售利息比率分析。销售利息比率是指一定时期的利息费用与营业收入的比率。其计算公式如下。

$$销售利息比率 = \frac{利息费用}{营业收入} \times 100\%$$

这一指标可以反映企业销售状况对偿付债务的保证程度。企业的负债最终要用其经营所得去偿还，如果经营状况不佳，在其经营期间偿付债务就缺少根本的保障，而企业权益资金的多少对偿债的保证只有在企业处于清算状态时才真正发挥作用。在企业负债规模基本稳定的情况下，销售状况越好，偿还到期债务可能给企业造成的冲击越小。该指标越小越好，该指标越小，说明企业通过销售所获得的收入用于偿付利息的比例越小，企业的偿债压力越小。

（2）利息保障倍数分析。任何企业为了保证再生产的顺利进行，在取得营业收入后，都需要首先补偿企业在生产经营中的耗费。所以，营业收入虽然是利息费用的资金来源，但利息费用的真正资金来源是营业收入补偿生产经营中的耗费之后的余额，若其余额不足以支付利息费用，企业的再生产就会受到影响。因此，利息保障倍数比销售利息比率更能反映出企业偿债能力的保证程度。利息保障倍数是指企业生产经营所获得的息税前利润与利息费用的比率。其计算公式如下。

$$利息保障倍数 = \frac{息税前利润}{利息费用} = \frac{利润总额 + 利息费用}{利息费用}$$

这里的利息费用包括本期财务费用的利息和资本化利息。其理由是，不论利息费用是否列入利润表，企业终究是要偿还的，都是企业实际负担的费用。根据企业会计准则要求，利润表不单独列示利息费用，而是将其并入"财务费用"项目，外部分析人员可将财务费用视同利息费用，用利润总额加财务费用估算息税前利润。

该指标是反映企业偿付债务利息的保证程度指标，该指标越高，说明企业支付利息的能力越强，债权人按期取得利息越有保证。该指标究竟达到什么水平，才能说明支付利息的保证程度强，并没有具体的评价标准，财务分析人员应根据历史的经验结合行业特点来判定，也可以结合同行业标准来评价。

（3）债务本息偿付保障倍数分析。债务本息偿付保障倍数是在利息保障倍数计算与分析的基础上，进一步考虑债务本金和可用于偿还本金的固定资产折旧而计算的反映偿债能力的指标。其计算公式如下。

$$债务本息偿付保障倍数 = \frac{息税前正常营业利润 + 折旧}{利息额 + \dfrac{偿还本金额}{1 - 所得税税率}}$$

在计算债务本息偿付保障倍数时，之所以要考虑折旧和所得税税率，是因为折旧作为当期现金流入量可用于偿还长期负债；偿还本金额按所得税进行调整，是由于归还长期借款的利润是指企业的税后利润。另外，在计算该指标时，应注意分子和分母的口径相一致，如果计算某一年度的债务本息偿付保障倍数，则各项目都是按年度口径计算，例如偿还本金金额应是当年到期的长期负债额；如果计算的是一定时期的债务本息偿付保障倍数，则各项目都应该是这一时期的数据。在这种情况下，债务本息偿付保障倍数大于 1 就说明企业具有偿债能力，该指标越高，说明企业的偿债能力越强；反之，则说明企业无力偿还到期债务，指标越低，企业的偿债能力越差。

3. 现金流量对长期偿债能力影响的分析

运用现金流量指标，可以比较真实地反映出企业的偿债能力，将现金流量与负债相比较，用来评价企业的长期偿债能力，主要指标有到期债务本息偿付比率、强制性现金支付比率、现金债务总额比率等。

（1）到期债务本息偿付比率分析。到期债务本息偿付比率用来衡量企业到期债务本金及利息可由经营活动创造的现金来支付的程度。其计算公式如下。

$$到期债务本息偿付比率 = \frac{经营现金流量净额}{到期债务本息} \times 100\%$$

经营活动现金流量净额是企业最稳定的经常性现金来源，是偿还债务的基本保证。如果这一比率小于 1，则说明企业经营活动产生的现金不足以偿付到期债务和利息支出，企业必须通过其他渠道筹资或通过出售资产才能清偿债务。这一指标的值越大，表明企业长期偿债能力越强。

（2）强制性现金支付比率分析。企业经营过程中，有些现金流出是带有强制性的，是必须支付的，例如生产经营活动中必须支付的现金，偿还本金、支付利息等必须支付的现金等。企业的现金流入必须满足这种需要，才能保证生产经营活动正常进行，保证企业保持良好的信誉。强制性现金支付比率就是反映企业是否有足够的现金履行其偿还债务、支付经营费用等责任的指标。其计算公式如下。

$$强制性现金支付比率 = \frac{现金流入总量}{经营现金流出量 + 偿还到期本息付现}$$

该指标至少应等于 1，即现金流入量能满足强制性项目的支付需求。这一指标越大，表明企业长期偿债能力越强，其超过 100% 的部分，可用来满足企业其他方面的现金需求。

（3）现金债务总额比率分析。现金债务总额比率是指经营活动现金流量净额与期初、期末负债平均余额的比率，表示企业的负债总额用经营活动所产生的现金来支付的程度。其计算公式如下。

$$现金债务总额比率 = \frac{经营活动现金流量净额}{负债平均余额}$$

企业真正能用于偿还债务的是现金流量，通过现金流量和债务的比较可以更好地反映企业的偿债能力。现金债务总额比率能够反映企业生产经营活动产生的现金流量净额偿还长期债务的能力。该比率越高，表明企业偿还债务的能力越强。

3.4　分析公司偿债能力案例

3.4.1　公司概况

B 钢铁股份有限公司由 B 钢铁（集团）公司作为独家发起人，采取发起设立方式注册成立的股份有限公司。公司及子公司主要从事冶金产品及副产品、钢铁延伸产品的制造，冶金产品的技术开发，永久气体和混合气体气瓶充装（气体品种以安全生产许可证核定的许可范围为限），医用氧气的生产，黑色、有色金属加工和销售，钢铁渣开采，废钢加工及收购生产性废旧金属等业务。

3.4.2　财务报表的编制基础

1. 编制基础

本公司执行财政部颁布的企业会计准则及相关规定。此外，本公司还按照《公开发行证券的公司信息披露编报规则第 15 号——财务报告的一般规定》（证监会公告〔2014〕54 号）披露有关财务信息。

2. 持续经营

本公司对自本年 12 月 31 日起 12 个月的持续经营能力进行了评价，未发现对持续经营能力产生重大怀疑的事项和情况。因此，本财务报表系在持续经营假设的基础上编制。

3.4.3　重要政策及会计估计

略。

3.4.4　财务报表及要求

财务报表如表 3-4～表 3-15 所示。

表 3-4　　　　　　　　　合并资产负债表

编制单位：B 钢铁股份有限公司　　　　　上年 12 月 31 日　　　　　单位：元　币种：人民币

项目	附注	期末余额	年初余额
流动资产：			
货币资金	七（一）	1 958 588 491.93	1 613 667 896.73
结算备付金			
拆出资金			
交易性金融资产			
应收票据	七（二）	5 264 977 256.65	8 485 370 159.99
应收账款	七（三）	2 753 702 759.24	1 955 094 995.28
预付款项	七（五）	1 148 148 314.86	1 296 390 729.45
应收保费			
应收分保账款			
应收分保合同准备金			
应收利息			

续表

项目	附注	期末余额	年初余额
应收股利			
其他应收款	七（四）	121 569 109.68	141 117 454.94
买入返售金融资产			
存货	七（六）	11 989 709 769.79	12 572 393 635.19
一年内到期的非流动资产			
其他流动资产			
流动资产合计		23 236 695 702.15	26 064 034 871.58
非流动资产：			
发放委托贷款及垫款			
债权投资			
其他债权投资			
长期应收款	七（七）	2 210 000.00	1 250 000.00
长期股权投资	七（九）	5 272 389 005.47	4 826 827 110.52
其他权益工具投资			
投资性房地产			
固定资产	七（十）	58 891 687 251.01	58 967 736 723.25
在建工程	七（十一）	5 712 937 242.83	7 471 321 980.26
工程物资	七（十二）	98 911 037.97	119 361 947.68
固定资产清理			
生产性生物资产			
油气资产			
使用权资产			
无形资产	七（十三）	1 060 078 668.58	869 552 126.74
开发支出	七（十三）	61 751 770.68	83 435 646.20
商誉			
长期待摊费用			
递延所得税资产	七（十四）	332 689 341.46	315 386 392.08
其他非流动资产	七（十六）	7 050 595.41	8 719 895.25
非流动资产合计		71 439 704 913.41	72 663 591 821.98
资产总计		94 676 400 615.56	98 727 626 693.56
流动负债：			
短期借款	七（十七）	26 930 252 264.94	26 011 793 961.17
向中央银行借款			
吸收存款及同业存放			
拆入资金			
交易性金融负债			
应付票据	七（十八）	4 862 717 020.17	4 786 414 059.49
应付账款	七（十九）	12 254 714 636.47	14 053 799 407.29
预收款项	七（二十）	4 061 688 881.61	6 106 061 896.96
合同负债			

续表

项目	附注	期末余额	年初余额
卖出回购金融资产款			
应付手续费及佣金			
应付职工薪酬	七（二十一）	48 009 514.36	73 524 738.99
应交税费	七（二十二）	-1 244 090 110.44	-634 905 626.40
应付利息	七（二十三）	328 144 566.69	298 403 126.65
应付股利			
其他应付款	七（二十四）	1 647 195 341.52	1 713 843 621.10
应付分保账款			
保险合同准备金			
代理买卖证券款			
代理承销证券款			
一年内到期的非流动负债	七（二十五）	624 672 031.31	904 032 181.94
其他流动负债	七（二十六）	15 323 292.54	15 323 292.55
流动负债合计		49 528 627 439.17	53 328 290 659.74
非流动负债：			
长期借款	七（二十七）	727 679 267.32	1 379 522 804.29
应付债券	七（二十八）	7 182 253 200.38	7 168 114 123.56
租赁负债			
长期应付款	七（二十九）	42 921 367.21	20 210 000.00
专项应付款			
预计负债			
递延所得税负债			
其他非流动负债	七（三十）	66 484 746.37	75 051 361.26
非流动负债合计		8 019 338 581.28	8 642 898 289.11
负债合计		57 547 966 020.45	61 971 188 948.85
所有者权益（或股东权益）：			
实收资本（或股本）	七（三十一）	10 093 779 823.00	10 093 779 823.00
其他权益工具			
资本公积	七（三十三）	10 140 933 393.14	10 140 356 510.69
减：库存股			
专项储备	七（三十二）	13 156 136.29	17 024 467.39
盈余公积	七（三十四）	4 743 862 865.10	4 719 608 201.03
一般风险准备			
未分配利润	七（三十五）	10 944 406 356.31	10 642 370 185.64
外币报表折算差额		-493 617.30	-142 983.19
归属于母公司所有者权益合计		35 935 644 956.54	35 612 996 204.56
少数股东权益		1 192 789 638.57	1 143 441 540.15
所有者权益合计		37 128 434 595.11	36 756 437 744.71
负债和所有者权益总计		94 676 400 615.56	98 727 626 693.56

法定代表人：邓崎琳　　　　　主管会计工作负责人：余汉生　　　　　会计机构负责人：吴伟

表 3-5 母公司资产负债表

编制单位：B 钢铁股份有限公司 上年 12 月 31 日 单位：元 币种：人民币

项目	附注	期末余额	年初余额
流动资产：			
货币资金		1 293 561 291.24	1 137 254 161.02
交易性金融资产			
应收票据		3 941 065 097.48	7 461 272 419.67
应收账款	十三（一）	3 488 687 141.99	1 911 087 724.64
预付款项		899 052 594.76	594 766 831.27
应收利息			
应收股利			
其他应收款	十三（二）	11 504 652.75	23 392 408.96
存货		8 043 211 404.48	8 585 364 774.72
一年内到期的非流动资产			
其他流动资产			
流动资产合计		17 677 082 182.70	19 713 138 320.28
非流动资产：			
债权投资			
其他债权投资			
长期应收款			
长期股权投资	十三（三）	12 170 252 338.17	11 855 642 719.86
其他权益工具投资			
投资性房地产			
固定资产		44 477 871 893.17	45 339 050 214.88
在建工程		5 052 008 652.48	6 079 985 126.39
工程物资			
固定资产清理			
生产性生物资产			
油气资产			
使用权资产			
无形资产			
开发支出		61 751 770.68	83 435 646.20
商誉			
长期待摊费用			
递延所得税资产		55 883 247.62	50 133 827.79
其他非流动资产			
非流动资产合计		61 817 767 902.12	63 408 247 535.12
资产总计		79 494 850 084.82	83 121 385 855.40
流动负债：			

项目	附注	期末余额	年初余额
短期借款		18 997 008 600.00	18 629 573 975.59
交易性金融负债			
应付票据		2 989 600 000.00	3 485 456 186.78
应付账款		11 779 719 112.26	12 558 388 639.79
预收款项		2 314 560 919.04	3 730 269 565.07
合同负债			
应付职工薪酬		13 625 533.69	25 369 417.61
应交税费		−471 245 445.74	298 145 852.44
应付利息		318 524 885.78	298 403 126.65
应付股利			
其他应付款		331 325 978.21	229 653 018.14
一年内到期的非流动负债		47 353 364.64	747 318 181.94
其他流动负债		15 323 292.54	15 323 292.55
流动负债合计		36 335 796 240.42	40 017 901 256.56
非流动负债:			
长期借款		570 879 267.32	659 356 137.62
应付债券		7 182 253 200.38	7 168 114 123.56
租赁负债			
长期应付款			
专项应付款			
预计负债			
递延所得税负债			
其他非流动负债		30 522 380.71	39 018 673.26
非流动负债合计		7 783 654 848.41	7 866 488 934.44
负债合计		44 119 451 088.83	47 884 390 191.00
所有者权益（或股东权益）:			
实收资本（或股本）		10 093 779 823.00	10 093 779 823.00
其他权益工具			
资本公积		10 769 775 549.76	10 769 205 549.76
减：库存股			
专项储备			3 775 510.83
盈余公积		4 470 246 951.75	4 445 992 287.68
一般风险准备			
未分配利润		10 041 596 671.48	9 924 242 493.13
所有者权益（或股东权益）合计		35 375 398 995.99	35 236 995 664.40
负债和所有者权益（或股东权益）总计		79 494 850 084.82	83 121 385 855.40

法定代表人：邓崎琳　　　　　　主管会计工作负责人：余汉生　　　　　　会计机构负责人：吴伟

表 3-6　　　　　　　　　　　　　　合并利润表

编制：B 钢铁股份有限公司　　　　　　　上年 1—12 月　　　　　　　单位：元　币种：人民币

项目	附注	本期金额	上期金额
一、营业总收入		89 581 302 568.61	91 579 393 163.28
其中：营业收入	七（三十六）	89 581 302 568.61	91 579 393 163.28
利息收入			
已赚保费			
手续费及佣金收入			
二、营业总成本		89 428 991 360.99	92 066 136 476.10
其中：营业成本	七（三十六）	84 092 196 984.67	86 564 802 062.03
利息支出			
手续费及佣金支出			
退保金			
赔付支出净额			
提取保险合同准备金净额			
保单红利支出			
分保费用			
税金及附加	七（三十七）	204 931 908.73	286 727 890.14
销售费用	七（三十八）	831 093 395.00	846 209 676.97
管理费用	七（三十九）	2 845 748 111.92	2 644 012 758.40
研发费用			
财务费用	七（四十）	1 310 247 782.52	1 689 288 666.46
加：其他收益			
投资收益（损失以"-"号填列）	七（四十一）	118 261 393.48	109 277 016.06
其中：对联营企业和合营企业的投资收益	七（四十一）	111 710 893.48	92 454 275.82
公允价值变动收益（损失以"-"号填列）			
资产减值损失	七（四十二）	144 773 178.15	35 095 422.10
三、营业利润（亏损以"-"号填列）		270 572 601.10	-377 466 296.76
加：营业外收入	七（四十三）	348 438 858.29	503 459 566.68
减：营业外支出	七（四十四）	9 988 571.16	14 023 286.45
其中：非流动资产处置损失		7 690 329.23	12 032 315.31
四、利润总额（亏损总额以"-"号填列）		609 022 888.23	111 969 983.47
减：所得税费用	七（四十五）	167 787 140.58	70 862 742.05
五、净利润（净亏损以"-"号填列）		441 235 747.65	41 107 241.42
归属于母公司所有者的净利润		427 228 632.97	210 001 730.26
少数股东损益		14 007 114.68	-168 894 488.84
六、每股收益：			
（一）基本每股收益	七（四十六）	0.042	0.021
（二）稀释每股收益	七（四十六）	0.042	0.021

续表

项目	附注	本期金额	上期金额
七、其他综合收益	七（四十七）	219 365.89	-11 196.33
八、综合收益总额		441 455 113.54	41 096 045.09
归属于母公司所有者的综合收益总额		427 447 998.86	209 990 533.93
归属于少数股东的综合收益总额		14 007 114.68	-168 894 488.84

法定代表人：邓崎琳　　　　　　　　主管会计工作负责人：余汉生　　　　　　　　会计机构负责人：吴伟

表 3-7　　　　　　　　　　　　　　母公司利润表

编制：B 钢铁股份有限公司　　　　　　上年 1—12 月　　　　　　单位：元　币种：人民币

项目	附注	本期金额	上期金额
一、营业收入	十三（四）	72 623 931 978.48	75 675 381 189.29
减：营业成本		68 799 864 222.49	71 524 417 262.66
税金及附加		117 626 128.50	224 791 687.15
销售费用		585 000 813.42	562 285 223.83
管理费用		2 184 451 793.02	1 838 306 679.89
研发费用			
财务费用		966 934 708.21	1 193 249 948.49
加：其他收益			
投资收益（损失以"-"号填列）	十三（五）	259 860 118.31	47 786 954.43
其中：对联营企业和合营企业的投资收益		53 309 618.31	45 036 404.43
公允价值变动收益（损失以"-"号填列）			
资产减值损失		105 468 061.90	-33 508 562.04
二、营业利润（亏损以"-"号填列）		124 446 369.25	413 625 903.74
加：营业外收入		153 331 471.27	131 509 366.14
减：营业外支出		4 810 639.96	3 258 959.70
其中：非流动资产处置损失		4 580 677.27	2 933 856.70
三、利润总额（亏损总额以"-"号填列）		272 967 200.56	541 876 310.18
减：所得税费用		30 420 559.91	79 208 089.35
四、净利润（净亏损以"-"号填列）		242 546 640.65	462 668 220.83
五、每股收益：			
（一）基本每股收益			
（二）稀释每股收益			
六、其他综合收益		570 000.00	
七、综合收益总额		243 116 640.65	462 668 220.83

法定代表人：邓崎琳　　　　　　　　主管会计工作负责人：余汉生　　　　　　　　会计机构负责人：吴伟

表 3-8 合并现金流量表

编制单位：B 钢铁股份有限公司　　　　　　上年 1—12 月　　　　　　　　　单位：元　币种：人民币

项目	附注	本期金额	上期金额
一、经营活动产生的现金流量：			
销售商品、提供劳务收到的现金		92 071 943 040.59	95 250 642 839.09
客户存款和同业存放款项净增加额			
向中央银行借款净增加额			
向其他金融机构拆入资金净增加额			
收到原保险合同保费取得的现金			
收到再保险业务现金净额			
保户储金及投资款净增加额			
处置交易性金融资产净增加额			
收取利息、手续费及佣金的现金			
拆入资金净增加额			
回购业务资金净增加额			
收到的税费返还		5 792 378.10	60 851 338.41
收到其他与经营活动有关的现金	七（四十八）	157 158 516.57	102 215 543.16
经营活动现金流入小计		92 234 893 935.26	95 413 709 720.66
购买商品、接受劳务支付的现金		79 495 917 713.82	84 117 428 423.93
客户贷款及垫款净增加额			
存放中央银行和同业款项净增加额			
支付原保险合同赔付款项的现金			
支付利息、手续费及佣金的现金			
支付保单红利的现金			
支付给职工以及为职工支付的现金		4 787 150 221.48	4 444 902 373.17
支付的各项税费		2 787 033 368.21	1 953 360 358.15
支付其他与经营活动有关的现金	七（四十八）	936 638 151.98	1 043 380 648.63
经营活动现金流出小计		88 006 739 455.49	91 559 071 803.88
经营活动产生的现金流量净额		4 228 154 479.77	3 854 637 916.78
二、投资活动产生的现金流量：			
收回投资收到的现金		911 000.00	11 131 421.05
取得投资收益收到的现金		43 850 500.00	72 042 730.38
处置固定资产、无形资产和其他长期资产收回的现金净额		228 801 269.10	760 391 847.00
处置子公司及其他营业单位收到的现金净额			
收到其他与投资活动有关的现金			
投资活动现金流入小计		273 562 769.10	843 565 998.43
购建固定资产、无形资产和其他长期资产支付的现金		2 289 473 454.00	4 395 066 322.87

表 3-9   母公司现金流量表

编制单位：B 钢铁股份有限公司   上年 1—12 月   单位：元 币种：人民币

项目	附注	本期金额	上期金额
一、经营活动产生的现金流量：			
销售商品、提供劳务收到的现金		76 920 134 351.53	80 426 545 885.04
收到的税费返还			
收到其他与经营活动有关的现金		6 200 823.65	15 010 893.27
经营活动现金流入小计		76 926 335 175.18	80 441 556 778.31
购买商品、接受劳务支付的现金		66 547 560 145.91	71 836 795 411.10
支付给职工以及为职工支付的现金		3 644 460 094.46	3 441 964 674.02
支付的各项税费		2 291 515 234.17	1 436 045 504.15
支付其他与经营活动有关的现金		560 296 614.75	620 600 282.57
经营活动现金流出小计		73 043 832 089.29	77 335 405 871.84
经营活动产生的现金流量净额		3 882 503 085.89	3 106 150 906.47
二、投资活动产生的现金流量：			
收回投资收到的现金			
取得投资收益收到的现金		38 850 500.00	59 493 904.14
处置固定资产、无形资产和其他长期资产收回的现金净额		225 000 503.10	391 247.00
处置子公司及其他营业单位收到的现金净额			
收到其他与投资活动有关的现金			
投资活动现金流入小计		263 851 003.10	59 885 151.14
购建固定资产、无形资产和其他长期资产支付的现金		2 168 666 309.28	3 825 601 781.32
投资支付的现金		285 400 000.00	602 500 000.00
取得子公司及其他营业单位支付的现金净额			
支付其他与投资活动有关的现金			
投资活动现金流出小计		2 454 066 309.28	4 428 101 781.32
投资活动产生的现金流量净额		-2 190 215 306.18	-4 368 216 630.18
三、筹资活动产生的现金流量：			
吸收投资收到的现金			
取得借款收到的现金		20 312 793 400.00	25 139 602 054.29
发行债券收到的现金			7 156 800 000.00
收到其他与筹资活动有关的现金			
筹资活动现金流入小计		20 312 793 400.00	32 296 402 054.29
偿还债务支付的现金		20 517 885 582.45	29 570 594 214.37
分配股利、利润或偿付利息支付的现金		1 330 806 518.04	1 578 245 679.81
支付其他与筹资活动有关的现金			
筹资活动现金流出小计		21 848 692 100.49	31 148 839 894.18
筹资活动产生的现金流量净额		-1 535 898 700.49	1 147 562 160.11
四、汇率变动对现金及现金等价物的影响		-81 949.00	9 666.87

03

续表

项目	附注	本期金额	上期金额
五、现金及现金等价物净增加额		156 307 130.22	−114 493 896.73
加：期初现金及现金等价物余额		1 137 254 161.02	1 251 748 057.75
六、期末现金及现金等价物余额		1 293 561 291.24	1 137 254 161.02

法定代表人：邓崎琳　　　　　　　主管会计工作负责人：余汉生　　　　　　　会计机构负责人：吴伟

表 3-10　　　　　　　　　　　　　合并资产负债表

编制：B 钢铁股份有限公司　　　　　　本年 12 月 31 日　　　　　　单位：元　币种：人民币

项目	附注	期末余额	期初余额
流动资产：			
货币资金		3 031 765 613.78	3 518 879 930.67
结算备付金			
拆出资金			
交易性金融资产			
衍生金融资产			
应收票据		7 580 373 733.31	6 576 276 380.30
应收账款		9 272 321 999.49	10 538 452 031.53
预付款项		3 380 486 553.50	4 947 896 321.24
应收保费			
应收分保账款			
应收分保合同准备金			
应收利息		258 418.83	119 777.77
应收股利		68 760 000.00	
其他应收款		650 747 253.99	950 788 928.98
买入返售金融资产			
存货		11 496 361 150.12	14 154 615 670.46
持有待售的资产			
一年内到期的非流动资产			
其他流动资产		221 586 442.14	133 800 509.21
流动资产合计		35 702 661 165.16	40 820 829 550.16
非流动资产：			
发放委托贷款及垫款			
债权投资		521 982 782.75	583 834 042.50
其他债权投资			
长期应收款		4 312 613.52	2 210 000.00
长期股权投资		5 301 536 479.03	6 223 131 562.75
其他权益工具投资			
投资性房地产			
固定资产		47 465 690 820.66	59 578 064 392.27
在建工程		5 118 638 722.14	5 793 707 161.20

续表

项目	附注	期末余额	期初余额
工程物资			98 911 037.97
固定资产清理			
生产性生物资产			
油气资产			
使用权资产			
无形资产		931 120 410.29	1 369 129 128.87
开发支出		40 663 674.60	61 751 770.68
商誉		498 713 179.09	561 629 055.34
长期待摊费用		49 304 687.18	54 409 097.60
递延所得税资产		428 884 675.60	575 544 868.37
其他非流动资产			84 967 322.58
非流动资产合计		60 360 848 044.86	74 987 289 440.13
资产总计		96 063 509 210.02	115 808 118 990.29
流动负债：			
短期借款		26 748 109 168.25	38 429 711 804.30
向中央银行借款			
吸收存款及同业存放			
拆入资金			
以公允价值计量且其变动计入当期损益的金融负债			
衍生金融负债			
应付票据		5 400 106 032.27	5 634 652 280.88
应付账款		11 937 148 053.24	13 951 922 594.88
预收款项		3 967 240 324.38	4 564 100 213.95
合同负债			
卖出回购金融资产款			
应付手续费及佣金			
应付职工薪酬		166 107 162.79	86 516 392.27
应交税费		-470 838 370.62	-1 345 507 566.12
应付利息		373 579 018.00	376 242 253.66
应付股利		2 123 496.56	426 711.95
其他应付款		529 468 241.03	3 342 709 162.81
应付分保账款			
保险合同准备金			
代理买卖证券款			
代理承销证券款			
划分为持有待售的负债			
一年内到期的非流动负债		7 417 576 048.30	624 672 031.31
其他流动负债		21 170 011.94	15 323 292.54

03

续表

项目	附注	期末余额	期初余额
流动负债合计		56 091 789 186.14	65 680 769 172.43
非流动负债：			
长期借款		3 265 762 575.65	1 886 090 267.32
应付债券			7 182 253 200.38
租赁负债			
其中：优先股			
永续债			
长期应付款		188 369.02	42 921 367.21
长期应付职工薪酬			
专项应付款			92 280 937.85
预计负债		6 029 424.09	7 464 925.47
递延收益		60 887 850.43	66 484 746.37
递延所得税负债		59 728 977.40	77 136 840.09
其他非流动负债			
非流动负债合计		3 392 597 196.59	9 354 632 284.69
负债合计		59 484 386 382.73	75 035 401 457.12
所有者权益			
股本		10 093 779 823.00	10 093 779 823.00
其他权益工具			
其中：优先股			
永续债			
资本公积		9 929 483 959.09	12 803 758 731.54
减：库存股			
其他综合收益		−371 411 454.51	−267 372 653.98
专项储备		14 730 184.59	13 156 136.29
盈余公积		4 751 386 446.28	4 996 059 559.25
一般风险准备			
未分配利润		11 842 386 270.85	11 950 196 929.58
归属于母公司所有者权益合计		36 260 355 229.30	39 589 578 525.68
少数股东权益		318 767 597.99	1 183 139 007.49
所有者权益合计		36 579 122 827.29	40 772 717 533.17
负债和所有者权益总计		96 063 509 210.02	115 808 118 990.29

法定代表人：邓崎琳　　　　　　主管会计工作负责人：余汉生　　　　　　会计机构负责人：吴伟

表 3–11　　　　　　　　　　　　　母公司资产负债表

编制：B 钢铁股份有限公司　　　　　　本年 12 月 31 日　　　　　　单位：元　币种：人民币

项目	附注	期末余额	期初余额
流动资产：			
货币资金		1 590 658 576.02	1 293 561 291.24
交易性金融资产			

续表

项目	附注	期末余额	期初余额
衍生金融资产			
应收票据		6 343 125 427.49	3 941 065 097.48
应收账款		3 647 682 826.02	3 488 687 141.99
预付款项		479 589 700.85	899 052 594.76
应收利息			
应收股利		51 960 000.00	
其他应收款		13 268 235.61	11 504 652.75
存货		7 231 183 965.02	8 043 211 404.48
划分为持有待售的资产			
一年内到期的非流动资产			
其他流动资产			
流动资产合计		19 357 468 731.01	17 677 082 182.70
非流动资产:			
债权投资		33 423 348.52	33 423 348.52
其他债权投资			
长期应收款			
长期股权投资		12 174 117 890.03	12 136 828 989.65
其他权益工具投资			
投资性房地产			
固定资产		43 851 789 817.42	44 477 871 893.17
在建工程		4 739 027 427.62	5 052 008 652.48
工程物资			
固定资产清理			
生产性生物资产			
油气资产			
使用权资产			
无形资产			
开发支出		40 663 674.60	61 751 770.68
商誉			
长期待摊费用			
递延所得税资产		143 580 438.51	55 883 247.62
其他非流动资产			
非流动资产合计		60 982 602 596.70	61 817 767 902.12
资产总计		80 340 071 327.71	79 494 850 084.82
流动负债:			
短期借款		17 466 268 400.00	18 997 008 600.00
以公允价值计量且其变动计入当期损益的金融负债			
衍生金融负债			
应付票据		4 162 304 983.16	2 989 600 000.00

续表

项目	附注	期末余额	期初余额
应付账款		11 455 637 877.84	11 779 719 112.26
预收款项		2 624 353 482.69	2 314 560 919.04
合同负债			
应付职工薪酬		27 527 873.01	13 625 533.69
应交税费		−212 085 047.24	−471 245 445.74
应付利息		333 265 708.30	318 524 885.78
应付股利			
其他应付款		269 119 572.41	331 325 978.21
划分为持有待售的负债			
一年内到期的非流动负债		7 417 576 048.30	47 353 364.64
其他流动负债		21 170 011.94	15 323 292.54
流动负债合计		43 565 138 910.41	36 335 796 240.42
非流动负债：			
长期借款		1 822 820 575.65	570 879 267.32
应付债券			7 182 253 200.38
其中：优先股			
永续债			
租赁负债			
长期应付款			
长期应付职工薪酬			
专项应付款			
预计负债			
递延收益		45 175 292.60	30 522 380.71
递延所得税负债			
其他非流动负债			
非流动负债合计		1 867 995 868.25	7 783 654 848.41
负债合计		45 433 134 778.66	44 119 451 088.83
所有者权益：			
股本		10 093 779 823.00	10 093 779 823.00
其他权益工具			
其中：优先股			
永续债			
资本公积		10 755 149 763.29	10 769 205 549.76
减：库存股			
其他综合收益		570 000.00	570 000.00
专项储备			
盈余公积		4 470 246 951.75	4 470 246 951.75
未分配利润		9 587 190 011.01	10 041 596 671.48
所有者权益合计		34 906 936 549.05	35 375 398 995.99
负债和所有者权益总计		80 340 071 327.71	79 494 850 084.82

法定代表人：邓崎琳　　　　　　主管会计工作负责人：余汉生　　　　　　会计机构负责人：吴伟

表 3-12　　　　　　　　　　　　　合并利润表

编制：B 钢铁股份有限公司　　　　　　　本年 1—12 月　　　　　　　单位：元　币种：人民币

项目	附注	本期发生额	上期发生额
一、营业总收入		99 373 089 374.80	101 489 300 638.04
其中：营业收入		99 373 089 374.80	101 489 300 638.04
利息收入			
已赚保费			
手续费及佣金收入			
二、营业总成本		98 829 723 269.78	101 227 039 918.51
其中：营业成本		91 933 497 635.82	95 230 282 939.64
利息支出			
手续费及佣金支出			
退保金			
赔付支出净额			
提取保险合同准备金净额			
保单红利支出			
分保费用			
营业税金及附加		320 394 249.07	212 832 153.90
销售费用		994 497 644.34	965 666 781.28
管理费用		3 268 545 093.58	3 285 138 925.08
研发费用			
财务费用		2 164 465 819.86	1 300 428 773.54
加：其他收益			
投资收益（损失以"-"号填列）		619 046 165.90	195 454 533.43
其中：对联营企业和合营企业的投资收益		218 643 580.75	174 830 034.86
公允价值变动收益（损失以"-"号填列）			
资产减值损失		148 322 827.11	232 690 345.07
三、营业利润（亏损以"-"号填列）		1 162 412 270.92	457 715 252.96
加：营业外收入		398 949 146.80	355 038 869.78
其中：非流动资产处置利得		17 429 177.88	122 295 151.53
减：营业外支出		14 564 442.26	10 103 833.67
其中：非流动资产处置损失		11 427 940.95	7 732 632.65
四、利润总额（亏损总额以"-"号填列）		1 546 796 975.46	802 650 289.07
减：所得税费用		254 199 681.89	219 334 462.81
五、净利润（净亏损以"-"号填列）		1 292 597 293.57	583 315 826.26
归属于母公司所有者的净利润		1 257 435 863.88	561 041 368.88
少数股东损益		35 161 429.69	22 274 457.38
六、其他综合收益的税后净额		-376 456 757.86	-20 587 814.29
归属于母公司所有者的其他综合收益的税后净额		-376 413 305.14	-20 587 814.29

续表

项目	附注	本期发生额	上期发生额
（一）不能重分类进损益的其他综合收益		-18 730 625.93	570 000.00
1. 重新计量设定受益计划变动额		-18 730 625.93	
2. 权益法下不能转损益的其他综合收益			
3. 其他			570 000.00
（二）将重分类进损益的其他综合收益		-357 682 679.21	-21 157 814.29
1. 权益法下可转损益的其他综合收益			
2. 其他债权投资公允价值变动		-66 427 306.98	74 855 251.06
3. 金融资产重分类计入其他综合收益的金额			
4. 其他债权投资信用减值准备			
5. 现金流量套期储备			
6. 外币财务报表折算差额		-291 255 372.23	-96 013 065.35
7. 其他			
归属于少数股东的其他综合收益的税后净额		-43 452.72	
七、综合收益总额		916 140 535.71	562 728 011.97
归属于母公司所有者的综合收益总额		881 022 558.74	540 453 554.59
归属于少数股东的综合收益总额		35 117 976.97	22 274 457.38
八、每股收益：			
（一）基本每股收益（元/股）		0.125	0.056
（二）稀释每股收益（元/股）		0.125	0.056

本期发生同一控制下企业合并的，被合并方在合并前实现的净利润为 360 902 642.38 元，上期被合并方实现的净利润为 146 776 012.92 元。

法定代表人：邓崎琳　　　　主管会计工作负责人：余汉生　　　　会计机构负责人：吴伟

表 3-13　　　　　　　　　　　　　母公司利润表

编制：B 钢铁股份有限公司　　　　　　本年 1—12 月　　　　　　单位：元　币种：人民币

项目	附注	本期发生额	上期发生额
一、营业收入		65 384 383 823.33	72 623 931 978.48
减：营业成本		61 051 445 624.02	68 799 864 222.49
税金及附加		210 261 660.44	117 626 128.50
销售费用		592 913 945.05	585 000 813.42
管理费用		2 162 995 379.14	2 184 451 793.02
研发费用			
财务费用		1 303 445 105.63	966 934 708.21
加：其他收益			
投资收益（损失以"-"号填列）		-306 953 730.25	259 860 118.31
其中：对联营企业和合营企业的投资收益		46 184 457.10	53 309 618.31
公允价值变动收益（损失以"-"号填列）			
资产减值损失		104 120 505.35	105 468 061.90

续表

项目	附注	本期发生额	上期发生额
二、营业利润（亏损以"-"号填列）		-347 752 126.55	124 446 369.25
加：营业外收入		38 601 900.98	153 331 471.27
其中：非流动资产处置利得		255 809.04	108 825 433.24
减：营业外支出		6 134 510.47	4 810 639.96
其中：非流动资产处置损失		5 954 510.47	4 580 677.27
三、利润总额（亏损总额以"-"号填列）		-315 284 736.04	272 967 200.56
减：所得税费用		-62 753 672.03	30 420 559.91
四、净利润（净亏损以"-"号填列）		-252 531 064.01	242 546 640.65
五、其他综合收益的税后净额			570 000.00
（一）不能重分类进损益的其他综合收益			570 000.00
1. 重新计量设定受益计划变动额			
2. 权益法下不能转损益的其他综合收益			
3. 其他			570 000.00
（二）将重分类进损益的其他综合收益			
1. 权益法下可转损益的其他综合收益中			
2. 其他债权投资公允价值变动			
3. 金融资产重分类计入其他综合收益的金额			
4. 其他债权投资信用减值准备			
5. 现金流量套期储备			
6. 外币财务报表折算差额			
7. 其他			
六、综合收益总额		-252 531 064.01	243 116 640.65
七、每股收益：			
（一）基本每股收益（元/股）			
（二）稀释每股收益（元/股）			

法定代表人：邓崎琳　　　　　　主管会计工作负责人：余汉生　　　　　　　　　会计机构负责人：吴伟

表 3-14　　　　　　　　　　　　　合并现金流量表

编制：B 钢铁股份有限公司　　　　　　　本年 1—12 月　　　　　　　　单位：元　币种：人民币

项目	附注	本期发生额	上期发生额
一、经营活动产生的现金流量：			
销售商品、提供劳务收到的现金		103 782 117 946.00	114 645 293 366.17
客户存款和同业存放款项净增加额			
向中央银行借款净增加额			
向其他金融机构拆入资金净增加额			
收到原保险合同保费取得的现金			
收到再保险业务现金净额			
保户储金及投资款净增加额			

续表

项目	附注	本期发生额	上期发生额
处置以公允价值计量且其变动计入当期损益的金融资产净增加额			
收取利息、手续费及佣金的现金			
拆入资金净增加额			
回购业务资金净增加额			
收到的税费返还		418 699 593.89	289 449 615.17
收到其他与经营活动有关的现金		333 435 388.55	265 247 807.93
经营活动现金流入小计		104 534 252 928.44	115 199 990 789.27
购买商品、接受劳务支付的现金		87 160 327 217.50	102 586 076 811.09
客户贷款及垫款净增加额			
存放中央银行和同业款项净增加额			
支付原保险合同赔付款项的现金			
支付利息、手续费及佣金的现金			
支付保单红利的现金			
支付给职工以及为职工支付的现金		5 209 140 430.00	5 061 584 654.51
支付的各项税费		3 195 326 478.13	3 039 352 297.24
支付其他与经营活动有关的现金		1 265 417 611.17	1 144 120 918.78
经营活动现金流出小计		96 830 211 736.80	111 831 134 681.62
经营活动产生的现金流量净额		7 704 041 191.64	3 368 856 107.65
二、投资活动产生的现金流量：			
收回投资收到的现金		20 150 223.29	911 000.00
取得投资收益收到的现金		251 204 323.23	80 647 527.08
处置固定资产、无形资产和其他长期资产收回的现金净额		5 945.55	235 787 729.10
处置子公司及其他营业单位收到的现金净额			
收到其他与投资活动有关的现金			
投资活动现金流入小计		271 360 492.07	317 346 256.18
购建固定资产、无形资产和其他长期资产支付的现金		2 388 002 765.63	4 420 709 300.16
投资支付的现金		500 975 088.23	587 500 000.00
质押贷款净增加额			
取得子公司及其他营业单位支付的现金净额			
支付其他与投资活动有关的现金		440 652 233.93	
投资活动现金流出小计		3 329 630 087.79	5 008 209 300.16
投资活动产生的现金流量净额		-3 058 269 595.72	-4 690 863 043.98
三、筹资活动产生的现金流量：			
吸收投资收到的现金		69 800 000.00	905 246 132.00
其中：子公司吸收少数股东投资收到的现金		69 800 000.00	
取得借款收到的现金		72 642 412 356.83	70 138 529 546.92

项目	附注	本期发生额	上期发生额
发行债券收到的现金			
收到其他与筹资活动有关的现金			
筹资活动现金流入小计		72 712 212 356.83	71 043 775 678.92
偿还债务支付的现金		75 524 992 561.45	66 856 850 852.62
分配股利、利润或偿付利息支付的现金		2 295 823 423.93	1 990 161 510.39
其中：子公司支付给少数股东的股利、利润			
支付其他与筹资活动有关的现金		13 510 440.00	22 684 000.00
筹资活动现金流出小计		77 834 326 425.38	68 869 696 363.01
筹资活动产生的现金流量净额		−5 122 114 068.55	2 174 079 315.91
四、汇率变动对现金及现金等价物的影响		−10 771 844.26	−123 340 684.40
五、现金及现金等价物净增加额		−487 114 316.89	728 731 695.18
加：期初现金及现金等价物余额		3 518 879 930.67	2 790 148 235.49
六、期末现金及现金等价物余额		3 031 765 613.78	3 518 879 930.67

法定代表人：邓崎琳　　　　　　主管会计工作负责人：余汉生　　　　　　会计机构负责人：吴伟

表 3-15　　　　　　　　　　　　母公司现金流量表

编制：B 钢铁股份有限公司　　　　　　本年 1—12 月　　　　　　单位：元　币种：人民币

项目	附注	本期发生额	上期发生额
一、经营活动产生的现金流量：			
销售商品、提供劳务收到的现金		69 740 140 991.57	76 920 134 351.53
收到的税费返还			
收到其他与经营活动有关的现金		8 902 527.46	6 200 823.65
经营活动现金流入小计		69 749 043 519.03	76 926 335 175.18
购买商品、接受劳务支付的现金		59 694 836 257.29	66 547 560 145.91
支付给职工以及为职工支付的现金		3 570 382 196.28	3 644 460 094.46
支付的各项税费		2 041 143 422.73	2 291 515 234.17
支付其他与经营活动有关的现金		589 194 008.52	560 296 614.75
经营活动现金流出小计		65 895 555 884.82	73 043 832 089.29
经营活动产生的现金流量净额		3 853 487 634.21	3 882 503 085.89
二、投资活动产生的现金流量：			
收回投资收到的现金			
取得投资收益收到的现金		22 624 813.59	38 850 500.00
处置固定资产、无形资产和其他长期资产收回的现金净额		1 924.55	225 000 503.10
处置子公司及其他营业单位收到的现金净额			
收到其他与投资活动有关的现金			
投资活动现金流入小计		22 626 738.14	263 851 003.10
购建固定资产、无形资产和其他长期资产支付的现金		1 469 969 779.12	2 168 666 309.28

项目	附注	本期发生额	上期发生额
投资支付的现金		485 581 491.45	285 400 000.00
取得子公司及其他营业单位支付的现金净额			
支付其他与投资活动有关的现金			
投资活动现金流出小计		1 955 551 270.57	2 454 066 309.28
投资活动产生的现金流量净额		−1 932 924 532.43	−2 190 215 306.18
三、筹资活动产生的现金流量：			
吸收投资收到的现金			
取得借款收到的现金		22 818 040 410.00	20 312 793 400.00
收到其他与筹资活动有关的现金			
筹资活动现金流入小计		22 818 040 410.00	20 312 793 400.00
偿还债务支付的现金		22 947 692 564.85	20 517 885 582.45
分配股利、利润或偿付利息支付的现金		1 493 646 241.66	1 330 806 518.04
支付其他与筹资活动有关的现金			
筹资活动现金流出小计		24 441 338 806.51	21 848 692 100.49
筹资活动产生的现金流量净额		−1 623 298 396.51	−1 535 898 700.49
四、汇率变动对现金及现金等价物的影响		−167 420.49	−81 949.00
五、现金及现金等价物净增加额		297 097 284.78	156 307 130.22
加：期初现金及现金等价物余额		1 293 561 291.24	1 137 254 161.02
六、期末现金及现金等价物余额		1 590 658 576.02	1 293 561 291.24

附注略。

法定代表人：邓崎琳　　　　　主管会计工作负责人：余汉生　　　　　　　　　　会计机构负责人：吴伟

要求：根据 B 钢铁股份有限公司的财务报表计算该公司上年与本年的营运资本、流动比率、速动比率、现金比率、现金流量比率、资产负债率、产权比率、所有者权益比率、利息保障倍数，并结合指标计算的结果对公司的偿债能力进行综合分析评价。

3.4.5　工作过程

工作步骤一：根据 B 钢铁股份有限公司的资料计算公司的偿债能力指标，如表 3-16 所示。

表 3-16　　　　　　　　　　　B 钢铁股份有限公司偿债能力指标计算表

偿债能力指标	本年（调整前）	上年（调整后）	上年（调整前）	指标计算公式
营运资本（元）	−20 389 128 020.98	−24 859 939 622.27	−26 291 931 737.02	流动资产−流动负债
流动比率	63.65%	62.15%	46.92%	流动资产÷流动负债×100%
速动比率	36.73%	32.86%	20.39%	速动资产÷流动负债×100%
现金比率	36.73%	32.86%	20.39%	（货币资金+交易性金融资产）÷流动负债×100%
现金流量比率	13.73%	5.13%	8.54%	经营活动现金流量净额÷流动负债×100%

续表

偿债能力指标	本年（调整前）	上年（调整后）	上年（调整前）	指标计算公式
资产负债率	61.92%	64.79%	60.78%	负债总额÷资产总额×100%
产权比率	162.62%	184.03%	155.00%	负债总额÷所有者权益总额×100%
所有者权益比率	38.08%	35.21%	39.22%	所有者权益总额÷资产总额×100%
利息保障倍数	1.71	1.62	1.46	息税前利润÷利息

工作步骤二：根据 B 钢铁股份有限公司的偿债能力指标计算结果，进行偿债能力综合分析评价。

【分析要点】

（1）从公司短期偿债能力指标进行评价。从 B 钢铁股份有限公司上年、本年对外披露的合并财务报表来看，B 钢铁股份有限公司上年、本年的营运资本均为负数，流动比率、速动比率及现金比率都偏低，远远低于经验值，说明该公司没有足够的流动资产用于偿还短期债务。现金流量比率也偏低，说明公司经营活动产生的现金流不足以偿还到期债务。但对比上年与本年短期偿债能力指标，我们发现本年指标的数值均大于上年指标的数值，说明该公司短期偿债能力有一定程度的增强。综合评定：该公司短期偿债能力较弱，偿还到期债务有一定的风险，该公司投资的固定资产所占比例较大，流动资产份额较小，资产的流动性较差，如果企业在短期内被债权人催收账款，极容易出现无法偿还到期债务的风险，需要通过其他筹资渠道筹措资金，以满足正常经营所需资金。

（2）从公司长期偿债能力指标进行评价。该公司本年 12 月 31 日的资产负债率为 61.92%，上年 12 月 31 日（调整前）的资产负债率为 60.78%，本年的资产负债率较上年（调整前）的资产负债率有所上升，说明该公司的长期偿债能力变弱。本年产权比率为 162.62%，上年（调整前）产权比率为 155.00%，产权比率有所上升，说明该公司所有者权益对债务的保证程度有所降低。该公司产权比率指标较高，利息保障倍数偏低，说明所有者权益对债务的保证程度较低，长期偿债能力较强。

总体而言，该公司的短期偿债能力较弱，短期偿债能力压力较大；与此同时，长期偿债能力也较弱，存在较大的长期偿债风险。

任务实施

任务资料和任务目标见本任务的【任务导入】，具体任务实施过程如下。

相关计算如表 3-17 所示。

表 3-17 红旗公司长期偿债能力指标计量表

长期偿债能力指标	本年金额	上年金额
资产负债率	4 584 168÷15 402 938×100%=29.76%	2 516 450÷13 169 380×100%=19.11%
产权比率	4 584 168÷10 818 770×100%=42.37%	2 516 450÷10 652 930×100%=23.62%
利息保障倍数	（126 400+16 000）÷（16 000+100 000）=1.23	（112 000+10 000）÷10 000=12.2

【分析要点】

红旗公司上年资产负债率为 19.11%，本年上升到 29.76%，应该说公司近两年的资产负债率都不高，可以看出该公司有足够的资产用于偿还债务，但也反映出该公司没有很好地利用负债经营，扩大生产规模，以获得更多的利润。红旗公司上年产权比率为 23.62%，本年为 42.37%，产权比率的上升主要是公司的长期负债比重大幅度上升所致；但公司本年的负债筹集资金不到自有资金的一半，说明公司有充足的自用资金用于偿债。

红旗公司上年利息保障倍数为 12.2 倍，说明公司利息偿付能力很强。本年利息保障倍数为 1.23 倍，主要原因是本期资本化利息 100 000 元使利息支出增加，利息保障倍数下降。但公司本年的息税前利润足够支付所有的利息。

小结

偿债能力是指企业偿还各种债务的能力。企业的负债按偿还期的长短，可以分为流动负债和非流动负债两大类。其中，反映企业偿付流动负债的能力是短期偿债能力；反映企业偿付非流动负债的能力是长期偿债能力。

偿债能力是企业经营者、投资人、债权人等都十分关心的重要问题。站在不同的角度，分析的目的也不尽相同。企业经营者从企业资金管理的角度进行偿债能力分析，以便调度和筹措资金，及时偿还债务，降低企业的财务风险。投资人最关心企业的盈利能力和长远发展。投资人认为，如果企业具有较强的偿债能力，就可以降低财务风险，提高盈利能力。债权人对企业偿债能力的分析，目的在于做出正确的借贷决策，保证自身资金的安全性。

影响短期偿债能力的因素，总的来说可以分为企业内部因素和企业外部因素两大类。企业内部因素是指企业的资产结构、流动负债结构、融资能力和现金流量水平等因素。企业外部因素是指与企业所处经济环境相关的因素，例如宏观经济形势、证券市场的发育与完善程度、银行的信贷政策等因素。

企业短期偿债能力可以从两个方面进行分析评价：一是根据资产负债表进行动态分析评价，重要指标有营运资本、流动比率、速动比率、现金比率；二是根据现金流量表和其他有关资料进行动态分析评价，主要指标有现金流量比率、速动资产够用天数、现金到期债务比率等。

影响长期偿债能力的主要因素包括 5 个方面，即企业的盈利能力、投资效果、权益资金的增长和稳定程度、权益资金的实际价值和企业经营现金流量。从指标上来看，可以通过资产负债率、所有者权益比率、利息保障倍数、债务本息偿付保障倍数、现金债务总额比率等来衡量和分析。

习题与实训

一、单项选择题

1. 某企业现在的流动比率为 2，下列会引起该比率降低的经济业务是（   ）。
   A. 用银行存款偿还应付账款   B. 发行股票收到银行存款
   C. 收回应收账款   D. 开出短期票据借款

2. 如果流动比率大于 1，则下列结论成立的是（　　　）。

　　A. 速动比率大于 1　　　　　　　　　B. 现金比率大于 1

　　C. 营运资金大于 0　　　　　　　　　D. 短期偿债能力绝对有保障

3. 在企业速动比率为 80% 的情况下，会引起该比率提高的经济业务是（　　　）。

　　A. 银行提取现金　　　　　　　　　　B. 赊购商品

　　C. 收回应收账款　　　　　　　　　　D. 开出短期票据借款

4. 某企业年初流动比率为 220%，速动比率为 100%；年末流动比率为 240%，速动比率为 90%。发生这种情况的原因可能是（　　　）。

　　A. 存货增加　　　　B. 应收账款增加　　　　C. 应付账款增加　　　　D. 预收账款增加

5. 如果流动资产大于流动负债，则月末用现金偿还一笔应付账款会使（　　　）。

　　A. 营运资金减少　　B. 营运资金增加　　　　C. 流动比率提高　　　　D. 流动比率降低

6. 影响企业短期偿债能力的最根本的原因是（　　　）。

　　A. 企业的资产结构　　B. 企业的融资能力　　C. 企业的权益结构　　D. 企业的经营业绩

7. 运用资产负债表可计算的比率有（　　　）。

　　A. 应收账款周转率　　B. 总资产收益率　　　C. 利息保障倍数　　　D. 现金比率

二、多项选择题

1. 下列项目中，属于速动资产的有（　　　）。

　　A. 现金　　　　　　B. 应收账款　　　　　C. 其他应收款　　　　D. 固定资产

2. 下列各项指标中，反映短期偿债能力的指标有（　　　）。

　　A. 流动比率　　　　B. 速动比率　　　　　C. 资产负债率　　　　D. 产权比率

3. 企业采取备抵法核算坏账损失，如果实际发生一笔坏账，冲销应收账款，则会引起（　　　）。

　　A. 流动比率提高　　B. 流动比率降低　　　C. 流动比率不变　　　D. 速动比率不变

4. 计算速动资产时，把存货从流动资产中扣除的原因有（　　　）。

　　A. 存货的变现速度慢　　　　　　　　B. 存货的周转速度慢

　　C. 存货的成本与市价不一致　　　　　D. 有些存货可能已经报废

5. 某企业流动比率为 20%，以下业务中，会使该比率下降的是（　　　）。

　　A. 收回应收账款　　　　　　　　　　B. 赊购商品与材料

　　C. 偿还应付账款　　　　　　　　　　D. 从银行取得的短期借款已入账

三、判断题

1. 对债权人而言，企业的资产负债率越高越好。　　　　　　　　　　　　　　　　　（　　　）

2. 对任何企业而言，速动比率应该大于 100% 才是正常的。　　　　　　　　　　　　（　　　）

3. 现销业务越多，应收账款周转率越高。　　　　　　　　　　　　　　　　　　　　（　　　）

4. 流动比率越高，表明企业资产运用效果越好。　　　　　　　　　　　　　　　　　（　　　）

5. 获利能力强的企业，其偿债能力也强。　　　　　　　　　　　　　　　　　　　　（　　　）

6. 利息赚取倍数、债务本息偿付保障倍数越高，则长期偿债能力保证程度就越大。　　（　　　）

7. 企业的负债最终要以企业的资产去偿还。　　　　　　　　　　　　　　　　　　　（　　　）

8. 资产负债率越高，财务杠杆效应就越大。　　　　　　　　　　　　　　　　　　　（　　　）

9. 从稳健角度出发，现金比率用于衡量企业偿债能力最为保险。　　　　　　　　　　（　　　）

10. 会计政策的变更会增加企业偿债能力指标的虚假性。　　　　　　　　　　　　　（　　　）

四、计算分析题

1. 某企业的全部流动资产为 600 000 元，流动比率为 150%。该企业刚完成以下两项交易。

（1）购入价值 160 000 元的商品以备销售，其中的 80 000 元为赊购。

（2）购置运输车辆一部，价值为 50 000 元，其中 30 000 元以银行存款支付，并开出了 3 个月到期的应付票据支付剩余的 20 000 元。

要求：计算两笔交易完成后的流动比率。

2. 某企业上年和本年的有关收益数据如表 3-18 所示。

表 3-18　　　　　　　　　　　　　　　　收益数据　　　　　　　　　　　　　　　单位：万元

项目	上年	本年
利润总额	800	840
利息支出	40	60
所得税	264	277.2

自 2011 年以来的各年度中，企业的利息保障倍数指标最低为 4.59 倍，其所在行业的利息保障倍数通常为 3~5 倍。另外，该企业在上年和本年举债都较少，且市场利率较低。

要求：

（1）计算该企业本年和上年的息税前利润。

（2）计算该企业本年和上年的利息保障倍数。

（3）分析该企业利息保障倍数可能存在的问题以及如何做出调整。

五、实训

A 公司本年 12 月 31 日的资产负债表（简表）如表 3-19 所示。

表 3-19　　　　　　　　　　　　　　　资产负债表（简表）

本年 12 月 31 日　　　　　　　　　　　　　　　　　　　　　　　　　单位：万元

项目	本年	上年
资产：		
库存现金	5	28
应收账款净额	92	70
存货	130	85
预付账款	4	6
固定资产	200	400
累计折旧	20	10
资产合计	411	219
负债和所有者权益：		
应付账款	49	44
应交税费	15	4
预收账款	6	5

续表

项目	本年	上年
应付债券	165	20
股本	106	96
盈余公积	20	15
未分配利润	50	35
负债和所有者权益合计	411	219

讨论分析：

1. 计算相关的短期偿债能力指标，对 A 公司的短期偿债能力进行评价。
2. 计算相关的长期偿债能力指标，对 A 公司的长期偿债能力进行评价。

03

任务四

分析企业营运能力

学习目标 ↓

【知识目标】

1. 了解企业营运能力分析的内涵。
2. 了解企业营运能力分析的影响因素。
3. 明确企业营运能力指标的影响因素。
4. 掌握企业营运能力指标的计算方法。

【能力目标】

1. 能够对总资产营运能力进行综合评价。
2. 能够对流动资产利用效率进行综合评价。
3. 能够对固定资产利用效果进行综合评价。

【思政目标】

1. 养成勤学善思的习惯，优化资源配置，提高运行效率。
2. 树立高质量发展的理念。

任务导入 ↓

任务资料： B 钢铁股份有限公司的财务报表。

任务目标： 根据 B 钢铁股份有限公司的财务报表计算该公司的应收账款周转率、应收账款周转天数、存货周转率、存货周转天数、流动资产周转率、流动资产周转天数、固定资产周转率、固定资产周转天数、总资产周转率和总资产周转天数财务指标，并结合指标计算的结果对该公司的营运能力进行综合分析评价。

相关知识 ↓

微课：认知企业营运
能力分析

4.1 企业营运能力分析概述

4.1.1 企业营运能力分析的内涵

营运能力又称资产营运能力，是指企业营运资产的效率与效益。营运资产的效率通常是指企业资产的周转率或周转速度，资产周转率越高，表明资产运用效率越好，资产营运能力越强；营运资产的效益是指企业营运资产的利用效果，也就是营运资产给企业带来的经济效益，一般用资产营运产出额与资产占用额的比率表示。单位资产创造或实现的收入和利润越多，营运资产的利用效果就越好。

营运能力分析是指通过计算企业有关资产营运效率与效益指标，分析企业各项资产的周转速度和利用效果，了解各项资产对收入和财务目标的贡献程度，评价企业的营运能力。

4.1.2　企业营运能力分析的影响因素

一般而言，影响企业营运能力的因素包括：企业所处的行业及其经营背景、企业营业周期的长短、企业资产的构成及其质量、资产管理的力度和企业采用的财务政策等。

1.　企业所处的行业及其经营背景

不同行业的企业的资产占用情况不同，例如制造业的企业可能需要占用大量的原材料、在产品、产成品、机器、设备及厂房等，其资产占用量越大，资产周转速度越慢；而服务业，尤其是劳动密集型或知识型的服务业的企业，其除了人力资源，几乎少有其他资产，因此，这类行业的企业的总资产占用非常少，其资产周转速度相对就较快。企业的经营背景不同，其资产周转速度也会呈现不同趋势。传统的经营和管理背景下的企业，其资产周转速度可能较慢；相反，现代化经营和管理背景下的企业，其运用各种先进的技术手段和理念，例如 IT 行业，即可有效地提高资产运用效率，加速资产周转率。

2.　企业营业周期的长短

营业周期又称经营周期，是指从取得存货开始到销售存货并收回现金为止的时期。经营周期的长短可以通过应收账款周期天数和存货周转天数反映。因此，可由应收账款周转天数和存货周转天数之和简单计算经营周期。经营周期的长短对企业资产周转率也有重要影响，经营周期越短，资产的流动性相对越强，在同样时期内实现的销售次数越多，销售收入的积累额相对越大，资产周转速度相对越快。

3.　企业资产的构成及其质量

资产按照其变现的快慢程度，分为流动资产和非流动资产。流动资产的流动性很强，它包括现金及自资产负债表编制之日起一年内能够变现的其他资产。资产的流动性越大，短期债务的清偿能力就越强，因此，企业避免财务困境的可能性与资产的流动性相关。当企业的非流动资产占用过多或资产质量不高时，就会产生资产积压、资产流动性低下的现象，以致营运资本不足。另外，流动资产的数量和质量通常决定着企业的变现能力，而非流动资产的数量和质量则通常决定着企业的生产经营能力。非流动资产只有伴随着产品的销售才能形成销售收入。在资产总量一定的情况下，非流动资产所占的比重越大，企业所实现的周转价值越小，资产的周转速度也就越慢；反之，则越快。

4.　资产管理的力度和企业采用的财务政策

资产管理力度不同，会造成较大的资产构成和资产质量的差异，会导致不同的资产周转率。资产管理力度越大，拥有越合理的资产结构和越优越的资产质量，资产周转率越快；反之，则越慢。企业所采用的财务政策决定着企业资产的账面占用总额，例如折旧政策决定固定资产的账面净值，信用政策决定应收账款的占用量等，因此，企业所采用的财务政策自然会影响资产周转率。当企业的其他资产不变时，采用加速折旧政策可减少固定资产账面净额，从而提高资产周转率。信用政策对资产周转速度的影响则是，企业若采用宽松的信用政策，则导致应收账款的占用变多，尤其是当信用政策对销售的促进作用减弱时，资产的周转速度就会变慢。

4.1.3 企业营运能力分析的内容

企业营运能力分析的主要内容包括以下几点。

1. 流动资产营运能力分析

通过对流动资产周转率、流动资产垫支周转率、存货周转率和应收账款周转率的分析，揭示流动资产周转速度的变动原因，评价流动资产的利用效率和资产的流动性。

2. 固定资产营运能力分析

通过对固定资产产值率和固定资产收入率的分析，揭示固定资产利用效果变动的原因，评价资产的效益。

3. 总资产营运能力分析

通过对总资产产值率、总资产收入率和总资产周转率的分析，揭示总资产周转速度和利用效果变动的原因，评价总资产营运能力。

4.2 企业流动资产营运能力分析

4.2.1 应收账款营运能力分析

应收账款是指企业因销售商品、产品或提供劳务等而应向购货客户或接受劳务的客户收取的款项。

应收账款的特点是企业只有在未来才能收到现金，并且应收账款的回收在很大程度上取决于付款方的信用，这两个方面因素的影响使得应收账款存在着无法回收的风险。因此，对应收账款的质量和应收账款周转率的分析是分析其营运能力的重点。

1. 应收账款的质量分析

应收账款的质量，是指债权转化为货币的能力。由于应收账款既可转化为现实货币，又可转化为坏账，形成损失，因此，在既定的债权规模下，对应收账款质量的分析尤为重要。

对应收账款的质量分析，主要有以下几种方法。

（1）对债权的账龄进行分析。企业已发生的应收账款时间有长有短，有的尚未超过信用期，有的则超过了信用期。账龄分析法是通过对现有债权按其欠账期的长短（即账龄）进行分析，进而对不同账龄的债权分别判断其质量。一般而言，未过信用期或已过信用期但拖欠期较短的债权出现坏账的可能性比已过信用期且拖欠较长时间的债权发生坏账的可能性要小。

（2）对债务人的偿债信誉进行分析。在很多情况下，企业债权的质量，不仅与债权的账龄有关，更与债务人的偿债信誉有关。对于资信好、经济实力强的债权人而言，其偿债能力有保障，偿债信誉也好，企业收回债权的可能性也就大。而对于某些偿债信誉较差的债务人而言，企业收回债权的可能性就要差些。企业在确定某一客户的偿债信誉时，可通过 5C 系统来进行分析。5C 系统是评估客户信用品质的 5 个方面，即品质（Character）、能力（Capacity）、资本（Capital）、抵押（Collateral）和条件（Conditions）。通过 5C 系统，企业可以了解客户的信用品质，评估其赖账的可能性。

（3）对应收账款坏账准备计提是否充分进行分析。坏账准备的计提是对未来损失的估计，合理估计应收账款的坏账损失是对应收账款价值真实反映的基础。数据显示，企业时常通过变更坏账损失估计标准来进行盈余管理。因此，分析者应关注坏账准备计提方法以及计提标准，尤其应关注这些内容的变化。

2. 应收账款周转率分析

应收账款周转率又称应收账款周转次数，是指企业一定时期内销售（营业）收入净额与平均应收账款余额的比率，它表明年度内应收账款转化为现金的平均次数，说明应收账款流动的速度。用时间表示的周转速度是应收账款周转天数，也叫平均应收账款回收期或平均收现期，它表示企业从取得应收账款的权利到收回款项、转换为现金所需要的时间。

$$应收账款周转率（次数）=\frac{销售（营业）收入净额}{平均应收账款余额}$$

$$应收账款周转天数=\frac{360}{应收账款周转率}$$

式中，"平均应收账款余额"是指资产负债表中"期初应收账款余额"与"期末应收账款余额"的平均数。"销售收入净额"是指损益表中扣除折扣和折让后的销售净额。尽管从理论上来说用"赊销收入净额"（即用"销售净额"扣除"现金销售"）来代替"销售收入净额"计算更为合理，但是，不仅财务报表的外部使用者无法取得该数据，而且财务报表的内部使用者也未必容易取得该数据，因此，在会计实务中多采用"销售收入净额"来计算应收账款周转率。事实上，只要保持历史的一贯性，这种近似计算一般不影响对该指标的分析和利用。

有关应收账款周转率的分析如下。

（1）一般而言，应收账款周转率越高，平均收款期越短，说明企业的应收账款回收得越快，企业资金流动性越强，企业短期偿债能力也越强；同时，提高这一比率也降低了坏账发生的可能性，为企业安全收款提供保障。反之，则表明企业的营运资金过多地呆滞在应收账款上，这将会严重影响企业资金的正常周转及其偿债能力。但是如果这一比率过高，可能是企业的信用政策、付款条件过于苛刻所致，这样会限制企业销售量的扩大，从而影响企业的盈利水平。

（2）某些特殊情况会影响该指标计算的正确性，这些情况包括：①企业生产经营的季节性原因，使应收账款周转率不能正确地反映公司销售的实际情况；②企业在产品销售中大量采用分期付款的方式；③大量使用现金结算的销售；④企业年末销售量大幅度上升或下降。这些情况都会对该指标的计算结果产生较大的影响。财务报表的使用者可以将计算的指标与该企业前期指标，与行业平均水平或其他类似企业的指标相比较，并判断该指标的高低。

【例4-1】鸿飞公司为上市公司，本年年末应收账款余额为 8 000 000 元，上年年末应收账款余额为 5 000 000 元，本年销售收入净额为 78 000 000 元。计算应收账款周转率和应收账款周转天数，上年应收账款周转次数为 8.56 次。

应收账款周转率（次数）=78 000 000÷［（8 000 000+5 000 000）÷2］=12（次）

应收账款周转天数=360÷12=30（天）

本年应收账款周转次数为 12 次，较上年的应收账款周转次数 8.56 次提高了 3.44 次，说明该公司收账速度迅速提高，账龄缩短，资金流动性增强，短期偿债能力增强，减少了收账费用和坏账损失。

4.2.2 存货营运能力分析

存货是企业重要的流动资产之一，通常占流动资产总额的一半以上。与其他流动资产相比，存货的变现能力相对较弱，因而存货过多将使存货在流动资产中所占的比重上升，使流动资产总体的变现能力下降，从而影响企业的短期偿债能力；而且存货越多，占用企业的资金也就越多，这将影响企业的资金周转，同时还会增加存货的存储成本及产生磨损或霉变等损失。另外，存货是企业生产经营的前提和条件，存货量不足，就无法满足企业正常生产经营的需要，容易导致企业生产经营的中断，使企业失去获利机会。

（1）对存货增减变动进行分析。首先要考察全部存货期末余额与全部存货期初余额及计划占用额的增减变动差异，其次要了解各项存货的增减变动情况及其原因。

引起存货发生增减变动的原因是多方面的，下面进行具体分析。

① 材料存货变动原因分析。材料类存货的主要项目是原料及主要材料，因此，应重点分析原料及主要材料变动的原因。影响原料及主要材料变动的因素包括期初结存量、本期购入量、本期耗用量及材料单价。

② 在产品存货变动原因分析。影响在产品存货增减变动的主要因素包括生产周期变动（延长则在产品存货增加，反之则减少），产品产量变动（在产品存货随产量增减相应地增减）以及单位成本变动。

③ 产成品存货变动原因分析。产成品存货的变动与材料存货的变动类似，可以从期初结存量、本期生产量、本期销售量和产品单位成本4个方面进行分析。

另外，在分析各种存货储备时，还应查明在存货占用中有无因管理不善或违反规定而形成虚假存货的情况。例如，有无因管理不善或未及时处理而造成存货损坏变质、数据短缺、价值减少；有无在领用存货时，以多报少、少转成本等形成库存存货余额虚增；有无因核算错误造成存货价值虚增等情况。

以上各种不合理的虚占资金将会造成企业虚盈实亏、资金流失的后果。因此，在分析时应充分重视该问题，以促进企业改进存货管理。

（2）对存货周转率进行分析。存货周转率是企业一定时期营业成本与平均存货的比率。它是衡量和评价企业购入存货、投入生产、销售退回等各环节管理状况的综合性指标。其计算公式如下。

$$存货周转率（次数）=\frac{营业成本}{平均存货}$$

$$存货周转天数=\frac{360}{存货周转率}$$

营业成本是指企业销售产品或提供劳务等经营业务的实际成本。存货是指企业在生产经营过程中为了销售或用于储备的材料；平均存货是存货年初数与年末数的平均值。

有关存货周转率指标的分析如下。

① 一般来说，存货周转速度越快，存货的占用水平越低、流动性越强，存货转换为现金或应收账款的速度就越快。提高存货周转率可以提高企业的变现能力。虽然一般来说，存货周转率越慢变现能力越差，但是存货周转率过高，也可能说明企业在管理上存在其他方面的问题，例如存货水平太低，甚至经常缺货或者采购次数过于频繁、批量太小等。因此，合理的存货周转率应视产业特征、市场行情及企业自身特点而定。

② 由于对发出存货的计价处理存在着不同的会计方法，例如先进先出法、加权平均法等，与其他企业进行比较时，应考虑因会计处理方法的不同而产生的影响。

若分别计算产成品周转率、原材料周转率、在产品周转率或某种存货的周转率，其计算公式如下。

$$产成品周转率（次数）=\frac{产品销售成本}{平均产成品存货}$$

$$原材料周转率（次数）=\frac{耗用原材料成本}{平均原材料存货}$$

$$在产品周转率（次数）=\frac{制造成本}{平均在产品存货}$$

对存货周转率进行分析的目的是从不同的角度和环节找出存货管理中存在的问题，使存货管理在保证生产经营连续性的同时，尽可能减少占用企业的经营资金，提高企业资金的使用效率，促使企业管理水平的提高。

【例4-2】鸿飞公司为上市公司，本年年末存货余额为 7 000 000 元，上年年末存货余额为 8 000 000 元，上年营业成本为 68 000 000 元。计算存货周转率和存货周转天数，上年存货周转次数为 8 次。

存货周转率（次数）=68 000 000÷[（7 000 000+8 000 000）÷2]=9.07（次）

存货周转天数=360÷9.07=36.69（天）

本年存货周转次数为 9.07 次，比上年的存货周转次数的 8 次有所增加，说明该公司存货变现的速度变快、周转额较大、资金占用水平较低，存货的周转期变短。

【例4-3】鸿飞公司本年存货周转天数为 39.69 天，应收账款周转天数为 30 天，则鸿飞公司的营业周期如下。

营业周期=39.69+30=69.69（天）

4.2.3　流动资产综合营运能力分析

流动资产营运能力的大小主要体现为流动资产的周转速度，可以分别以流动资产周转率和流动资产周转天数来表示。流动资产周转率（次数）是指企业一定时期内营业收入与平均流动资产总额的比率，即企业流动资产在一定时期内（通常为 1 年）周转的次数，它是评价企业资产利用率的一个重要指标。其计算公式如下。

$$流动资产周转率（次数）=\frac{营业收入}{平均流动资产总额}$$

式中，平均流动资产=（期初流动资产+期末流动资产）÷2。

流动资产周转速度也可以用流动资产周转天数来反映，它表示流动资产周转一次需要的时间，因而更能直观地说明企业流动资产的周转速度。其计算公式如下。

$$流动资产周转天数=\frac{计算期天数}{流动资产周转率}$$

其中，计算期天数取决于实际计算期的长短，通常为 1 年，按 360 天计算。

流动资产周转率反映了企业流动资产的周转速度，它从企业全部资产中流动性最强的流动资产的角度对企业资产的利用效率进行分析，以进一步揭示影响企业资产质量的主要因素。要实现该指标的良性变动，应以主营业务收入增幅高于流动资产增幅为保证。

按天数对该指标进行对比分析，可以促进企业加强内部管理，充分、有效地利用流动资产，例如降低成本、调动暂时闲置的货币资金用于短期投资创造效益等；还可以促进企业采取措施扩大销售，提高流动资产的综合利用效率。而生产经营任何一个环节的工作得到改善，都可能会缩短周转天数。

按天数表示的流动资产周转率更能直接地反映生产经营状况的改善情况，便于比较不同时期的流动资产周转，所以应用较为普遍。一般情况下，该指标越高，表明企业流动资产周转速度越快，利用得越好。在较快的周转速度下，流动资产会相对节约，相当于流动资产投入的增加，在一定程度上增强了企业的盈利能力；而周转速度慢，则需要补充流动资金以形成良性周转，会造成资金浪费，降低企业的盈利能力。

【例 4-4】鸿飞公司为上市公司，本年年末流动资产余额为 2 480 000 元，上年年末流动资产余额为 2 640 000 元，本年营业收入为 75 000 000 元。计算流动资产周转率和流动资产周转天数，上年流动资产周转次数为 30 次。

流动资产周转率（次数）=75 000 000÷〔（2 480 000+2 640 000）÷2〕=29.30（次）

流动资产周转天数=360÷29.30=12.29（天）

本年流动资产周转次数为 29.30 次，比上年流动资产周转次数的 30 次有所降低，说明流动资产利用效率有所降低。

4.3 企业固定资产营运能力分析

4.3.1 固定资产营运能力分析

体现企业资产利用率的直接成果是产品产量或销售量，产量（产值）和销售量（销售收入）与资产的对比情况，可以反映出企业资产的利用效率。企业资产利用的最终成果是企业依赖于这些资产所实现的利润，但由于利润的实现除了与企业资产运作有关，还取决于其他多种因素，所以，资产与利润的对比分析结果，既可以反映企业资产的利用效率，又可以反映企业的盈利能力和水平，具有较大的综合性。

固定资产营运能力是企业组织、管理和营运固定资产的能力和效率。反映固定资产营运能力的指标主要包括固定资产产值率和固定资产周转率。固定资产在企业资产中占有较大比重，是一类非常重要的资产。固定资产的营运状况对企业至关重要，不仅关系到企业的生产能力，而且会影响到企业的盈利能力。

1. 固定资产产值率

固定资产产值率又称固定资产利用率，是企业一定时期内实现的总产值与固定资产平均总值的比率，表示企业每百元固定资产创造的总产值，反映了企业固定资产平均总值与总产值之间的对比关系。其计算公式如下。

$$固定资产产值率=\frac{总产值}{固定资产平均总值}\times100\%$$

固定资产产值率是反映企业固定资产利用效率的综合性指标，其指标的基本含义是每百元固定资产能够提供多少产值。使用同量的固定资产所完成的产值越多，说明企业的固定资产的利用情况越好；反之，则越差。在实际工作中，也常用固定资产产值率指标的倒数，即百元产值占用的固定资产价值，作为反映和评价固定资产利用效果的综合性指标。百元产值占用固定资产价值的计算公式如下。

$$百元产值占用固定资产价值=\frac{固定资产平均总值}{总产值}\times100\%$$

完成百元产值占用的固定资产越少，表明固定资产的利用效果越好；反之，则越差。财务人员对固定资产营运能力进行分析时，可以将不同时期的固定资产产值率或百元产值占用固定资产价值指标进行比较，以了解企业固定资产利用效率的改进状况；也可以将其与企业水平相同的不同企业进行比较，以便找出差距，分析原因，寻求不断提高固定资产利用效率的途径。

公式中的固定资产平均总值是采用固定资产原值还是固定资产净值，目前有两种观点。一种观点主张采用固定资产原值计算，因为固定资产生产能力并非随着其价值的逐步转移而相应降低，比如，一种设备在其全新时期和半新时期往往具有同样的生产能力；再则，用原值计算便于不同企业或同一企业的不同时期进行比较，如果采用净值计算则失去可比性。另一种观点主张采用固定资产净值计算，理由是固定资产原值并非一直全部都被企业占用着，其价值小的磨损部分已逐步通过折旧收回，只有采用净值计算，才能真正反映一定时期内企业实际占用的固定资产。为了既从生产能力又从资金占用两个方面来考核企业的固定资产利用水平，分析人员必须同时采用原值和净值两种计算标准，这样才能从不同角度全面地反映企业固定资产利用的经济效益。

2. 固定资产周转率

尽管固定资产不能直接销售、不参与企业资产的经营循环，但固定资产的数量和占用比影响和决定着固定资产的周转速度，同时也影响着总资产的周转速度。

固定资产周转率是指企业一定时期的营业收入与固定资产平均净值的比率。它是反映固定资产周转情况、衡量固定资产运用效率的指标。其计算公式如下。

$$固定资产周转率（次数）=\frac{营业收入}{固定资产平均净值}$$

固定资产平均净值作为固定资产周转率的计算基础，能够反映营业收入和固定产出能力的关系，因为随着固定资产的磨损，其产出能力会逐渐下降，故以固定资产平均净值作为计算固定资产周转率的基础更能反映企业的真实情况；另外，固定资产平均净值能反映企业实际占用固定资产的资金数额，所以只有以固定资产平均净值作为计算固定资产周转率的基础，才能准确地反映固定资产的周转状况。

固定资产周转速度也可以用周转天数来表示，它是指固定资产周转一次需要的时间，计算公式如下。

$$固定资产周转天数=\frac{360}{固定资产周转率}$$

固定资产周转天数越少，固定资产的占用相对越低，固定资产转化为现金或应收账款的速度就越快，这样会增强企业的长期偿债能力及盈利能力。反之，就会削弱企业的长期偿债能力及盈利能力。

分析固定资产周转率时应注意以下两个问题。

（1）固定资产周转率指标会受到折旧方法和折旧年限的影响，因此，进行对比分析时应注意其可比性。

（2）当企业固定资产净值过低（如因资产陈旧或过度计提折旧）时，或者当企业属于劳动密集型企业时，固定资产周转率指标就可能没有太大的意义。

【例4-5】鸿飞公司为上市公司，本年年末固定资产净额为86 000 000元，上年年末固定资产净额为88 000 000元，本年营业收入为75 000 000元。计算固定资产周转率和固定资产周转天数，上年固定资产周转次数为0.98次。

固定资产周转率（次数）=75 000 000÷[（86 000 000+88 000 000）÷2]=0.86（次）

固定资产周转天数=360÷0.86=419（天）

本年的固定资产周转次数为0.86次，比上年固定资产周转次数的0.98次有所降低，说明固定资产的周转速度下降，固定资产的使用效率变弱。

4.3.2 固定资产更新率分析

企业在生产经营过程中，会不断地添置新的固定资产、淘汰旧的固定资产。固定资产的总体新旧程度在一定意义上反映了企业的实际生产能力和潜力。因此，通常以固定资产更新率来反映企业的实际生产能力。

（1）固定资产更新率是反映固定资产更新程度的指标，是当年新增加固定资产对年初固定资产总额的比率。其计算公式如下。

$$固定资产更新率=\frac{当年新增固定资产原价}{年初固定资产总额}×100\%$$

为了说明企业固定资产现代化水平的提高程度，计算公式中的分子不应包括旧的固定资产的增加。由于科技的快速发展，企业只有不断淘汰落后的机器设备，更换新的先进设备，才能使生产保持先进水平，跟上时代的发展。一个企业固定资产更新的速度与规模是否合适，应同国民经济对企业发展的需要联系起来，但最低的界限至少应等于固定资产的退废率。

（2）固定资产退废率是指企业当年退废固定资产（包括正常、非正常报废的固定资产以及本企业不再使用而出售或投资转出的固定资产）原价对年初固定资产总额的比率。其计算公式如下。

$$固定资产退废率=\frac{当年退废固定资产原价}{年初固定资产总额}×100\%$$

该指标反映了一年报废的固定资产的原始价值。固定资产的退废，要有相应的固定资产的更新与之配套，这样才能维持企业再生产规模，所以对该指标的分析应结合固定资产更新率进行。一般来说，新建企业固定资产的更新率和退废率指标都较低，而老企业因设备陈旧，故更新率和退废率指标都较高。

（3）固定资产损失率是指当年盘亏、毁损的固定资产所造成的损失值占年初固定资产原值的比率。其计算公式如下。

$$固定资产损失率=\frac{当年盘亏、毁损的固定资产损失值}{年初固定资产原值}×100\%$$

固定资产损失率反映企业因盘亏及毁损而造成的固定资产损失程度。对于发生的固定资产损失，特别是在损失程度较大时，需要查明生产损失的具体原因。固定资产盘亏一般是企业管理不善造成的，例如反映固定资产实有数量的账册不全，固定资产调出或移动手续不完备，财产管理制度不健全，财产管理无人负责、乱扔乱放、乱拆乱卸等。固定资产毁损有人为的原因，例如使用者技术不熟练、责任心不强、违反操作规程等；也有意外事故原因，例如水灾、火灾等。财务人员在进行分析时，应查明原因、分清责任，并根据分析结果采取相应的改进措施，以减少、杜绝盘亏和毁损现象。

4.4 企业总资产营运能力分析

4.4.1 企业总资产周转指标计算

企业总资产营运能力主要是指企业总资产的效率和效益。总资产产值率和总资产收入率可以反映企业总资产的效益，即投入或使用总资产所取得的产出能力。总资产周转率可以反映企业总资产的效率，即总资产的周转速度。

1. 总资产产值率的计算

总资产产值率又称总资产利用率，是一定时期内实现的总产值与平均总资产的比率，表示企业每百元资产所创造的总产值，反映了企业总资产与总产值之间的对比关系。其计算公式如下。

$$总资产产值率 = \frac{总产值}{平均总资产} \times 100\%$$

2. 总资产收入率的计算

总资产收入率是指企业每百元资产实现的收入额，是一定时期内实现的营业收入与平均总资产的比率，反映了企业总资产与总收入之间的对比关系。其计算公式如下。

$$总资产收入率 = \frac{营业收入}{平均总资产} \times 100\%$$

3. 总资产周转率的计算

总资产周转率是指企业总资产周转额与平均总资产的比率。总资产周转率表示企业在一定时期内完成几次从资产投入到资产收回的循环，即企业总资产在一定时期内（通常是一年）周转的次数。企业资产的营运过程实质上是资产通过采购原材料、生产产品和实现营业收入而不断循环的过程。资产周转一次的完成，以实现产品销售收入为标志。总资产周转额是指一定时期内企业完成了多少资产的周转，通常以一定时期内实现的营业收入来表示。因此，总资产周转率（次数）也可以表示为营业收入与平均资产总额的比率。其计算公式如下。

$$总资产周转率（次数） = \frac{总资产周转额}{平均总资产} = \frac{营业收入}{平均资产总额}$$

尽管总资产收入率和总资产周转率的计算方法相同，但二者表示的经济意义有所不同。总资产收入率是指企业每百元资产实现的收入额，反映了总资产的利用效果；总资产周转率是指企业总资产的周转速度，是从资产流动性方面反映总资产的利用效率。

4.4.2 企业总资产周转情况分析

1. 总资产产值率的分析

该指标数值越高，说明企业资产的投入产出率越高，企业总资产营运状况越好。在利用该指标评价企业总资产利用效果时应该注意到，企业总产值在按不变价格计算时，可以把总产值理解为企业在一定时期内生产的按价值计算的全部产品总量，是企业利用全部资产为社会创造的物质产品。但由于总产值中既包括产成品，又包括在产品，所以总产值仅仅表示本期生产了多少产品，并不表示产品是否得到了市场的认可。企业生产出来的产品如果得不到市场的认可，那么，生产出来的产品再多，也没有任何价值。因此，财务人员在分析时，要将该指标与固定资产收入率结合起来，才能做出正确的评价。

企业产出与总资产之间的关系还可以从另一个角度来反映，即百元产值占用资金。该指标本质上是总资产产值率的倒数，反映每百元产值占用的资产。其计算公式如下。

$$百元产值占用资金=\frac{平均总资产}{总产值}\times100\%$$

该指标越低，说明每一单位产出所占用的资产越少，表明企业资产营运能力越高。对该指标的具体变动原因的分析依据以下分解式进行。

$$百元产值占用资金=\left(\frac{流动资产}{总产值}+\frac{固定资产}{总产值}+\frac{其他资产}{总产值}\right)\times100\%$$

从以上分解式中可以看出，百元产值占用资金受各种资产营运效率的影响，分析时可采用连环替代法，分别说明各资产营运效率变动对百元产值占用资金的影响。

2. 总资产收入率的分析

总资产收入率越高，说明企业总资产营运能力越强。如果说总资产产值率仅仅反映了企业生产过程中资产的利用效果，总资产收入率则反映出企业整个经营过程中资产的利用效率。收入的实现，表明企业的产品得到了市场的认可，是企业资产的真正有效利用。因而，该指标能比总资产产值率更准确、更真实地反映企业总资产的营运能力。下面的分解式可以反映出这两个指标之间的关系。

$$总资产收入率=\frac{总产值}{平均总资产}\times\frac{营业收入}{总产值}\times100\%$$
$$=总资产产值率\times产品销售率$$

从以上分解式中可以看出，提高总资产收入率取决于两大方面：一是要提高资产的生产效率，这是提高企业资产营运能力的基础，没有产品，就谈不上销售，更谈不上效益；二是要提高产品销售率，把生产出来的产品尽快、尽可能多地销售出去。

3. 总资产周转率的分析

企业资金循环包括短期资金循环和长期资金循环，长期资金循环必须依赖短期资金循环，因此，流动资产周转速度的快慢是决定企业总资产周转速度的关键性因素，下面的分解式可反映出这种关系，也为进行总资产周转率分析、提高总资产周转速度指明了方向。

$$总资产周转率（次数）=\frac{营业收入}{平均流动资产}\times\frac{平均流动资产}{平均总资产}$$
$$=流动资产周转率\times流动资产占总资产的比重$$

上面的分解式表明，总资产周转速度的快慢取决于以下两大因素。一是流动资产周转率。流动资产的周转速度要高于其他类资产的周转速度，加速流动资产的周转，就会使总资产的周转速度加快；反之，则会使总资产的周转速度减慢。二是流动资产占总资产的比重。由于流动资产的周转速度快于其他类资产的周转速度，所以，企业流动资产所占比例越大，总资产的周转速度就越快；反之，则越慢。

总资产的周转速度也可以用总资产周转天数来表示。其计算公式如下。

$$总资产周转天数=\frac{平均总资产\times计算期天数}{营业收入}=\frac{360}{总资产周转率}$$

【例4-6】甲公司为上市公司，本年年末资产总额为5 000 000元，上年年末资产总额为5 400 000元，本年营业收入为3 000 000元。计算总资产周转率和总资产周转天数，上年总资产周转次数为0.51次。

总资产周转率（次数）=3 000 000÷[（5 000 000+5 400 000）÷2]=0.58（次）

总资产周转天数=360÷0.58=621（天）

本年的总资产周转次数为 0.58 次，比上年总资产周转次数的 0.51 次有所提高，说明总资产的周转速度变快，总资产的周转期变短，总资产的使用效率更强。

【例4-7】根据表 4-1 所示的乙公司有关资料计算其总资产周转率（次数）和总资产周转天数，如表 4-2 所示。

表4-1　　　　　　　　　　　　乙公司有关资料　　　　　　　　　　　　　　单位：元

项目	本年	上年	前年
营业收入	3 594 600	2 906 600	
总资产	4 210 475	3 773 360	2 986 510
平均总资产	3 994 917.50	3 382 935	

表4-2　　　　　　　　　　　乙公司总资产营运能力指标计算表

营运能力指标	本年	上年
总资产周转率（次数）	3 594 600÷3 994 917.50=0.90	2 906 600÷3 382 935=0.86
总资产周转天数（天）	360÷0.90=400	360÷0.86=419

本年总资产周转次数为 0.90 次，比上年总资产周转次数 0.86 次有所提高；本年总资产周转天数为 400 天，比上年总资产周转天数 419 天缩短了 19 天。这说明该公司总资产周转速度变快，总资产的利用效率有所提升，以相同的资产总额完成的周转额较多，周转周期短，资产利用效果好。

04

🌱 任务实施

任务资料和任务目标见本任务的【任务导入】，具体任务实施过程如下。

工作步骤一：根据 B 钢铁股份有限公司资料，计算公司的营运能力指标，如表 4-3～表 4-7 所示。

表4-3　　　　　　　　　　B 钢铁股份有限公司合并资产负债报表项目数据

项目	本年期末	本年期初（调整后）	上年期末（调整前）	上年期初
应收账款	9 272 321 999.49	10 538 452 031.53	2 753 702 759.24	1 955 094 995.28
存货	11 496 361 150.12	14 154 615 670.46	11 989 709 769.79	12 572 393 635.19
流动资产	35 702 661 165.16	40 820 829 550.16	23 236 695 702.15	26 064 034 871.58
固定资产	47 465 690 820.66	59 578 064 392.27	58 891 687 251.01	58 967 736 723.25
总资产	96 063 509 210.02	115 808 118 990.29	94 676 400 615.56	98 727 626 693.56
项目	本年平均（调整后）	本年平均（调整前）	上年平均	
应收账款	9 905 387 015.51	6 013 012 379.37	2 354 398 877.26	
存货	12 825 488 410.29	11 743 035 459.96	12 281 051 702.49	
流动资产	38 261 745 357.66	29 469 678 433.66	24 650 365 286.87	
固定资产	53 521 877 606.47	53 178 689 035.84	58 929 711 987.13	
总资产	105 935 814 100.16	95 369 954 912.79	96 702 013 654.56	

表 4-4　　　　　　　　　B 钢铁股份有限公司合并利润表项目数据

项目	本年度	上年度
营业收入	99 373 089 374.80	89 581 302 568.61
营业成本	91 933 497 635.82	84 092 196 984.67

表 4-5　　　　　　　　　B 钢铁股份有限公司营运能力指标计算表

营运能力指标	本年（调整后）	本年（调整前）	上年	指标计算公式
应收账款周转率	10.03	16.53	38.05	营业收入÷平均应收账款
应收账款周转天数	35.89	21.78	9.46	360÷应收账款周转天数
存货周转率	7.17	7.83	6.85	营业成本÷平均存货
存货周转天数	50.21	45.98	52.55	360÷存货周转率
流动资产周转率	2.60	3.37	3.41	营业收入÷平均流动资产
流动资产周转天数	138.46	106.82	105.57	360÷流动资产周转天数
固定资产周转率	1.86	1.87	1.52	营业收入÷平均固定资产
固定资产周转天数	193.55	192.51	236.84	360÷固定资产周转率
总资产周转率	0.94	1.04	0.93	营业收入÷平均总资产
总资产周转天数	382.98	346.15	387.10	360÷总资产周转率

04

表 4-6　　　　　　　　　钢铁行业营运能力主要指标数值区间

营运能力指标	区间
应收账款周转率	50～200
应收账款周转天数	1.8～7.2
存货周转率	3.5～6
存货周转天数	60～102.86
总资产周转率	0.6～1.2
总资产周转天数	300～600

表 4-7　　　　　　　　　前年 B 钢铁公司与竞争对手营运能力指标对比

营运能力指标	A 钢铁公司	B 钢铁公司	C 钢铁公司	D 钢铁公司
应收账款周转率	24.62	79.56	231.05	106.23
应收账款周转天数	14.62	4.52	1.56	3.39
存货周转率	5.35	5.94	6.63	4.42
存货周转天数	67.35	60.61	54.34	81.4
流动资产周转率	2.58	3.62	2.97	2.91
流动资产周转天数	139.53	99.45	121.21	123.71
固定资产周转率	1.97	1.53	3.03	1.91
固定资产周转天数	182.74	235.29	118.81	188.48
总资产周转率	0.86	0.94	1.33	0.75
总资产周转天数	418.60	382.98	270.68	480

工作步骤二：根据 B 钢铁股份有限公司的营运能力指标计算结果，进行营运能力综合分析评价。

【分析要点】

从表 4-5、表 4-7 中，我们可以看到近三年，B 钢铁股份有限公司应收账款周转率总体呈现下降趋势，从前年的 79.56 次降至本年的 16.53 次，远远低于行业平均水平，可以看出 B 钢铁股份公司应收账款的回收能力较弱。B 钢铁股份有限公司的存货周转率比较稳定，整体呈现上升趋势，从上年就开始超过行业平均水平，存货周转天数也比较平稳，且逐步减少，反映出 B 钢铁股份有限公司保持较好的销售能力，也反映了该企业的经营管理和存货的销售管理比较稳定。B 钢铁股份有限公司的流动资产周转率由前年的 3.62 次降至本年的 3.37 次，总的趋势表明企业的流动资产周转能力在下降。B 钢铁股份有限公司的固定资产周转率较为稳定，前年为 1.53 次，上年为 1.52 次，本年上升至 1.87 次，表明该公司在生产经营中充分利用闲置设备，或通过固定资产的设备改善，提高设备利用效率，加快了产品的销售与利润的实现，提高了生产经营活动的经济效益，使得资产利用效率逐步加强。B 钢铁股份有限公司的总资产周转率较为稳定，前年为 0.94 次，上年为 0.93 次，本年小幅度上升至 1.04 次，总资产营运能力有所增强，说明企业采取措施设法提高了各项资产的利用效率，处置多余或闲置资产。

总体而言，从上述营运能力指标分析可以看出该公司应收账款的回收能力较弱，存货周转率比较稳定，整体显上升趋势，流动资产周转能力有下降趋势，固定资产周转率较为稳定，总资产营运能力有所增强。

小结

营运能力是指企业营运资产的效率与效益，一般来说资产管理运转效率越高，代表企业的营运能力越强，能够使用较少的资产占用创造出较高的经济效益；反之，则表示企业资产管理效率低下，企业未能对存量资产加以有效利用。从指标上来看，主要可以通过资产周转率和资产周转天数来进行衡量，资产周转率越快，表示企业资产管理效率越高；而资产周转天数越多，则代表资产管理效率越低下。

一般而言，影响企业营运能力的因素包括：企业所处的行业及其经营背景、企业营业周期的长短、企业资产的构成及其质量、资产管理的力度和企业采用的财务政策等。

企业营运能力分析的主要内容包括：流动资产营运能力分析、固定资产营运能力分析、总资产营运能力分析。

习题与实训

一、单项选择题

1. 资产营运能力的强弱关键取决于（　　　）。

　　A. 企业周转速度　　　　　　　　　B. 企业资产使用率

　　C. 企业资产营运能力　　　　　　　D. 企业资产净利率

2. 一定时期内商品或产品主营业务收入净额与平均应收账款余额的比值称为（　　　）。

A. 固定资产周转率　B. 存货周转率　　　C. 应收账款周转率　D. 流动资产周转率

3. 在使用应收账款周转速度指标分析企业的财务状况时，不会影响指标正确计算的因素是（　　）。

　　A. 季节性经营　　　　　　　　　　B. 大量使用分期付款

　　C. 大量使用非现金结算　　　　　　D. 年末销售额大幅度变动

4. 关于企业存货周转率增高所带来的结果，表述错误的是（　　）。

　　A. 资产占用水平低　　　　　　　　B. 存货周转率越低越好

　　C. 企业流动资产的变现能力强　　　D. 短期偿债能力强

5. 进行固定资产周转率分析时，需要剔除的不可比因素是（　　）。

　　A. 固定资产计提折旧　　　　　　　B. 国家宏观经济政策调整

　　C. 新的科技成果的出现　　　　　　D. 固定资产结构的调整

6. 下列不属于流动资产周转率越大所带来的结果的是（　　）。

　　A. 企业盈利及偿债能力越强　　　　B. 变现能力越强

　　C. 周转速度越快　　　　　　　　　D. 周转天数越多

7. 信贷人员在进行企业营运能力分析时，不包括的评价内容是（　　）。

　　A. 企业营运能力　B. 企业偿债能力　C. 财务结构　　　D. 企业创新能力

8. 作为企业债权人的银行，评价企业财务状况的各项指标的关注重点是（　　）。

　　A. 企业的盈利能力　B. 企业的发展前景　C. 企业的偿债能力　D. 企业资产的总量

9. 在审查企业的贷款时，银行应着重分析的是（　　）。

　　A. 企业若干年的偿债、盈利能力　　B. 企业当年的财务状况

　　C. 企业的发展潜力和前景　　　　　D. 企业最近几年的净利润

10. 企业的应收账款周转天数为90天，存货周转天数为180天，则营业周期为（　　）天。

　　A. 90　　　　　　　B. 180　　　　　　C. 270　　　　　　D. 360

11. 某企业本年营业收入为20 000元，应收账款周转率为4次，期初应收账款余额为3 500元，则期末应收账款余额为（　　）元。

　　A. 5 000　　　　　B. 6 000　　　　　C. 6 500　　　　　D. 4 000

12. 能反映全部资产的营运能力的指标是（　　）。

　　A. 权益报酬率　　B. 营业周期　　　C. 总资产周转率　D. 总资产收益率

二、多项选择题

1. 应收账款周转率越高越好，因为它表明（　　）。

　　A. 收款迅速　　　B. 减少坏账损失　C. 资产流动性高　D. 销售收入增加

2. 反映资产周转速度的财务指标有（　　）。

　　A. 应收账款周转率　B. 存货周转率　　C. 流动资产周转率　D. 总资产净利率

3. 下列经济业务会影响存货周转率的有（　　）。

　　A. 收回应收账款　B. 销售产成品　　C. 期末购买存货　D. 产品完工验收入库

4. 存货周转天数越长，说明（　　）。

　　A. 存货回收速度越快　　　　　　　B. 对存货资产的经营管理效率越低

　　C. 资产流动性越强　　　　　　　　D. 存货占用资金越多

5. 在计算应收账款周转率时，关于应收账款余额的确定，下列说法错误的是（　　　）。
   A. 包括"应收账款"和"应收票据"等的全部赊销账款，金额为扣除坏账准备前的数额
   B. 包括"应收账款"和"应收票据"等的全部赊销账款，金额为扣除坏账准备后的净额
   C. "应收账款"账户的期末余额
   D. 仅在本年度发生的应收账款

三、判断题

1. 营运能力分析的主要目的是分析评价企业资产的利用程度和营运活动。 （　　　）
2. 反映企业营运能力的各项指标都有各自的特点，在具体应用时一定要区分开来。（　　　）
3. 总资产周转天数是逆指标，越小越好。 （　　　）
4. 企业存货周转率低，说明存货管理效果尚未达到一般平均水平；企业存货周转率高则说明企业的存货管理效果好。 （　　　）
5. 在其他条件不变时，流动资产比重越高，总资产周转速度越快。 （　　　）
6. 应收账款周转率反映企业应收账款的周转速度，应收账款周转率越大，对企业越有利。
    （　　　）
7. 资产周转次数越大，周转天数越多，表明资产周转速度越快。 （　　　）

四、计算分析题

某企业连续三年的资产负债表中相关资产项目的数额如表 4-8 所示。

表 4-8　　　　　　　　　　　　相关资产项目的数额　　　　　　　　　　　　单位：万元

项目	前年年末	上年年末	本年年末
流动资产	2 200	2 680	2 680
其中：应收账款	944	1 028	1 140
存货	1 060	928	1 070
固定资产	3 800	3 340	3 500
资产总额	8 800	8 060	8 920

已知本年该企业的主营业务收入为 10 465 万元，比上年增长了 15%，其主营业务成本为 8 176 万元，比上年增长了 12%。

请计算分析：该企业上年和本年的应收账款周转率、存货周转率、流动资产周转率、固定资产周转率和总资产周转率。

五、实训

资料：甲公司近四年营运能力指标如表 4-9 所示。

表 4-9　　　　　　　　　　　　营运能力指标

存货周转率	本年	上年	前年	大前年
甲公司	11.23	10.20	9.37	7.28
行业平均	8.23	8.77	10.09	8.47

续表

应收账款周转率	本年	上年	前年	大前年
甲公司	51.73	73.52	135.21	89.10
行业平均	15.44	20.1	24.37	19.83
总资产周转率	本年	上年	前年	大前年
甲公司	1.4	1.51	1.61	1.46
行业平均	1.13	1.33	1.52	1.26

要求：根据上表对甲公司的营运能力进行分析和评价。

任务五

分析企业盈利能力

学习目标 ↓

【知识目标】

1. 了解盈利能力分析的含义。
2. 熟悉盈利能力分析的意义和内容。
3. 掌握企业利润的构成。
4. 了解上市公司盈利能力分析的特点。

【能力目标】

1. 能够准确计算盈利能力分析的相关财务指标。
2. 能够利用财务指标对企业盈利能力进行分析和判断。

【思政目标】

1. 树立风险防控意识，维护社会稳定。
2. 形成正确的是非观念和职业道德观念。

任务导入 ↓

A 白酒公司利润"后门"洞开

A 白酒公司的利润究竟到哪去了？这个问题不仅股民不知道，连资深的行业分析师也不知道，但是银基控投集团（简称"银基控股"）却无意间透露了 A 白酒公司利润流向的"后门"。

近两年是酒类企业近 20 年来利润增长最快的两年，而且还有国家实施的减税政策。上年，A 白酒公司销售收入为 80 亿元，纯利润为 18 亿元；同期 B 白酒公司销售收入为 82 亿元，纯利润为 38 亿元；C 白酒公司销售收入为 38 亿元，纯利润预计在 11.5 亿～15.4 亿元。但作为中国酒业的龙头企业之一，A 白酒公司的报表上却并未反映出行业的高景气度，那么 A 白酒公司的利润究竟到哪里去了？谁也不知道。恰在这时，银基控股正在做首次公开募股（Initial Public Offering，IPO）路演。根据招股书的介绍，银基控股是 A 白酒公司白酒海外市场最大的经销商，而这个卖点吸引了超过 40 倍的认购。

从银基控股招股书披露的财务数据看，销售 A 白酒公司的白酒是该公司的主要业务收入来源，并且银基控股销售 A 白酒公司白酒的毛利率高达 60.38%，这一数字高于 A 白酒公司上年年报中披露的公司平均毛利率 54.69%，接近 A 白酒公司高价酒（含税价 70 元以上）66.73% 的毛利率。

既然国际销售有如此之高的毛利率，为什么 A 白酒公司的白酒不直接向国际销售，而要通过集团控股下的进出口公司卖给银基控股来销售呢？将A白酒公司的年报和银基控股的招股书放在一起研究，即可得出结论。一方面，进出口公司的存在是A白酒公司的历史遗留问题。上年，A白酒公司约有52.1%的销售收入来自对进出口公司的销售，占到A白酒公司与母公司关联交易总额的89.92%。另一方面，则是因为银基控股有一个神秘的大客户。这个大客户的采购额在过去两年占银基控股总收入的54.1%和50.7%，占银基控股国际销售收入的97.5%和76.6%。更为神秘的是，在银基控股的招股书中并没有披露这个大客户的情况，甚至连这家公司的名称都未曾提及，而银基控股也不直接和这个大客户发生交易，而是通过公司的控股股东与这个大客户取得联系的。

A白酒公司集团似乎无意与这个具有强大销售能力的大客户取得直接联系，从A白酒公司上年年报中可以得知，卖给进出口公司专门用于出口的白酒总值为1.65亿元，还不及神秘大客户销售的1/4。

如何评价A白酒公司的盈利能力与盈利质量？本任务将对此进行初步探讨。

相关知识 ↓

5.1 盈利能力分析概述

微课：认知企业盈利能力分析

5.1.1 盈利能力的含义

盈利能力也称获利能力、企业资金增长能力，是指企业在一定时期内赚取利润的能力。盈利能力的大小是一个相对概念，不能仅凭企业获得利润的多少来判断其盈利能力的大小，因为企业利润水平还受到企业规模、行业水平等诸多因素的影响，不同的资源投入、一定的收入情况下的企业盈利能力一般不具有可比性，因此在进行财务分析时通常采用利润率指标而非利润的绝对值来衡量企业的盈利能力，这样才能排除企业规模因素的影响。计算出来的利润率应该与行业的平均水平相比较，而不能简单地将属于不同行业的企业利润率放在一起进行比较。一般而言，利润率越高，表明企业的盈利能力越强；利润率越低，表明企业的盈利能力越弱。

5.1.2 盈利能力分析的意义

盈利能力分析，就是通过一定的分析方法，判断企业能获取利润大小的能力，包括企业在一个会计期间内从事生产经营活动的盈利能力的分析和企业在一个较长时期内稳定地获取较高利润能力的分析。也就是说，盈利能力涉及盈利水平的高低，盈利的稳定性和持久性。无论是企业的管理者、债权人，还是投资者（潜在投资者）、政府机构都非常关心企业的盈利能力，并重视对利润率及其变动趋势的分析与预测。

对于企业的管理者来说，盈利能力是企业资产结构是否合理、营销策略是否成功、经营管理水平高低的综合体现。企业管理者通过分析盈利能力，可以评价、判断企业的经营业绩，帮助其发现经营管理中存在的问题；通过分析企业经营业绩变动和经营管理中存在问题的原因，研究改进措施，不断提高企业的盈利能力。

对于企业的债权人来说，利润是企业偿还债务的重要来源，企业偿债能力的大小取决于企业盈利水平的高低。一个具备良好盈利能力的企业在定期的利息支付以及到期的偿还本金方面一般不会存在问题。如果企业盈利能力比较弱甚至长期处于亏损状态，企业将无力偿还债务，因此，盈利能力分析便于债权人衡量债权的安全性。

对于投资者和潜在投资者来说，投资的目的在于获取更多的收益，判断企业盈利能力可以为投资者进行投资决策提供支持。企业的盈利能力关系到利润的分配，企业盈利能力越强，企业的税后利润也就越多，在提取企业法定公积金后向投资者分配的利润也就必然越多；而投资者的投资去向基本上是由投资报酬所决定的，而投资报酬是以企业盈利来支付的。此外，企业的盈利能力与上市公司的股票价格具有密切关系。一般来说，企业的盈利能力增强，企业的股票价格就会上升，企业的股东在股票交易中就会获得资本收益。

对于政府机构来说，企业纳税是国家财政收入的重要来源，而企业的盈利能力决定了企业的纳税金额。企业赚取的利润是其纳税的基础，企业盈利的多少会影响国家财政收入。因此，政府机构与企业管理者、债权人、投资者和潜在投资者一样，非常重视企业的盈利能力。

5.1.3 盈利能力分析的内容

如前所述，对企业盈利能力的分析通常采用利润率指标，利润率指标从不同角度或从不同的分析目的来看，可以有多种形式。在不同的所有制企业中，反映企业盈利能力的指标形式也不同。本书对企业盈利能力的分析将从以下几个方面进行。

1. 企业生产经营盈利能力分析

企业生产经营盈利能力分析主要是通过对收入和费用两个衡量尺度的分析，衡量利润与收入或利润与成本耗费之间的比率关系，在指标分析上，主要涵盖收入利润率分析和成本费用利润率两方面的内容。

2. 企业资产经营盈利能力分析

企业资产经营盈利能力分析是通过对赚取的利润与相应的资产占用比率的分析，评价企业投入资金的增值能力。与企业资产经营盈利能力有关的分析指标主要有总资产收益率、流动资产收益率和固定资产收益率等。

3. 企业资本经营盈利能力分析

企业资本经营盈利能力分析是对股东投入的资本即企业净资产进行的盈利能力的分析，它表明的是公司股东权益投入所获得的投资回报，典型的分析指标是净资产收益率，它是反映企业盈利能力的核心指标，直接反映了企业资本的增值能力。

4. 上市公司盈利能力分析

由上市公司自身特点所决定，其盈利能力除了可通过一般企业盈利能力的指标分析外，还可通过一些特殊的指标进行分析，特别是一些与企业股票价格或市场价值相关的指标分析，例如对每股收益、每股股利、市盈率、股利支付率、股利收益率等指标进行分析。

5.1.4 企业利润的构成

对企业盈利能力进行分析，首先必须对企业利润的构成进行较为深入的分析。根据我国最新会计准则，可将利润划分为以下三个层次。

1. 营业利润

营业利润是企业经营活动中营业收入与营业成本、费用、资产减值损失的差额加上公允价值

05

变动收益以及投资收益的总和，它既包括经营活动的经营成果，也包括经营活动中资产的价值变动损益。营业利润是一家企业未来发展的根本存在，通常来说，营业利润越大的企业，效益越好。

营业利润的计算公式如下。

营业利润=营业收入-营业成本-税金及附加-销售费用-管理费用-研发费用-财务费用+其他收益
+投资收益（-投资损失）+净敞口套期收益（-净敞口套期损失）+公允价值变动收益
（-公允价值变动损失）-信用减值损失-资产减值损失+资产处置收益（-资产处置损失）

2. 利润总额

利润总额是反映企业全部财务成果的指标，也称税前利润，它是营业利润与营业外收支净额之和。其计算公式如下。

利润总额=营业利润+营业外收入-营业外支出

3. 净利润

净利润是指企业所有者最终取得的财务成果，或可供企业所有者分配、使用的财务成果，是企业在缴纳企业所得税费用之后剩余的利润。其计算公式如下。

净利润=利润总额-所得税费用

5.2 企业生产经营盈利能力分析

5.2.1 收入利润率指标分析

以营业收入为基础的盈利能力衡量指标笼统地表示为利润与营业收入的比例关系，通常用销售利润率表示，其计算公式如下。

$$销售利润率=\frac{利润}{营业收入}\times100\%$$

利润是一个较为笼统的概念，一般是指收入扣除费用后的剩余，扣除的费用项目范围不同，会得出不同含义的利润。利润依据扣除费用项目范围不同，划分为毛利率、营业利润、息税前利润、利润总额、税后利润等。根据不同的利润，可以计算出不同的销售利润率，它们有着不同的经济意义。

反映销售利润率的指标主要有销售毛利率、息税前利润率、营业利润率、销售净利润率等。不同的销售利润率，其内涵不同，揭示的收入与利润关系不同，在分析评价中的作用也不同。

（1）销售毛利率，指营业收入与营业成本的差额与营业收入的比率。其计算公式如下。

$$销售毛利率=\frac{销售毛利}{营业收入}\times100\%=\frac{营业收入-营业成本}{营业收入}\times100\%$$

（2）息税前利润率，指息税前利润与营业收入的比率，息税前利润是利润总额与利息费用之和。其计算公式如下。

$$息税前利润=\frac{息税前利润}{营业收入}\times100\%=\frac{利润总额+利息费用}{营业收入}\times100\%$$

（3）营业利润率，指营业利润与营业收入的比率。其计算公式如下。

$$营业利润率=\frac{营业利润}{营业收入}\times100\%$$

（4）销售净利率，指净利润与营业收入的比率。其计算公式如下。

$$销售净利率=\frac{净利润}{营业收入}\times100\%$$

销售利润率指标均为正指标，指标值越高越好。分析时应根据分析目的与要求，确定适当的标准值，例如行业平均值、全国平均值、公司目标值等。

【例 5-1】根据 M 石油公司财务报表的有关资料，计算该公司连续三年的销售净利率及其对比变动情况，有关数据如表 5-1 和表 5-2 所示。

表 5-1 　　　　　　　　　　　　M 石油公司利润表中的财务数据　　　　　　　　　　　单位：百万元

项目	本年	上年	规模变动情况		前年
			增减额	增减率（%）	
营业收入	2 195 296	2 003 843	191 453	9.55	1 465 415
营业成本	1 634 819	1 425 284	209 535	14.07	970 209
营业利润	165 431	184 517	-19 086	-10.34	193 086
利润总额	166 810	184 276	-17 466	-9.48	189 194
净利润	130 618	146 007	-15 389	-10.54	150 675
利息费用	21 602	13 775	7 827	56.82	9 909
息税前利润	188 412	198 051	-9 639	-4.87	199 103

表 5-2 　　　　　　　　　　　　　M 石油公司销售利润率分析表　　　　　　　　　　　　单位：%

项目	本年	上年	规模变动情况		前年
			增减额	增减率	
销售毛利率	25.53	28.87	-3.34	-11.57	33.79
息税前利润率	8.58	9.88	-1.30	-13.16	13.59
营业利润率	7.54	9.21	-1.67	-18.13	13.18
销售净利率	5.95	7.29	-1.34	-18.38	10.28

05

从表 5-2 可看出，M 石油公司本年各项销售利润率较前年和上年都有所下降，说明产品盈利能力降低。

此外，各销售利润率从不同角度或口径说明了公司的盈利情况。其中，绝对值下降最大的是销售毛利率，比上年降低了 3.34%。该指标可反映每百元营业收入扣除营业成本后，有多少钱可以用于补偿各项期间费用和形成盈利。销售毛利率是公司销售净利率的基础，如果销售毛利率低，表明该公司的盈利较差，所以，该指标值越大，表示盈利能力越强。根据表 5-3 可知，M 石油公司近 6 年销售毛利率呈下降趋势，说明公司将收益更多地用于补偿各项期间费用而导致盈利能力下降。还可在此基础上，进一步研究各销售利润率之间的关系，从而了解某利润率提高受其他利润率影响的状况。

表 5-3 　　　　　　　　　　　　　M 石油公司销售毛利率趋势分析表

项目	本年	上年	前年	2018 年	2017 年	2016 年
销售毛利率	25.53%	28.87%	33.79%	37.89%	36.17%	42.67%

5.2.2　成本费用利润率分析

反映成本费用利润率的指标有许多形式，主要形式有营业成本利润率、营业费用利润率、全部支出利润率等。

（1）营业成本利润率，指营业利润与营业成本的比率。其计算公式如下。

$$营业成本利润率=\frac{营业利润}{营业成本}\times100\%$$

（2）营业费用利润率，指营业利润与营业费用的比率。营业费用包括营业成本、税金及附加、期间费用和资产减值损失。期间费用包括销售费用、管理费用、财务费用等。其计算公式如下。

$$营业费用利润率=\frac{营业利润}{营业费用}\times100\%$$

（3）全部支出利润率，该指标可分为全部支出总利润率和全部支出净利润率两种形式。其计算公式如下。

$$全部支出总利润率=\frac{利润总额}{营业费用+营业外支出}\times100\%$$

$$全部支出净利润率=\frac{净利润}{营业费用+营业外支出}\times100\%$$

以上各种利润率指标反映了公司的投入产出水平，即所得与所费的比率，体现了利润是以降低成本及费用为基础的。这些指标的数值越高，表明生产和销售产品的每 1 元成本费用取得的利润越多，劳动耗费的效益越高；反之，则说明每耗费 1 元成本费用实现的利润越少，劳动耗费的效益越低。所以，成本费用利润率是综合反映公司成本效益的重要指标。

成本费用利润率也均为正指标，即指标值越高越好。分析评价时，可将各指标实际值与标准值进行对比。标准值可根据分析的目的与管理要求确定。

【例 5-2】根据 M 石油公司财务报表的有关资料，计算该公司近三年的成本费用利润率及其对比的变动情况，有关数据如表 5-4 和表 5-5 所示。

05

表 5-4　　　　　　　　　　M 石油公司利润表中财务数据　　　　　　　　　　单位：百万元

项目	本年	上年	规模变动情况		前年
			增减额	增减率（%）	
营业成本	1 634 819	1 425 284	209 535	14.70	970 209
营业费用	403 833	406 672	-2 839	-0.70	309 163
营业利润	165 431	184 517	-19 086	-10.34	193 086
营业外支出	10 199	9 721	478	4.92	8 054
利润总额	166 810	184 276	-17 466	-9.48	189 194
净利润	130 618	146 007	-15 389	-10.54	150 675

表 5-5　　　　　　　　　　M 石油公司成本费用利润率分析表　　　　　　　　　　单位：%

项目	本年	上年	规模变动情况		前年
			增减额	增减率	
营业成本利润率	10.12	12.95	-2.83	-21.85	19.90
营业费用利润率	40.97	45.37	-4.40	-9.70	62.45
全部支出总利润率	40.29	44.26	-3.97	-8.97	59.64
全部支出净利润率	31.55	35.06	-3.51	-10.01	47.50

从表 5-5 可以看出，M 石油公司本年成本费用利润率各项指标较前年和上年都有一定程度的

降低，说明公司利润的增长速度慢于成本费用的增长速度。从表 5-4 可以看出，该公司营业成本同比增幅较高，主要是由于公司 4 个板块业务成本大幅上升而导致利润总额下降。其主要原因：一是属于盈利支柱的上游板块油气量价齐升；二是炼油与化工板块整体大幅亏损超预期；三是勘探费用的增加以及人工和折旧费用的快速增长；四是天然气与管道板块经营受进口油气高位成本影响而亏损，其中销售进口天然气及液化天然气亏损约 419 亿元人民币。因此，该公司成本效益降低，盈利能力下降。

5.3　企业资产经营盈利能力分析

公司的资金来源有两大渠道：一是通过投资者投入，形成股东权益；二是从债权人那里借入，形成短期负债和长期负债。公司从外部取得的资金是有成本的，公司必须通过有效的投资获取超过资金成本的收益，才能在激烈的市场竞争中发展并盈利。对公司管理者而言，两种资金来源对于公司投资盈利发挥着同样的作用，所以，公司管理者对所有资产的投资盈利能力都非常关注。以资产为基础的盈利能力分析是从公司的整体经营角度来考察全部投入资产形成的收益的，称为资产投资报酬。

对公司高层经营管理者来说，运用公司的资产获得更好的投资报酬是他们的理想目标。反映资产盈利能力的指标主要是资产收益率。资产收益率是公司一定期限内投入的资产所实现的收益。由于公司资产存在多种形式，财务分析人员在设计资产相关的指标时应遵循重要性原则和成本效益原则以提高分析的效率和质量，所以，通常采用最主要的营运资产项目和类别作为资产收益率的代表。同时，我们还要考虑公司长期资本的盈利能力。因此，以资产为基础的盈利能力的具体衡量指标包括总资产收益率、流动资产收益率、固定资产收益率、投资收益率以及长期资本收益率 5 个方面。

5.3.1　总资产收益率

1．总资产收益率的计算

总资产收益率也称总资产报酬率，是公司一定时期内实现的收益总额与该时期公司平均总资产的比率。它是评价公司资产综合利用效果、公司总资产盈利能力以及公司经济效益的核心指标。其计算公式如下。

$$总资产收益率 = \frac{息税前利润}{平均总资产} \times 100\%$$

$$= \frac{利润总额 + 利息费用}{平均总资产} \times 100\%$$

总资产收益率高，说明公司资产的运用效率好，公司的资产盈利能力强，所以，这个比率越高越好。评价总资产收益率时，财务分析人员需要将其与公司前期的总资产收益率、同行业其他公司或先进公司的总资产收益率进行比较，进一步找出影响该指标的不利因素，便于公司经营者加强经营管理。

2．总资产收益率分析

为了便于深入分析总资产收益率，明确公司管理的重点和方向，可对总资产收益率的原始计算公式进行分解，具体过程如下。

$$总资产收益率 = \frac{息税前利润}{平均总资产} \times 100\%$$

$$= \left(\frac{营业收入}{平均总资产}\right) \times \left(\frac{息税前利润}{营业收入}\right) \times 100\%$$

$$= 总资产周转率 \times 息税前利润率$$

可见，影响总资产收益率的因素有两个。一是总资产周转率，作为反映公司资产营运能力的指标，可用于说明公司资产的运用效率，是公司资产经营效果的直接体现。总资产周转率与资产结构有关，资产结构影响公司的盈利能力。二是息税前利润率，该指标反映了公司产品的盈利能力，产品盈利能力越强，息税前利润率越高。总之，资产运用效率越高，资产周转率越快，息税前利润率就越高，总资产收益率也越高；反之，总资产收益率就越低。通过该公式可以对总资产收益率变化的具体原因进行分析。

【例 5-3】根据 M 石油公司财务报表的有关资料，计算该公司近三年的总资产收益率及其对比的变动情况，有关数据如表 5-6 所示。

表 5-6　　　　　　　　　　　M 石油公司总资产收益率分析　　　　　　　　　　　单位：百万元

项目	本年	上年	规模变动情况		前年
			增减额	增减率（%）	
息税前利润	188 412	198 051	-9 639	-4.87	199 103
平均总资产	2 043 183	1 786 948	256 235	14.34	1 553 555
总资产周转率（次数）	1.07	1.12	-0.05	-4.46	0.94
息税前利润率	8.58%	9.88%	-1.30%	-13.16	13.59%
总资产收益率*	9.22%	11.08%	-1.86%	-16.79	12.77%

*注：本数据计算采用公式直接计算，因息税前利润率和总资产周转率计算为近似值，因此会有误差。

根据表 5-6 的资料，可分析确定总资产周转率和息税前利润率变动对总资产收益率的影响。

分析对象：总资产收益率的变化 = 9.22% - 11.08% = -1.86%

因素分析如下。

（1）总资产周转率变动的影响 = (1.07 - 1.12) × 9.88% = -0.49%

（2）息税前利润率变动的影响 = (8.58% - 9.88%) × 1.07 = -1.39%

分析结果表明，M 石油公司本年总资产收益率比上年降低了 1.86%，主要是由于总资产周转速度的减慢和息税前利润率的降低，总资产周转速度的减慢使总资产收益率降低了 0.49%，息税前利润率的降低使总资产收益率降低了 1.39%。由此可见，要提高公司的总资产收益率，增强公司的盈利能力，要从提高公司的总资产周转率和息税前利润率两个方面努力。

3. 总资产净利率

总资产净利率也称资产报酬率（Return On Assets，ROA），是总资产收益率的另外一种形式，是指公司在一定时期内的净利润和平均总资产的比率。它是评价公司资产综合利用效果、公司总资产盈利能力以及公司经济效益的核心指标。其计算公式如下。

$$总资产净利率 = \frac{净利润}{平均总资产} \times 100\%$$

总资产净利率越高，说明公司利用全部资产的盈利能力越强。总资产净利率是影响净资产收益率（Return On Equity，ROE）最重要的指标，具有很强的综合性；而总资产净利率又取决于销售净利率和总资产周转率的高低。为了便于深入分析总资产净利率，明确公司管理的重点和方向，可对总资产净利率的原始计算公式进行分解，具体过程如下。

$$总资产净利率 = \frac{净利润}{平均总资产} \times 100\%$$

$$= \frac{净利润}{营业收入} \times \frac{营业收入}{平均总资产} \times 100\%$$

$$= 销售净利率 \times 总资产周转率$$

可见，影响总资产净利率的因素有两个：一是销售净利率，反映销售收入的收益水平，扩大销售收入、降低成本费用是提高企业销售利润率的根本途径，而扩大销售收入同时也是提高资产周转率的条件和途径；二是总资产周转率，总资产净利率越高，表明公司投入产出的水平越高，企业的资产营运越有效。通过该公式可以对总资产净利率变化的具体原因进行分析。

【例 5-4】根据 M 石油公司财务报表的有关资料，计算该公司近三年的总资产净利率及其对比的变动情况，有关数据如表 5-7 所示。

表 5-7　　　　　　　　　　　　M 石油公司总资产净利率分析

项目	本年	上年	规模变动情况		前年
			增减额	增减率（%）	
总资产周转率（次数）	1.07	1.12	−0.05	−4.46	0.94
销售净利率	5.95%	7.29%	−1.34%	−18.38	10.28%
总资产净利率	6.37%	8.17%	−1.80%	−22.03	9.70%

根据表 5-7 的资料，可分析确定销售净利率和总资产周转率变动对总资产净利率的影响。

分析对象：总资产净利率的变化 = 6.37% − 8.17% = −1.8%

因素分析如下。

（1）销售净利率变动的影响 = (5.95% − 7.29%) × 1.12 = −1.5%

（2）总资产周转率变动的影响 = (1.07 − 1.12) × 5.95% = −0.3%

分析结果表明，M 石油公司本年总资产净利率比上年降低了 1.8%，主要是由于销售净利率的降低和总资产周转速度的减慢，销售净利率的降低使总资产净利率降低了 1.5%，总资产周转速度的减慢使总资产净利率降低了 0.3%。由此可见，要提高公司的总资产净利率，增强公司的盈利能力，要从提高公司的销售净利率和总资产周转率两个方面努力。

5.3.2　流动资产收益率和固定资产收益率

1. 流动资产收益率和固定资产收益率的计算

（1）流动资产收益率是公司在一定期限内实现的收益额与该时期公司平均流动资产总额的比率，是反映公司流动资产运用效率的综合指标。其计算公式如下。

$$流动资产收益率 = \frac{利润总额（或净利润）}{平均流动资产总额} \times 100\%$$

式中，流动资产收益率可与流动资产周转率和销售利润率结合使用，分析后两个因素对流动资产收益率的影响。

（2）固定资产收益率是公司在一定期限内实现的收益额与该时期公司平均固定资产原值的比率，是反映公司固定资产利用效果的综合指标。其计算公式如下。

$$固定资产收益率 = \frac{利润总额（或净利润）}{平均固定资产原值} \times 100\%$$

式中，分母中的固定资产不包括在建工程。

固定资产原值代表公司的生产能力规模，不考虑折旧，排除固定资产新旧程度对固定资产利用效果的影响。而固定资产净值代表固定资产占用的实际资金量，若要考核这部分资金的利用效果，分母可以采用平均固定资产净值。

财务分析人员在评价公司固定资产的利用效果时，也可把未用固定资产剔除，计算在用固定资产收益率，以便更全面地反映公司生产经营环节的质量和效果。其计算公式如下。

$$在用固定资产收益率 = \frac{利润总额（或净利润）}{平均在用固定资产原值} \times 100\%$$

$$固定资产收益率 = 固定资产使用率 \times 在用固定资产收益率$$

$$固定资产使用率 = \frac{在用固定资产原值}{全部固定资产原值} \times 100\%$$

2. 流动资产收益率和固定资产收益率分析

流动资产收益率和固定资产收益率可以比照总资产收益率进行分析。但对于固定资产收益率的分析有以下几点需要注意。

（1）并不是所有公司都需要进行固定资产收益率的分析。对于技术密集型公司和资金密集型公司来说，考核固定资产收益率的意义比较大。但是，对于劳动密集型公司，或公司存在设备陈旧，甚至是设备超期服役的情况时，考核固定资产收益率就没有太大意义。

（2）固定资产收益率没有绝对的判断标准。单项固定资产收益率指标不足以说明固定资产的利用效果，一般通过与公司历史水平相比较，进行趋势分析。因为种类、数量、使用时间均基本相似的机器设备和厂房几乎不存在，即难以找到外部可以借鉴的标准公司和标准比率，所以，对该指标进行同行业公司比较分析的意义不大。

5.3.3 投资收益率

1. 投资收益率的计算

投资收益率可以从以下两个方面进行衡量。

（1）投资收益率是指公司在一定期限内实现的对外投资收益与平均对外投资总额的比率，用于衡量公司对外投资的收益水平。其计算公式如下。

$$投资收益率 = \frac{投资净收益}{平均对外投资总额} \times 100\%$$

式中，分子投资净收益数据来自利润表"投资收益"项目。需要说明的是，公司利润表中"投资收益"的主要来源包括长期股权投资、交易性金融资产、持有至到期投资、可供出售金融资产持有期间取得的投资收益以及出售该资产取得的投资收益。公司持有的交易性金融资产主要是出于资产保值目的的，并不是真正意义上的投资，从理论上讲，应该从"投资收益"项目中扣除，但由于外部报表使用者无法获得公司持有交易性金融资产所取得的投资收益或投资损失的数据，所以，上式分子中的投资净收益直接取自利润表中的"投资收益"项目。分母为公司资产负债表中长期股权投资、交易性金融资产、持有至到期投资以及可供出售金融资产的年初数与年末数的平均值。

（2）投资收益率是投资中心在一定期限内所获得的部门边际贡献与该部门所拥有的资产总额的比率，是最常见的公司内部考核投资中心业绩的指标。其计算公式如下。

$$投资收益率 = \frac{部门边际贡献}{该部门拥有的资产总额} \times 100\%$$

用投资收益率来评价投资中心业绩具有以下优点：它是根据现有的会计资料计算的，比较客观，可用于部门之间以及不同行业的公司之间的比较；用该指标来评价每个部门的业绩，有助于提高各部门及公司的投资成果。

2. 投资收益率分析

进行投资收益率分析时，通常可以将投资收益率与总资产收益率进行比较。如果投资收益率低于总资产收益率，并且对公司的投资战略不产生影响，则对外投资是不划算的。这也是公司是否进行对外投资的一个重要参考依据。

分析投资中心的投资收益率时，可以将其分解为投资周转率和部门边际贡献率两者的乘积，并可进一步将资产和收支项目细分，从而对整个部门经营状况做出评价。不过，使用该指标进行分析也存在明显的不足：部门经理会放弃高于资金成本而低于目前部门投资收益率的机会，或者减少现有的投资收益率较低但高于资金成本的某些资产，以提高部门业绩。

5.3.4　长期资本收益率

1. 长期资本收益率的计算

长期资本收益率是从长期、稳定的资本投入角度评价该部分资本的回报情况的。它是收益总额与长期资本平均占用额之比，可以说明公司运用长期资本赚取利润的能力。其计算公式如下。

$$长期资本收益率 = \frac{收益总额}{平均长期负债 + 平均所有者权益} \times 100\%$$

该式可以理解为运用每百元长期资金可以赚取多少利润，能够体现出公司吸引未来资金提供者的能力。该比率从长期债权人和公司所有者所提供的长期资金的角度来考虑，以此衡量公司的盈利能力。运用该指标时需要注意：由于分母没有包含短期负债，分子中就应将其对应的短期利息扣除，从而使收益能够确切地反映长期资本的所得。分子收益总额采用息税前利润与短期利息的差额，或者采用税前利润与长期资本利息的总和。但是，对于外部报表使用者而言，由于资料获取的局限性，只能采用税前利润加长期资本利息，其中长期资本利息可通过报表附注直接或间接获取。长期资本收益率采用了税前利润加长期资本利息的收益概念，尽可能地剔除了资本结构对长期资本收益率的影响，使各个行业的公司之间具有一定的可比性。

2. 长期资本收益率分析

与总资产收益率的分析相似，长期资本收益率也可采用因素分析法、趋势分析法和同业比较分析法进行更为深入的分析。

5.4　企业资本经营盈利能力分析

5.4.1　净资产收益率

对于投资者而言，投资报酬是他们投入权益资本获得的回报。衡量股东投资报酬的财务指标主要是净资产收益率（Return On Equity，ROE），即公司本期净利润与平均股东权益（平均净资产）之比，表明公司股东权益投入所获得的投资报酬。其计算公式如下。

$$净资产收益率 = \frac{净利润}{平均股东权益} \times 100\%$$

式中，净利润是指公司当期税后利润；平均股东权益（净资产）是指公司资产减去负债后的余额，也就是资产负债表中的股东权益部分。对于平均股东权益有以下4种不同的选择。

（1）使用股东权益的期初与期末平均值计算净资产收益率。该指标强调经营期间净资产赚取利润的结果，是一个动态指标，说明经营者在经营期间利用单位净资产为公司新创造多少利润。该指标有助于公司利益相关者对公司未来的盈利能力做出正确判断。另外，该指标反映了过去一年的综合管理水平，对评价公司经营者业绩、总结过去以及进行经营决策意义重大。

（2）使用期末股东权益计算净资产收益率。该指标强调年末状况，是一个静态指标，说明期末单位净资产实现经营净利润的能力，能够很好地说明未来股票价值状况，当公司发行股票或进行股票交易时对确定股票的价格至关重要，适用于股东对公司股票交易价格做出判断，向股东披露会计信息时应采用该方法。

（3）上市公司按我国企业会计准则编制财务数据时，可以根据归属于母公司股东净利润与归属于母公司平均股东权益的比率计算加权平均净资产收益率。其计算公式如下。

$$加权平均净资产收益率 = \frac{归属于母公司股东净利润}{归属于母公司平均股东权益} \times 100\%$$

（4）上市公司按国际财务报告准则编制财务数据时，可以根据归属于母公司股东净利润与归属于母公司股东权益的比率计算净资产收益率。其计算公式如下。

$$净资产收益率 = \frac{归属于母公司股东净利润}{归属于母公司股东权益} \times 100\%$$

净资产收益率是反映公司盈利能力的核心指标。因为公司的根本目的是股东权益或股东价值最大化，而净资产收益率既可直接反映资本的增值能力，又可反映公司股东价值的大小。该指标越高，则表明公司的盈利能力越好。评价标准通常包括社会平均利润率、行业平均利润率、资本成本率等。

【例 5-5】根据 M 石油公司财务报表的有关资料，试对 M 石油公司连续三年的净资产收益率进行趋势分析，有关数据如表 5-8 所示。

表 5-8　　　　　　　　　　　M 石油公司净资产收益率趋势分析表　　　　　　　　　　单位：百万元

项目	本年	上年	前年
净利润	130 618	146 007	150 675
平均股东权益	113 166	1 046 334	959 106
净资产收益率[①]（%）	11.54	13.95	15.71
归属于母公司股东净利润	115 323	132 984	139 871
归属于母公司股东权益	1 064 147	1 002 885	939 043
净资产收益率[②]（%）	10.84	13.26	14.90
归属于母公司平均股东权益	1 033 516	970 964	893 413
加权平均净资产收益率[③]（%）	11.16	13.70	15.66

注：① 按照公式：$净资产收益率 = \frac{净利润}{平均股东权益} \times 100\%$ 计算。

② 按照公式：$净资产收益率 = \frac{归属于母公司股东净利润}{归属于母公司股东权益} \times 100\%$ 计算。

③ 按照公式：$加权平均净资产收益率 = \frac{归属于母公司股东净利润}{归属于母公司平均股东权益} \times 100\%$ 计算。以下内容是根据该公式计算出的数据进行的分析。

根据表 5-8 可知，M 石油公司近三年净资产收益率基本呈下降趋势，说明公司投资报酬率逐渐下降，公司经营者在经营期间利用单位净资产为公司新创造利润的能力有所下降，公司的盈利能力有所降低。与前年相比，本年和上年的净资产收益率分别降低了 28.74%[（11.16-15.66）/15.66=28.74] 和 12.52%[（13.7-15.66）/15.66=12.52]，表明 M 石油公司本年的盈利能力下降幅度较大。

5.4.2 净资产收益率的因素分析

影响净资产收益率的因素主要有总资产收益率、负债利息率、资本结构或负债与股东权益之比和所得税税率。

（1）总资产收益率。净资产是公司全部资产的一部分，因此，净资产收益率必然受公司总资产收益率的影响。在负债利息率和资本构成等条件不变的情况下，总资产收益率越高，净资产收益率就越高。

（2）负债利息率。负债利息率之所以影响净资产收益率，是因为在资本结构一定的情况下，当负债利息率变动使总资产收益率高于负债利息率时，将对净资产收益率产生有利影响；反之，在总资产收益率低于负债利息率时，将对净资产收益率产生不利影响。

（3）资本结构或负债与股东权益之比。当总资产收益率高于负债利息率时，提高负债与股东权益之比将使净资产收益率提高；反之，降低负债与股东权益之比将使净资产收益率降低。

（4）所得税税率。因为净资产收益率的分子是净利润，即税后利润，所以，所得税税率的变动必然引起净资产收益率的变动。通常，所得税税率提高，净资产收益率下降；反之，净资产收益率上升。

下式可反映出净资产收益率与各影响因素之间的关系。

$$净资产收益率=\left[总资产收益率+（总资产收益率-负债利息率）\times\frac{负债}{平均股东权益}\right]\times（1-所得税税率）$$

上式明确了净资产收益率与其影响因素之间的关系，运用连环替代法或差额计算法可分析各因素变动对净资产收益率的影响。

【例 5-6】根据 M 石油公司财务报表的有关资料，计算该公司近三年的净资产收益率及其对比的变动情况，有关数据如表 5-9 所示。

表 5-9　　　　　　　　　　M 石油公司净资产收益率因素分析表

项目	本年	上年	增加变动情况		前年
			增减额	增减率	
总资产收益率	9.22%	11.08%	-1.86%	-16.79%	12.82%
负债利息率[①]	2.19%	1.65%	0.54%	32.73%	1.53%
负债/平均股东权益	1.08	1.13	-0.05	-4.42%	1.10
所得税税率[②]	25%	25%	—	—	25%
净资产收益率[③]	12.61%	16.30%	-3.69%	-22.65%	18.93%

注：① 负债利息率按利息费用/负债×100% 计算。

② 上年和本年的所得税税率均按照 25% 执行。

③ 净资产收益率按照以下公式计算。

$$净资产收益率=\left[总资产收益率+（总资产收益率-负债利息率）\times\frac{负债}{平均股东权益}\right]\times（1-所得税税率）$$

根据表 5-9 的资料，运用因素分析法可分析确定总资产收益率、负债利息率、资本结构或负债与股东权益之比、所得税税率变动对净资产收益率的影响。

分析对象：净资产收益率的变动=12.61%-16.30%=-3.69%

运用连环替代分析法计算过程如下。

上年净资产收益率=$[11.08\% + (11.08\% - 1.65\%) \times 1.13] \times (1 - 25\%) = 16.30\%$

第一次替代：$[9.22\% + (9.22\% - 1.65\%) \times 1.13] \times (1 - 25\%) = 13.33\%$

第二次替代：$[9.22\% + (9.22\% - 2.19\%) \times 1.13] \times (1 - 25\%) = 12.87\%$

第三次替代：$[9.22\% + (9.22\% - 2.19\%) \times 1.08] \times (1 - 25\%) = 12.61\%$

本年净资产=$[9.22\% + (9.22\% - 2.19\%) \times 1.08] \times (1 - 25\%) = 12.61\%$

因此，总资产收益率变动的影响为：$13.33 - 16.30 = -2.97\%$

负债利息率变动的影响为：$12.87\% - 13.33\% = -0.46\%$

资本结构或负债与股东权益之比变动的影响为：$12.61\% - 12.87\% = -0.26\%$

可见，总资产收益降低、公司负债筹资本上升以及负债与股东权益之比降低，使 M 石油公司本年净资产收益率较上年降低了 3.69%。

5.5　上市公司盈利能力分析

上市公司公开披露的财务信息较多，投资者在进行企业获利能力分析时，应着重分析每股收益、市盈率、市净率等指标。

1．每股收益

每股收益是指本年普通股净收益与年末普通股股数的比值。其计算公式如下。

$$每股收益 = \frac{净利润 - 优先股股息}{年末普通股股数}$$

每股收益是衡量上市公司盈利能力基本的和核心的指标，该指标具有引导投资、增加市场评价功能，反映普通股的获利水平。在分析时，可以进行公司间的比较，以评价该公司的相对盈利能力；可以进行不同时期的比较，了解该公司盈利能力的变化趋势；可以进行经营实绩和盈利预测的比较，了解该公司的管理能力。

但在使用每股收益时要注意以下问题。

（1）每股收益不能反映股票所含有的风险。例如，某公司原来经营日用品的产销，最近转向房地产投资，公司的经营风险提高了，每股收益可能不变甚至提高了，但不能反映出风险增加了。

（2）在对每股收益进行公司间比较时要注意：不同股票的每股价值在经济上不一定等量，它们所含有的净资产和市价即每股收益的投入量不一定相同。

（3）每股收益越多，不一定意味着分红越多，还要看公司股利分配政策。

【例 5-7】A 公司是一个上市公司，本年利润分配和年末股东权益的有关资料如表 5-10 所示。该公司当年净利润为 1 500 万元，发行在外的普通股为 2 500 万股。

表 5–10	A 公司有关资料表	单位：万元
本年利润分配资料：		
净利润		1 500
加：年初可分配利润		600
可分配利润		2 100
减：提取法定盈余公积金		225
可供股东分配的利润		1 875
减：已分配优先股股利		0
提取任意盈余公积		75
已分配普通股股利		1 000
未分配利润		800
年末股东权益资料：		
股本（每股面值 1 元，市价 6 元）		2 500
资本公积		2 600
盈余公积		1 400
未分配利润		800
所有者权益合计		7 300

05

A 公司每股收益=1 500÷2 500=0.6（元/股）

2. 市盈率

市盈率是指普通股每股市价与普通股每股收益的比率。其计算公式如下。

$$市盈率（倍数）=\frac{普通股每股市价}{普通股每股收益}$$

市盈率是人们普遍关注的指标，市盈率反映投资人对每一元净利润所愿意支付的价格，可以用来估计股票的投资报酬和风险。它是市场对公司的共同期望指标，市盈率越高，表明市场对公司的未来越看好，同时表明投资风险越大。市盈率低，表明投资者能够以较低价格购入股票以获得回报，但该指标不能用于不同行业公司比较，充满扩展机会的新兴行业的企业的市盈率普遍较高，而成熟工业的企业的市盈率普遍较低，这并不说明后者的股票没有投资价值。

由于一般的期望报酬率为 5%～20%，所以正常的市盈率为 5～20。

【例 5-8】续【例 5-7】，A 公司的普通股每股收益为 0.6 元，每股市价为 6 元，则：

A 公司市盈率=6÷0.6=10

3. 市净率

市净率是每股股价与每股净资产的比率。其计算公式如下。

$$市净率 = \frac{每股市价}{每股净资产}$$

【例 5-9】续【例 5-7】，假设 A 公司股票当前市价为 15.1 元/股，其每股净资产为 2.92 元/股（7300/2500）则：

A 公司市净率 = 15.1 ÷ 2.92 = 5.17

市净率可用于投资分析，一般来说市净率较低的股票，投资价值较高；相反，则投资价值较低。但在判断投资价值时还要考虑当时的市场环境以及公司经营情况、盈利能力等因素。

任务实施

与主要竞争对手 B 白酒公司相比，A 白酒公司年销售额约为 80 亿元，B 白酒公司约为 82 亿元，差距并不大，但是 A 白酒公司约 18 亿元的利润和 B 白酒公司 38 亿元的利润相差了近 20 亿元。A 白酒公司和 B 白酒公司利润的差距主要是两家公司一贯的营销模式不同所致。A 白酒公司的产品只有不到一半由上市公司控股的供销公司进行销售，另一半由集团控股的进出口公司销售，这个一半是指销售额而不是销售量，从银基控股能拿到较低进货价格的情况看，集团销售量可能远大于一半。而 B 白酒公司无论是进出口公司还是销售公司都在上市公司的控股下，即使是集团也需要从销售公司购买，这样保证了绝大部分的销售收入和利润能都能反映在上市公司的财务报表中。B 白酒公司上年年报显示，公司毛利率高达 82.03%，其中占公司 81.21% 收入的高度白酒毛利率为 84.84%。而 A 白酒公司的毛利率仅为 54.69%。

另外，A 白酒公司长期以来一直不太重视自有销售渠道的开发与建设，而是以让利于经销商的形式来获得销售收入的支持。而 B 白酒公司则始终把定价权牢牢抓在手里，经销商只是自身销售渠道上的一环，盈利空间有限。A 白酒公司前五名经销商的销售额是 59.87 亿元，占到总销售收入的 75.47%；而 B 白酒公司前五位经销商的销售收入不足 4.8 亿元，占总销售收入的 5.79%。

高额销售收入却没能获得足够高的销售利润，A 白酒公司利润的"后门"就在给经销商的让利中被打开。

小结

盈利能力是指公司赚取利润的能力，反映公司的资本增值能力。盈利能力分别是评估公司价值、判断公司偿债能力及公司风险、评价管理绩效的基础，在财务报表分析中处于核心和统御性地位。盈利能力分析就是从各个方面对公司赚取利润的能力进行定量分析和定性分析。由于盈利质量影响着对盈利能力的判断，同样金额或比率的盈利能力并不意味着实际盈利能力相同，盈利结构与会计因素的影响，可能使实际盈利能力差距变得很大，因此在分析公司盈利能力时一定要进行质量分析。

盈利能力分析包括以营业收入和营业成本费用为基础的盈利能力分析、以资产为基础的盈利能力分析、以权益资本为基础的盈利能力分析和上市公司特有的盈利能力分析。以营业收入和营业成本费用为基础的盈利能力分析包括销售利润率分析和成本费用利润率分析；以资产为基础的盈利能力分析包括总资产收益率分析、流动资产收益率和固定资产收益率分析、投资收益率分析以及长期资本收益率分析；以权益资本为基础的盈利能力分析主要指净资产收益率分析。

习题与实训

一、单项选择题

1. 不影响销售毛利率变化的因素是（　　　）。

　　A. 产品销售数量　　　B. 产品售价　　　　C. 生产成本　　　　D. 产品销售结构

2. 销售净利润的计算公式中，分子是（　　　）。

　　A. 净利润　　　　　　B. 利润总额　　　　C. 营业利润　　　　D. 息税前利润

3. 公司今年的销售毛利率与去年基本一致，而销售净利润却有较大幅度下降，最有可能的原因是（　　　）。

　　A. 期间费用上升　　　　　　　　　　B. 主营业务收入上升

　　C. 主营业务成本上升　　　　　　　　D. 其他业务利润下降

4. 以下可以作为获取收入、实现利润的首要因素是（　　　）。

　　A. 销售价格　　　　　B. 销售数量　　　　C. 品种结构　　　　D. 销售成本

5. 总资产收益率中的收益是指（　　　）。

　　A. 税前利润　　　　　B. 税后利润　　　　C. 息税前利润　　　　D. 营业利润

6. 为尽可能剔除资本结构对长期资本收益率的影响，计算长期资本收益率时，分子应使用（　　　）。

　　A. 税前利润加全部利息　　　　　　　B. 税前利润加长期资本利息

　　C. 税前利润　　　　　　　　　　　　D. 税后利润

7. 不影响净资产收益率指标的是（　　　）。

　　A. 权益乘数　　　　　B. 销售净利率　　　C. 资产周转率　　　　D. 收益留存比例

8. 收益能够反映（　　　）。

　　A. 资金的供应能力　　B. 股票所含的风险　　C. 股东的投资报酬　　D. 公司的投资报酬

9. 当财务杠杆系数不变时，净资产收益率的变动率取决于（　　　）。

　　A. 资产收益率的变动率　　　　　　　B. 销售净资产的变动率

　　C. 资产净利润率的变动率　　　　　　D. 总资产周转率的变动率

10. 某企业营业利润为 100 万元，营业外收支净额为 20 万元，利息费用为 10 万元，当年的资产负债率为 50%，总资产平均余额为 2 000 万元，负债由短期负债和长期负债构成，其中长期负债占 80%，则该企业的长期资本报酬率为（　　　）。

　　A. 5.56%　　　　　　B. 6%　　　　　　　C. 6.67%　　　　　　D. 7.22%

二、多项选择题

1. 公司的短期债权人进行盈利能力分析的目的是了解（　　　）。

　　A. 所投资净资产的增值程度　　　　　B. 公司本期的盈利能力

　　C. 盈利能力的稳定持久性　　　　　　D. 盈利情况下的现金支付能力

　　E. 盈利能力

2. 基本财务比率分析中用到的利润只包括公司正常经营活动赚取的利润，必须剔除非正常因素对利润的影响。这些非正常因素主要有（　　　）。

    A. 营业收入   B. 非正常或非经常项目

    C. 已经或将要停止经营的项目   D. 非常项目

    E. 会计准则和财务制度变更带来的累计影响

3. 影响销售净利润变化的因素主要有（　　　）。

    A. 销售数量   B. 销售价格   C. 单位生产成本

    D. 销售品种结构   E. 期间费用

4. 反映股东投资报酬的财务指标有（　　　）。

    A. 资产收益率   B. 长期资本收益率   C. 净资产收益率

    D. 每股收益   E. 资产负债率

5. 息税前利润是总资产收益率的正面影响因素，对其进行分析的内容包括（　　　）。

    A. 息税前利润总额   B. 息税前利润的构成

    C. 息税前利润的稳定性   D. 营业利润

    E. 税后利润

三、判断题

1. 盈利能力分析中采用的利润指标就是利润表中的利润总额。　　　　　　　　　　（　　）

2. 反映公司销售收入盈利能力的指标销售利润率，其计算公式的分子和分母之间必须具有内在的逻辑关系。　　　　　　　　　　　　　　　　　　　　　　　　　　　　　　（　　）

3. 在进行销售净利率的影响因素分析时，不考虑营业税金的影响，说明其不重要。（　　）

4. 成本费用相对于收入而言，是公司增强盈利能力的更为可控的关键因素。　　　（　　）

5. 某公司上年的销售净利率为 5.73%，资产周转率为 2.17 次；本年的销售净利率为 4.88%，资产周转率为 2.88 次。若两年的资产负债率相同，则本年的净资产收益率与上年相比，表现为上升。　　　　　　　　　　　　　　　　　　　　　　　　　　　　　　　　　（　　）

6. 仅分析一年的总资产收益率不足以对公司资产的投资报酬做出全面评价。　　　（　　）

7. 某公司本年与上年相比销售收入增长 10%，净利润增长 8%，资产总额增加 12%，负债比率增加 9%，可以判断该公司净资产收益率比上年提高了。　　　　　　　　　　　　（　　）

8. 从股东的立场来看，当资产收益率高于负债利息率时，负债比例越小越好；否则，负债比例越大越好。　　　　　　　　　　　　　　　　　　　　　　　　　　　　　　　（　　）

四、计算分析题

某公司本年销售收入为 144 万元，税后净利润为 14.4 万元，资产总额为 90 万元，负债总额为 27 万元。

要求：计算总资产周转率、总资产净利率、权益乘数、净资产收益率（计算结果保留 4 位小数，资产负债表数据均使用期末数）。

五、实训

企业盈利能力分析

目的：熟悉企业盈利能力相关指标，正确分析企业盈利能力。

要求：搜集某上市公司近四年财务报表及其他信息资料，计算其近三年盈利能力相关指标，包括销售毛利率、息税前利润率、营业利润率、销售净利率、营业成本利润率、营业费用利润率、全部支出总利润率、全部支出净利润率、总资产周转率、息税前利润率、总资产收益率、流动资产收益率、固定资产收益率、投资收益率、长期资本收益率、净资产收益率等，并结合行业现状对其进行分析。

实施：

1. 将学生进行分组，每 4 人一组，确定每组负责人。
2. 搜集上市公司财务报表及其他信息资料。
3. 计算相关指标，撰写财务分析报告。

05

任务六

分析企业发展能力

学习目标 ↓

【知识目标】

1. 了解企业发展能力的含义。
2. 熟悉发展能力分析的意义和内容。
3. 掌握企业单项发展能力分析常用指标的含义。

【能力目标】

1. 掌握企业单项发展能力分析常用指标的计算及分析方法。
2. 理解企业整体发展能力分析的思路及应用。

【思政目标】

1. 树立命运共同体理念。
2. 树立可持续发展、科学发展理念。

任务导入 ↓

陈华是一名即将毕业的会计专业大学生，他在信诚会计师事务所进行毕业实习。陈华的毕业实习指导老师王欣给陈华布置了一项工作任务，要求陈华根据其提供的 H 公司财务报表，在三天内完成一项财务分析报告，以此来测试陈华对会计和财务管理知识的掌握程度以及运用理论知识解决实际问题的能力。

陈华接到任务后便开始认真研究 H 公司财务报表，决定从 H 公司的偿债能力、营运能力、获利能力、发展能力和杜邦财务分析体系等方面进行深入分析。在完成偿债能力、营运能力、获利能力分析后，陈华拟从销售增长能力、收益增长能力、股东权益增长能力和资产增长能力等方面分析 H 公司的发展能力。H 公司近四年相关财务数据如表 6-1 所示。

表 6-1　　　　　　　　　　　　　　H 公司近四年相关财务数据　　　　　　　　　　　　单位：万元

项目	大前年	前年	上年	本年
营业收入	27 321	33 145	39 876	47 378
营业利润	8 120	9 375	12 732	14 564
净利润	4 201	4 984	6 948	7 983
净资产	27 125	33 205	62 114	70 153
资产	42 873	58 320	81 935	118 764

请思考：究竟什么是企业的发展能力？企业的发展能力分析涉及的财务指标到底有哪些？

微课：认知企业发展
能力分析

6.1 发展能力分析概述

企业是一个以获利为目标的组织，其目标是股东利益最大化，企业的发展是其生存之本，也是获利之源。但事实证明，增长率达到最大化不一定代表股东利益及企业价值最大化，增长并不是一件非要达到最大化不可的事情。就大多数企业而言，保持适度的增长率，在财务上积蓄能量是非常必要的。总之，从财务角度来看，企业的发展必须具有可持续性的特征，即在不耗尽财务资源的情况下，企业财务具有增长的最大可能。

6.1.1 发展能力的含义

企业的发展能力通常是指企业未来生产经营活动的发展趋势和发展潜力，也称为增长能力。从形成来看，企业的发展能力主要是通过自身的生产经营活动，不断扩大积累而形成的，主要依托于不断增长的销售收入、不断增加的资金投入和不断创造的利润等。从结果来看，一个发展能力强的企业，能够不断为股东创造财富、增加企业价值。

传统的财务分析仅仅从静态角度出发来分析企业的财务状况与经营成果，也就是注重分析企业的偿债能力、营运能力和获利能力，这在日益激烈的市场竞争中显然不够全面、不够充分。其理由如下。

（1）企业价值在很大限度上取决于企业未来的获利能力，而不是企业过去或者目前所取得的收益情况。对于上市公司而言，股票价格固然受多种因素的制约和影响，但从长期发展来看，公司的未来发展趋势是决定公司股票价格上升的根本因素。

（2）发展能力反映了企业目标和财务目标，是企业偿债能力、营运能力和获利能力的综合体现。因此，无论是提高企业的资产营运效率，还是增强企业的风险控制能力和获利水平，都是为了企业未来更好地生存和发展以及提高企业的发展能力。

因此，要全面衡量一个企业的价值，不能仅从静态的角度分析财务状况与经营成果，更应该从动态的角度出发分析并预测企业的发展能力。

06

6.1.2 发展能力分析的意义

企业能否持续健康发展对股东、潜在投资者、经营者和债权人等利益相关者至关重要，因此有必要对企业的发展能力进行深入分析。从股东、潜在投资者、经营者和债权人角度来看，发展能力分析的意义是不相同的。

对于股东而言，其可以通过发展能力分析可以衡量企业创造股东价值的程度，为采取下一步战略行动指明方向。

对于潜在投资者而言，其可以通过发展能力分析评价企业的成长性，为做出正确的投资决策寻求依据。

对于经营者而言，其可以通过发展能力分析发现影响企业未来发展的关键因素，为形成正确的经营策略和财务策略奠定基础。

对于债权人而言，其可以通过发展能力分析判断企业未来获利能力，为做出正确的信贷决策提供依据。

6.1.3 发展能力分析的内容

与获利能力一样，企业发展能力同样是一个相对的概念，在实际分析过程中通常采用增长率来反映企业的发展能力。当然，企业不同方面的增长率之间存在相互作用、相互影响的关系，因此只有将各个方面的增长率加以比较，才能全面分析企业的整体发展能力。

1. 企业单项发展能力分析

企业价值要获得增长，就必须依赖销售收入、收益、股东权益和资产等方面的不断增长。企业单项发展能力分析就是通过计算和分析销售收入增长能力指标（简称"销售增长能力指标"）、收益增长能力指标、股东权益增长能力指标和资产增长能力指标，分别衡量企业在销售收入、收益、股东权益、资产等方面的发展能力，并对其在销售收入、收益、股东权益、资产等方面的发展趋势进行评估。

2. 企业整体发展能力分析

企业要获得可持续发展，就必须在销售收入、收益、股东权益和资产等方面谋求协调发展。企业整体发展能力分析就是通过对销售增长能力指标、收益增长能力指标、股东权益增长能力指标和资产增长能力指标进行相互比较与全面分析，总体判断企业的整体发展能力。

6.2 企业单项发展能力分析

6.2.1 销售增长能力分析

通常衡量销售增长情况的指标是销售增长率。

1. 销售增长率的含义与计算公式

不断增长的销售收入，是企业生存的基础和发展的条件。因此，在各种反映企业发展能力的财务指标中，销售增长率指标是最关键的。因为只有实现企业销售额的不断增长，企业的净利润增长率、股东权益增长率才有保证，企业的规模扩大才能建立在一个稳固的基础上。

销售增长率是指企业本期销售增长额与上期销售额的比率，反映销售额的增减变动情况，是评价企业成长状况和发展能力的重要指标。其计算公式如下。

$$销售增长率 = \frac{本期销售增长额}{上期销售额} \times 100\%$$

公式中，本期销售增长额是企业本期销售额与上期销售额的差额。其计算公式如下。

$$本期销售增长额 = 本期销售额 - 上期销售额$$

企业外部分析者计算销售增长率时，销售额可取营业收入数据。

需要说明的是，如果上期销售额为负值，则应取其绝对值代入公式进行计算。该公式反映的是企业一定期间内的整体销售增长情况。销售增长率为正值，则说明企业本期销售规模增加。销售增长率越大，则说明企业销售增长得越快，市场开拓和客户发展情况越好。销售增长率为负值，则说明企业销售规模减小，销售出现负增长，市场开拓和客户发展情况较差。

2. 销售增长率指标分析

对销售增长率指标也可以进行横向和纵向比较。从横向来说，将企业的销售增长率与同行业企业的平均水平或者先进水平进行对比；从纵向来说，将本期的销售增长率与企业前期水平进行比较。通过横向和纵向比较，分析形成差异的原因，进而找出改善营销管理的措施。

销售增长率分析还应结合销售增长的具体原因，即要弄清企业销售增长的来源，是因为销售了更多的产品或服务，或是提高了产品或服务的价格，还是销售了新的产品或服务。

在利用销售增长率来分析企业在销售方面的增长能力时，应该注意以下几点。

（1）要判断企业在销售方面是否具有良好的成长性，必须分析销售增长是否具有效益性。销售增长率高于资产增长率，这种增长才具有效益性。如果销售收入的增加主要依赖于资产的相应增加，也就是销售增长率低于资产增长率，则说明这种销售增长不具有效益性，同时也反映企业在销售方面可持续增长能力不强。

（2）销售增长率作为相对量指标，也存在受增长基数影响的问题。如果增长基数即上期销售收入特别少，即使本期销售收入出现较小幅度的增长，计算出的销售增长率数值也会比较大，不利于企业之间进行比较。因而，在分析过程中还需要使用销售收入增长额及三年销售平均增长率等指标进行综合判断。

三年销售平均增长率消除了销售收入短期波动而对销售增长率指标产生的影响，可以通过计算销售收入的长期变动趋势，来分析评价企业的发展能力。三年销售平均增长率指标能够表明企业销售收入连续三年的增长情况，反映了企业销售增长的长期趋势和稳定程度。其计算公式如下。

$$三年销售平均增长率=\left(\sqrt[3]{\frac{本年年末销售收入总额}{三年前年末销售收入}}-1\right)\times100\%$$

（3）可以利用某种产品销售增长率来观察企业产品的结构情况，进而分析企业的成长性。其计算公式如下。

$$某种产品销售增长率=\frac{某种产品本期销售收入-该产品上期销售收入}{该产品上期销售收入}\times100\%$$

根据产品生命周期理论，产品的生命周期一般可以划分为4个阶段。每种产品在不同阶段反映出的销售情况不同：在投放期，由于产品研究开发成功，刚刚投入正常生产，因此该阶段的产品销售规模较小，而且增长速度较慢，即某种产品销售增长率较小；在成长期，由于产品市场不断拓展，生产和销售规模不断增大，因此该阶段的产品销售增长较快，即某种产品销售增长率较快；在成熟期，由于市场已经基本饱和，销售较为稳定，因此该阶段的产品销售增长不会太快，即某种产品销售增长率较上期的变动不大；在衰退期，由于该产品的市场开始萎缩，因此该阶段的产品销售增长开始放慢速度甚至出现负增长，即某种产品销售增长率较上期变动非常小，甚至表现为负数。

根据这个原理，借助某种产品销售增长率指标，大致可以分析企业生产经营的产品所处的生命周期阶段，据此也可以判断企业的发展前景。对一个具有良好发展前景的企业来说，较为理想的产品结构是"成熟一代，生产一代，储备一代，开发一代"，对一个所有产品都处于成熟期或者衰退期的企业来说，其发展前景会使广大投资者产生怀疑。

【例6-1】根据本任务"任务导入"中H公司近四年相关财务数据，计算并分析H公司销售增长指标。

H公司销售增长率指标计算如下。

$$前年销售增长率=\frac{33\,145-27\,321}{27\,321}\times100\%=21.32\%$$

06

$$上年销售增长率=\frac{39\,876-33\,145}{33\,145}\times100\%=20.31\%$$

$$本年销售增长率=\frac{47\,378-39\,876}{39\,876}\times100\%=18.81\%$$

$$近三年销售平均增长率=\left(\sqrt[3]{\frac{47\,378}{27\,321}}-1\right)\times100\%=20.14\%$$

分析：从上述计算结果可以看出，H公司从2010年以来，连续三年的销售增长率都是正值，说明H公司连续三年的销售规模一直在增加，但其增长率水平还应与行业平均水平进行比较。另外，H公司销售增长率一直处在下降的趋势，这种趋势属于暂时性的还是持续性的有待进一步深入分析。

6.2.2 收益增长能力分析

一个企业的价值主要取决于其获利及增长能力，因此企业的收益增长是反映企业增长能力的重要方面。收益可表现为营业利润、净利润、利润总额等多种形式，因此相应的收益增长率也具有不同的表现形式。在实际中，通常使用营业利润增长率和净利润增长率这两个指标来分析企业的收益增长能力。

1. 收益增长能力指标的含义与计算公式

（1）营业利润增长率。一个企业如果利润增长了，但销售收入并未增长，也就是说其利润的增长并不是来自其营业活动，这样的增长是不可持续的，可能会随着时间的推移逐渐消失。因此，利用营业利润增长率可以较好地考察企业的成长性。

营业利润增长率是本期营业利润增长额与上期营业利润之比。其计算公式如下。

$$营业利润增长率=\frac{本期营业利润-上期营业利润}{上期营业利润}\times100\%$$

如果上期营业利润为负值，则应取其绝对值代入公式进行计算。该公式反映的是企业营业利润的增长情况。营业利润增长率为正数，说明企业本期利润增加，营业利润增长率越大，说明企业收益增长得越多；营业利润增长率为负数，说明本期利润减少，收益降低。

（2）净利润增长率。企业发展的内涵是企业价值的增长。企业价值表现为未来给企业带来现金流的能力。因此，可以用净利润的增长来近似代替价值的增长，以净利润增长来分析企业发展能力。

净利润增长率是本期净利润增加额与上期净利润之比。其计算公式如下。

$$净利润增长率=\frac{本期净利润-上期净利润}{上期净利润}\times100\%$$

如果上期净利润为负值，则应取其绝对值代入公式进行计算。该公式反映的是企业净利润增长情况。净利润增长率为正数，说明企业本期净利润增加，净利润增长率越大，说明企业收益增长得越多；净利润增长率为负数，说明企业本期净利润减少，收益降低。

2. 收益增长能力指标分析

（1）营业利润增长应结合销售增长率指标进行分析。如果企业的营业利润增长率高于销售增长率，则说明企业的产品正处于成长期，企业正在不断拓展业务，企业的获利能力不断增强；反之，则说明企业营业成本、税金及附加费、期间费用等成本的上升超过了销售收入的增长，说明企业的正常业务获利能力并不强，企业增长潜力值得怀疑。

（2）净利润增长率应结合营业利润增长率进行分析。如果企业的净利润主要来源于营业利润，则表明企业产品获利能力较强，具有良好的增长能力；反之，如果企业净利润不是主要来源于正常经营业务，而是来自营业外收入或者其他非正常项目，则说明企业的持续增长能力并不强。

（3）为了更正确地反映企业营业利润和净利润的增长趋势，应将企业连续多期的营业利润增长率和净利润增长率指标进行对比分析，这样可以排除个别时期偶然性或特殊性因素造成的影响，从而更加全面、真实地揭示企业营业利润和净利润的增长情况。

（4）净利润增长率虽然是发展能力的核心指标，但是净利润增长率不能代替企业的发展能力，这是因为企业的发展必然体现出净利润的增长，但二者并不一定同步，净利润的增长可能滞后于企业的发展，这就使得净利润增长率无法真正反映企业的发展能力。

【例 6-2】 根据本任务"任务导入"中 H 公司近四年相关财务数据，计算并分析 H 公司收益增长指标。

H 公司收益增长率指标计算如下。

$$前年营业利润增长率 = \frac{9\,375 - 8\,120}{8\,120} \times 100\% = 15.46\%$$

$$上年营业利润增长率 = \frac{12\,732 - 9\,375}{9\,375} \times 100\% = 35.81\%$$

$$本年营业利润增长率 = \frac{14\,564 - 12\,732}{12\,732} \times 100\% = 14.39\%$$

$$前年净利润增长率 = \frac{4\,984 - 4\,201}{4\,201} \times 100\% = 18.64\%$$

$$上年净利润增长率 = \frac{6\,948 - 4\,984}{4\,984} \times 100\% = 39.41\%$$

$$本年净利润增长率 = \frac{7\,983 - 6\,948}{6\,948} \times 100\% = 14.90\%$$

分析：从上述计算结果可以看出，H 公司从前年以来，连续三年的营业利润增长率和净利润增长率都为正值，说明 H 公司近三年的收益规模一直在增加，但其增长率水平还应与行业平均水平进行比较。另外，H 公司营业利润增长率和净利润增长率呈现先升后降的趋势，这种趋势属于暂时性的还是持续性的有待进一步深入分析。

比较营业利润增长率和销售增长率。除上年以外，H 公司前年、本年的营业利润增长率都分别低于当年的销售增长率，这说明 H 公司前年、本年这两年的营业成本、营业税金及附加费等成本的上升超过了销售收入的增长，营业活动的获利能力减弱。

比较营业利润增长率和净利润增长率。H 公司从前年以来，连续三年的净利润增长率都高于营业利润增长率，说明 H 公司这三年的期间费用或其他支出的增长速度低于营业利润的增长速度，H 公司的持续增长能力比较强。

6.2.3 股东权益增长能力分析

权益资本是企业的家底，是企业的净资产，它可为企业实现规模经营提供资金来源。评价企业股东权益增长能力的主要指标有：股东权益增长率、三年资本平均增长率。

06

1. 股东权益增长能力指标的含义与计算公式

（1）股东权益增长率也称资本积累率，是本期股东权益增加额与期初股东权益的比率，是企业当年股东权益总的增长率，反映企业股东权益当年的变动水平，体现了企业资本的积累情况，是企业发展强盛的标志，也是企业扩大再生产的源泉，展示了企业的发展潜力，是评价企业发展潜力的重要指标。其计算公式如下。

$$股东权益增长率=（期末股东权益-期初股东权益）/期初股东权益×100\%$$

股东权益增长率反映了投资者投入企业资本的保全性和增长性，该指标越高，表明企业的资本积累越多，企业资本保全性越强，应对风险和持续发展的能力越强。该指标如为负值，则表明企业资本受到侵蚀，所有者利益受到损害，应予以充分重视。

（2）三年资本平均增长率。股东权益增长率指标有一定的滞后性，仅反映当期情况。为反映企业资本保值增值的历史发展情况，了解企业的发展趋势，需要计算连续几年的资本积累情况。在实际中，使用三年资本平均增长率这一指标。其计算公式如下。

$$三年资本平均增长率=\left(\sqrt[3]{\frac{本年年末股东权益}{三年前年末股东权益}}-1\right)×100\%$$

该指标越高，表明企业股东权益得到的保障程度越大，企业可以长期使用的资金越充裕，抗风险和连续发展的能力越强。

利用该指标评价企业资本增长能力存在一定的局限性。因为其计算结果的高低只与两个因素有关，即本年年末股东权益和三年前年末股东权益，而中间两年的股东权益总额不影响该指标的高低。这样，只要两个企业两个年度的年末股东权益总额和三年前年度年末股东权益总额相同，就能得出相同的三年资本平均增长率，但是这两个企业的利润增长趋势可能并不一致。

2. 股东权益增长能力指标分析

为了正确判断和预测企业股东权益规模的发展趋势和发展水平，应将企业不同时期的股东权益增长率加以比较。因为一个持续增长型企业，其股东权益应该是不断增长的，如果时增时减，则反映出企业增长不稳定，同时也说明企业并不具备良好的发展能力。因此，仅仅计算和分析某个时期的股东权益增长率是不全面的，应利用趋势分析法将一个企业不同时期的股东权益增长率加以比较，从而正确评价企业的发展能力。

利用股东权益增长率和三年资本平均增长率这两个指标分析时应注意股东权益各类别的增长情况。实收资本的增长一般源于外部资金的进入，表明企业具备了进一步发展的基础，但不代表企业过去具有很强的发展能力和积累能力；留存收益的增长反映企业通过自身经营积累了发展后备资金，既反映了企业在过去经营中的发展能力，也反映了企业进一步发展的后劲。

【例6-3】根据本任务"任务导入"中H公司近四年相关财务数据，计算并分析H公司股东权益增长指标。

H公司股东权益增长指标计算如下。

$$前年股东权益增长率=\frac{33\ 205-27\ 125}{27\ 125}×100\%=22.41\%$$

$$上年股东权益增长率=\frac{62\ 114-33\ 205}{33\ 205}×100\%=87.06\%$$

$$本年股东权益增长率=\frac{70\ 153-62\ 114}{62\ 114}×100\%=12.94\%$$

$$近三年资本平均增长率=\left(\sqrt[3]{\frac{70\ 153}{27\ 125}}-1\right)\times100\%=37.26\%$$

分析：H公司自前年以来，连续三年的股东权益增长率一直为正值，说明H公司近三年的股东权益一直在增加，但其增长率水平还应与行业平均水平进行比较。另外，H公司股东权益增长率呈现先升后降的趋势，这种趋势属于暂时性的还是持续性的有待进一步深入分析。

比较股东权益增长率与净利润增长率。除本年以外，H公司前年、上年股东权益增长率均高于净利润增长率，说明H公司前年、上年的股东权益增长并不是来自生产经营活动创造的净利润，而是来自融资活动所带来的净投资，这种现象对公司而言会产生有利的还是不利的影响，应该根据具体情况分析。如果H公司资本收益超过资本成本，则可以通过增加资本投入增加企业价值；反之，增加资本投入可能会损害股东利益。

6.2.4　资产增长能力分析

资产是企业生产经营活动的物质条件，是企业用以取得收入的资源，也是企业偿还债务的基本保证。企业的资产规模与其经营规模是相适应的，资产规模扩大表明企业兴旺发达。通常情况下，发展能力强的企业能保证资产的稳定增长，因此资产的增长可用以表明企业的发展状况和发展能力。

评价企业资产增长能力的指标是总资产增长率、三年资产平均增长率和固定资产成新率。

1. 总资产增长率

总资产增长率是本年总资产增长额和年初总资产的比率。其计算公式如下。

$$总资产增长率=\frac{年末总资产-年初总资产}{年初总资产}\times100\%$$

总资产增长率指标从企业资产总量扩张方面衡量企业的发展能力，表明企业规模增长水平对企业发展后劲的影响。总资产增长率指标大于零，说明企业本年度资产增加了，生产经营规模扩大了。总资产增长率越高，说明企业本年内资产规模扩张的速度越快，获得规模效益的能力越强。但应注意资产规模扩张的质与量之间的关系以及企业的后续发展能力，避免盲目扩张。

要判断企业在总资产增长方面是否具有良好的成长性，财务分析人员需要对总资产增长的效益性进行分析。总资产增长率高并不意味着资产规模增长就适当，还必须结合销售增长指标和收益增长指标进行分析。

影响企业规模变化的因素主要有两个：一是企业对外举债而扩大规模；二是企业所有者权益增加而引起的企业规模扩大，包括企业实现盈利而增加企业资产，还包括企业吸收新的投资而使企业的规模扩大。引起企业规模扩大的具体原因，在评价总资产增长率指标时应予以考虑。

在分析时，财务分析人员需要注意企业发展策略、会计处理方法、历史成本原则等对总资产增长率的影响。另外，由于一些重要资产无法体现在资产总额中（例如人力资产、某些非专利技术），所以该指标无法反映企业真正的资产增长情况。

【例6-4】根据本任务"任务导入"中H公司近四年相关财务数据，计算并分析H公司总资产增长率。

H公司总资产增长率计算如下。

$$前年总资产增长率=\frac{58\ 320-42\ 873}{42\ 873}\times100\%=36.03\%$$

$$上年总资产增长率=\frac{81\ 935-58\ 320}{58\ 320}\times100\%=40.49\%$$

$$本年总资产增长率=\frac{118\,764-81\,935}{81\,935}\times100\%=44.95\%$$

分析：H公司自前年以来，连续三年的总资产增长率都为正值，说明H公司近三年的资产规模一直在扩大，但其增长率水平还应与行业平均水平进行比较。另外，H公司总资产增长率呈现上升的趋势，这种趋势说明企业规模扩张速度正在加快。

比较销售增长率和总资产增长率可以看出，近三年的销售增长率都分别低于这三年的总资产增长率，这说明H公司这三年的销售增长主要依赖于资产的追加投入，并没有取得相应的经济效益，因此反映出H公司的销售增长不具有效益性。再结合H公司连续三年销售增长率处于下降趋势的事实，可以判断H公司在销售方面不具备良好的成长性。

2. 三年资产平均增长率

与销售增长率一样，总资产增长率也存在受资产短期波动因素影响的缺陷，财务分析人员为弥补这一不足，同样可以计算三年资产平均增长率，以反映企业较长时期内的总资产增长情况。其计算公式如下。

$$三年资产平均增长率=\left(\sqrt[3]{\frac{本年年末资产总额}{三年前年末资产总额}}-1\right)\times100\%$$

三年资产平均增长率是反映企业发展能力的一个重要指标，该指标大于零，反映企业资产呈现增长趋势，企业有能力不断扩大生产规模，有较强的发展潜力。该指标越大，资产增长速度越快，企业发展趋势越强。

3. 固定资产成新率

固定资产成新率是企业当期平均固定资产净值与平均固定资产原值的比率，该指标反映了企业所拥有的固定资产的新旧程度，体现了企业固定资产更新的快慢和持续发展的能力。其计算公式如下。

$$固定资产成新率=\frac{平均固定资产净值}{平均固定资产原值}\times100\%$$

该指标越大，表明企业的固定资产越新、技术性能越好、可以为企业服务越长的时间，企业对扩大再生产的准备越充足，发展的可能性越大；反之，该指标越小，表明企业设备越陈旧、技术性能越落后，将严重制约企业未来的发展。

应用固定资产成新率指标分析时需要注意以下三个问题。

（1）运用该指标分析固定资产新旧程度时，应剔除企业应提未提折旧及减值对房屋、机器设备等固定资产真实状况的影响。

（2）在进行企业间的固定资产成新率指标比较时，应注意折旧方法对固定资产成新率的影响。一般来说，加速折旧法下的固定资产成新率会低于直线法下的固定资产成新率。

（3）固定资产成新率受企业发展周期影响较大，一个处于发展期的企业和处于衰退期的企业的固定资产成新率会有明显的不同。从总体上看，处于发展期的企业的发展能力会高于处于成熟期或衰退期的企业。

6.3　企业整体发展能力分析

除了应用销售增长能力、收益增长能力、股东权益增长能力和资产增长能力指标对公司销售收入、收益、股东权益、资产等方面进行单项增长能力分析，企业还应该把这4种类型的增长率指标相互联系起来，只有这样，才能正确评价企业的整体发展能力。

6.3.1　企业整体发展能力分析框架

除了对企业发展能力进行单项分析，还需要分析企业的整体发展能力。其原因包括：其一，销售增长能力指标、收益增长能力指标、股东权益增长能力指标和资产增长能力指标只是从不同侧面反映企业的发展能力，不足以涵盖企业发展能力的全部；其二，销售增长能力指标、收益增长能力指标、股东权益增长能力指标和资产增长能力指标之间相互作用、相互影响，不能截然分开。因此，在实际运用时，只有把4种类型的增长率指标相互联系起来进行综合分析，才能正确评价一个企业整体的发展能力。

具体思路如下。

（1）分别计算销售增长能力指标、收益增长能力指标、股东权益增长能力指标和资产增长能力指标的实际值。

（2）分别将上述增长率指标实际值与以前不同时期增长率数据、同行业平均水平进行比较，分析企业在销售收入、收益、股东权益和资产等方面的发展能力。

（3）比较销售增长能力指标、收益增长能力指标、股东权益增长能力指标和资产增长能力指标之间的关系，判断不同方面企业增长的效益性以及它们之间的协调性。

（4）根据以上分析结果，运用一定的分析标准，判断企业的整体发展能力。一般而言，只有一个企业的销售增长能力指标、收益增长能力指标、股东权益增长能力指标和资产增长能力指标保持同步增长，且不低于行业平均水平，才可以判断这个企业具有良好的发展能力。

运用图6-1所示的分析框架，能够比较全面地分析企业发展的影响因素，从而全面地评价企业的发展能力，但对于各因素的增长与企业发展的关系无法从数量上进行确定。

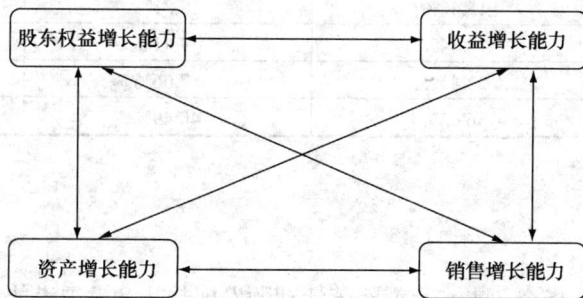

06

图6-1　企业整体发展能力分析框架

6.3.2　企业整体发展能力分析框架的应用

应用企业整体发展能力分析框架分析企业整体发展能力时，应该注意以下4点。

（1）对销售增长能力的分析。销售增长是企业经营收入的主要来源，也是企业资产价值增长的源泉。一个企业只有不断开拓市场，保持稳定的市场份额，才能不断扩大营业收入，增加股东权益，同时为企业进一步扩大市场、开发新产品和进行技术改造提供资金来源，最终促进企业的进一步发展。

（2）对收益增长能力的分析。收益增长主要表现为净利润的增长，而对于一个持续增长的企业而言，其利润的增长主要来源于营业利润，而营业利润的增长主要来自营业收入的增加。

（3）对股东权益增长能力的分析。股东权益的增长一方面来源于净利润，净利润又主要来自营业利润，营业利润又主要取决于销售收入，并且销售收入的增长在资产使用效率保持一定的前提下依赖于资产投入的增加；股东权益的增长另一方面来源于股东的净投资，而净投资取决于本期股东投资资本的增加和本期对股东股利的发放。

（4）对资产增长能力的分析。企业资产是取得销售收入的保证。在资产利用效率一定的前提下，企业要实现销售收入的增长，就需要扩大资产规模。扩大资产规模，一方面可以通过负债融资实现；另一方面可以依赖股东权益的增长，即净利润和净投资的增长。

总之，在运用这一框架时需要注意这4种类型增长率之间的相互关系，否则无法对企业的整体发展能力做出正确的判断。

任务实施

任务资料和任务目标见本任务的【任务导入】，具体任务实施过程如下。

（1）企业的发展能力通常是指企业未来生产经营活动的发展趋势和发展潜力，也称为增长能力。

（2）企业发展能力指标主要包括销售增长率、营业利润增长率、净利润增长率、股东权益增长率、总资产增长率等。根据【任务导入】中相关数据及相关指标的计算公式计算出的H公司发展能力相关指标如表6-2所示。

表6-2　　　　　　　　　　　H公司发展能力相关指标

项目	前年	上年	本年
销售增长率	21.32%	20.31%	18.81%
营业利润增长率	15.46%	35.81%	14.39%
净利润增长率	18.64%	39.41%	14.9%
股东权益增长率	22.41%	87.06%	12.94%
总资产增长率	36.03%	40.49%	44.95%

小结

企业发展能力通常是指企业未来生产经营活动的发展趋势和发展潜能，包括企业的资产、销售收入、利润等方面的增长趋势和增长速度。因此，企业盈利与风险均衡发展的结果就是企业不断增长，企业价值最终是由企业的增长能力所决定的。

企业增长可以从狭义与广义两个层面来研究，本任务只研究狭义层面的增长。狭义层面的企业增长是指单个企业价值的增长，由于衡量价值的指标不同，对企业增长驱动力的认识不同，企业增长有的着眼于销售的增长，有的着眼于收益的增长，有的着眼于资产的增长，有的着眼于企业股东权益的增长。

企业发展能力分析的内容包括企业单项发展能力分析和企业整体发展能力分析，企业单项发展能力分析包括销售增长能力、收益增长能力、资产增长能力、股东权益增长能力分析。

习题与实训

一、单项选择题

1. 企业的出发点和归属是（　　　）。
   A. 增值　　　　　　B. 获利　　　　　　C. 增产　　　　　　D. 发展

2. 某企业本年的销售额是 1 200 万元，是上年度的 160%，则本年度的销售增长率为（　　　）。
   A. 62.5%　　　　　B. 37.5%　　　　　C. 60%　　　　　D. 160%

3. 某企业年初产权比率为 50%，年初负债总额为 200 万元；年末资产负债率为 40%，年末所有者权益总额为 600 万元，则企业的总资产增长率是（　　　）。
   A. 33.33%　　　　B. 66.67%　　　　C. 44.44%　　　　D. 55.56%

4. 企业当期平均固定资产净值与平均固定资产原值的比率称为（　　　）。
   A. 固定资产增长率　　B. 固定资产成新率　　C. 固定资产更新率　　D. 固定资产增值率

5. 企业本年股东权益增加额与年初股东权益的比率称为（　　　）。
   A. 资本扩张率　　　B. 资本收益率　　　C. 资本保值增值率　　D. 股东权益增长率

二、多项选择题

1. 下列各项中属于企业发展能力分析指标的是（　　　）。
   A. 总资产收益率　　B. 股东权益增长率　　C. 总资产增长率
   D. 营业利润增长率　　E. 营业收入利润率

2. 典型的产品生命周期一般可以分为 4 个阶段，一般包括（　　　）。
   A. 投放期　　　　　B. 成长期　　　　　C. 导入期
   D. 成熟期　　　　　E. 衰退期

3. 反映企业销售增长情况的财务指标主要有（　　　）。
   A. 销售增长率　　　　　　　　　B. 三年销售平均增长率
   C. 股东权益增长率　　　　　　　D. 总资产增长率
   E. 营业利润增长率

4. 反映企业资产增长情况的财务指标包括（　　　）。
   A. 总资产增长率　　B. 固定资产成新率　　C. 股东权益增长率
   D. 销售增长率　　　E. 营业利润增长率

5. 反映企业收益增长情况的财务指标主要有（　　　）。
   A. 总资产增长率　　B. 净利润增长率　　C. 股东权益增长率
   D. 销售增长率　　　E. 营业利润增长率

三、判断题

1. 若公司不从外部增发股票，则必然引起资产负债率下降。（　　　）
2. 可持续增长的概念不是说公司的实际增长率不可以高于或低于可持续增长率。（　　　）
3. 公司增长的快慢会影响公司盈利和风险的均衡。（　　　）
4. 公司销售的增长一定会带来公司盈利的增长。（　　　）
5. 公司盈利的增长一定会导致公司价值最大化。（　　　）

06

四、计算分析题

1. A公司和B公司为规模差异较小的IT制造业，连续六年的销售收入如表6-3所示，20×1—20×5年的销售增长率的行业平均值如表6-4所示。

表6-3　　　　　　　　　　A公司和B公司20×0—20×5年的销售收入　　　　　　　　单位：万元

公司名称	20×0年	20×1年	20×2年	20×3年	20×4年	20×5年
A公司	10 250	12 500	14 000	12 000	15 000	17 500
B公司	10 000	9 500	11 200	14 500	19 200	25 800

表6-4　　　　　　　　　　20×1—20×5年的销售增长率的行业平均值

项目	20×1年	20×2年	20×3年	20×4年	20×5年
销售增长率（行业平均值）	12.07%	18.82%	35.34%	22.33%	19.77%

要求：

（1）请计算A公司和B公司20×1—20×5年的销售增长率。

（2）结合行业平均值对A公司和B公司20×1—20×5年的销售增长率做出简要的评价。

2. M公司20×2年年初所有者权益总额为1 500万元，该年的资本保值增值率为125%（该年度没有出现引起所有者权益变化的客观因素）。20×5年年初负债总额为4 000万元，产权比率为2/3，该年的资本积累率为150%，年末资产负债率为25%，负债的年均利率为10%，全年固定成本总额为975万元，净利润为1 125万元，适用的企业所得税税率为25%。

要求：根据上述资料，计算M公司的下列指标。

① 20×2年年末的所有者权益总额。

② 20×5年年初的所有者权益总额。

③ 20×5年年初的资产负债率。

④ 20×5年年末的所有者权益总额和负债总额。

⑤ 20×5年年末的产权比率。

⑥ 20×5年的所有者权益平均余额和负债平均余额。

⑦ 20×5年的息税前利润。

⑧ 20×5年总资产收益率。

⑨ 20×5年利息保障倍数。

⑩ 20×5年的三年资产平均增长率。

五、实训

企业发展能力分析

目的：熟悉企业发展能力相关指标，正确分析企业发展能力。

要求：搜集某上市公司近四年财务报表及其他信息资料，计算近三年发展能力相关指标，包括销售增长率、营业利润增长率、净利润增长率、股东权益增长率、总资产增长率等，并结合行业现状对其进行分析。

实施：

1. 将学生进行分组，每4人一组，确定每组负责人。

2. 搜集上市公司财务报表及其他信息资料。

3. 计算相关指标，撰写分析报告。

任务七

开展企业财务综合分析

学习目标 ↓

【知识目标】

1. 了解企业财务综合分析的意义。
2. 熟悉企业财务综合分析的方法。
3. 掌握杜邦财务分析体系和沃尔评分法。
4. 掌握财务分析报告撰写的步骤及方法。

【能力目标】

1. 掌握杜邦财务分析体系。
2. 学会撰写企业财务分析报告。

【思政目标】

1. 增强团结协作能力。
2. 树立大局观意识和全局性视野。

任务导入 ↓

任务资料： 已知某公司本年财务报表的有关资料如下，如表 7-1 所示。

表 7-1　　　　　　　　　　某公司本年财务报表的有关资料　　　　　　　　　　单位：万元

资产负债表项目	年初数	年末数
资产	8 000	10 000
负债	4 500	6 000
所有者权益	3 500	4 000
利润表项目	上年数	本年数
销售收入净额	（略）	20 000
净利润	（略）	500

任务目标： 根据上述资料，计算杜邦财务分析体系中的净资产收益率、总资产净利率、销售净利率、总资产周转率和权益乘数，用文字列出净资产收益率和其他指标的关系式，并加以验证。

相关知识 ↓

财务综合分析的最终目的在于全面、准确、客观地揭示与披露企业的财务状况和经营成果，并借以对企业经济效益的优劣做出系统、合理的评价。但是，仅仅计算几个简单、孤立的财务比率是不可能得出合理、正确的综合性结论的，更难以达到全面评价企业的财务状况和经营成果的目的。因此，只有将对不同报表、不同指标的分析与评价融为一体，对企业进行综合的财务分析与评价，才能从总体意义上把握企业财务状况和经营成果的优劣。

7.1　企业财务综合分析概述

微课：认知企业财务综合分析

7.1.1　企业财务综合分析的意义

财务综合分析就是将有关财务指标按其内在联系结合起来，系统、全面、综合地对企业的财务状况和经营成果进行剖析、解释和评价，从而说明企业总体运行中存在的问题，以及企业在市场竞争中具有的优势，为相应的后续投资与经营决策提供可利用的财务支持，这也是财务综合分析的最终目的。

每个企业的财务指标都有很多，而每个单项财务指标本身只能说明问题的某一方面，且不同财务指标之间可能会有一定的矛盾或不协调性。例如，偿债能力很强的企业，其盈利能力可能会很弱；或偿债能力很强的企业，其营运能力可能较差。所以，只有将一系列的财务指标有机地联系起来，作为一套完整的体系，相互配合，对其进行系统的评价，才能对企业经济活动的总体变化规律做出本质的描述，才能对企业的财务状况和经营成果得出总括性的结论。财务综合分析的意义也正在于此。

7.1.2　企业财务综合分析的特点

财务综合分析是相对于财务报表整体分析而言的。与单项分析相比较，财务综合分析具有以下特点。

1．整体性和系统性

单项分析通常把企业财务活动的总体分解为各个具体部分，认识每一个具体的财务现象可以对财务状况和经营成果的某一方面做出判断和评价；而综合分析则是通过把个别财务现象从财务活动的总体上进行归纳综合后，着重从整体上概括财务活动的本质特征。因此，单项分析具有实务性和实证性，是综合分析的基础；综合分析是对单项分析的抽象和概括，具有高度的抽象性和概括性，如果不把具体的问题提高到理性高度去认识，就难以对企业的财务状况和经营业绩做出全面、完整和综合的评价。因此，综合分析要以各单项分析指标及其各指标要素为基础，要求各单项指标要素及计算的各项指标一定要真实、全面和适当，所设置的评价指标必须能够满足企业盈利能力、偿债能力和营运能力等方面总体分析的要求。只有把单项分析和综合分析结合起来，才能提高财务分析的质量。

2．主辅关系分明

单项分析的重点和比较基准是财务计划、财务理论标准，而综合分析的重点和基准是企业整体发展趋势。因此，单项分析把每个分析指标放在同等重要的地位来处理，它难以考虑各种指标之间的相互关系，而财务综合分析强调各种指标有主辅之分，一定要抓住主要指标。只有抓住主要指标，才能抓住影响企业财务状况的主要矛盾。在主要财务指标分析的基础上再对其辅助指标进行分析，才能分析透彻、把握准确。各主辅指标功能应相互协调匹配，财务分析人员在利用主辅指标时，还应特别注意主辅指标间的本质联系和层次关系。

3. 分析目的明确

单项分析的目的是有针对性的，侧重于找出企业财务状况和经营成果某一方面存在的问题，并提出改进措施；综合分析的目的是要全面评价企业的财务状况和经营成果，并提出具有全局性的改进意见。显然，只有通过综合分析获得的信息才是最系统、最完整的，单项分析仅仅涉及一个领域或一个方面，往往达不到这样的目的。

7.1.3 企业财务综合分析的方法

企业财务综合分析的方法有很多，包括杜邦财务分析体系、沃尔评分法以及企业综合绩效评价等。

微课：杜邦财务分析体系

7.2 杜邦财务分析体系

7.2.1 杜邦财务分析体系的基本原理

杜邦财务分析体系又称杜邦财务分析法，是由美国杜邦公司在20世纪初提出的。它的核心指标是净资产收益率，这是评价盈利能力最有效的指标。杜邦财务分析体系根据企业相关财务数据的特性，以净资产收益率为核心，对指标进行层层分解，将净资产收益率首先分解为总资产净利率和权益乘数；然后根据总资产净利率的特点，将其分解为销售净利率和总资产周转率；最后将每一个指标分解到基本的财务数据中，以揭示企业的盈利能力、营运能力以及偿债能力。因而，运用杜邦财务分析体系能够评价企业整体的经营活动情况，使企业在发展中出现异常情况时能够及时发现其影响因素以便进行改进。

由于净资产收益率是综合性最强的指标，企业财务活动的方方面面都会最终影响到净资产收益率，所以杜邦财务分析体系能够分析企业经营活动的各个方面，对企业财务状况做出全面、综合的评价。

7.2.2 杜邦财务分析体系图

1. 杜邦财务分析体系主要反映了以下几种主要的财务比率关系

（1）净资产收益率。净资产收益率是一个综合性极强、极有代表性的财务比率，它是杜邦财务分析体系的核心。企业财务管理的重要目标之一就是实现股东财富的最大化。而净资产收益率则反映股东投入资金的获利能力，这一比率反映了企业筹资、投资和生产运营等各方面经营活动的效率。净资产收益率取决于总资产净利率和权益乘数。总资产净利率主要反映了企业运用资产进行生产经营活动的效率，而权益乘数则主要反映了企业的筹资情况，即企业资金的来源结构。

（2）资产净利率。资产净利率是反映企业获利能力的一个重要财务比率，它揭示了企业生产经营活动的效率，综合性也极强。企业的销售收入、成本费用、资产结构、资产周转速度以及资金占用量等各种因素，都直接影响到资产净利率的高低。资产净利率是销售净利率与总资产周转率的乘积。因此，可以从企业的销售活动与资产管理两个方面来进行分析。

07

（3）权益乘数。权益乘数主要受企业资产、负债的影响，负债程度越高，权益乘数也越高。权益乘数对企业的影响具有双面性，即产生的财务杠杆使企业获得收益，同时企业要承受与之对应的风险。但在资产负债率比较低时，为了增加净资产收益率，企业应该适度负债，建立合理的资本结构。

（4）销售净利率。销售净利率的影响因素是净利润总额和销售收入总额，而销售净利率是影响权益净利率的关键因素之一。提高销售净利率是提高企业盈利能力的关键，为了提高销售净利率，企业应通过获得产品优势、市场细分等抢占市场份额，还应采用先进的方法严格控制变动成本。

（5）总资产周转率。总资产周转率揭示的是企业对资产的利用效率。资产周转速度越快，说明企业营运能力越强、资产利用效率越高。为了使总资产周转率达到合理水平，就要保持流动资产和长期资产的结构合理。分析流动资产利用效率时，应重点关注货币资金的使用情况、存货是否合理、应收账款的回收情况；而关注固定资产是否被充分利用是分析非流动资产利用效率的关键。

杜邦财务分析体系的有关指标及其内在联系与排列图如图 7-1 所示。

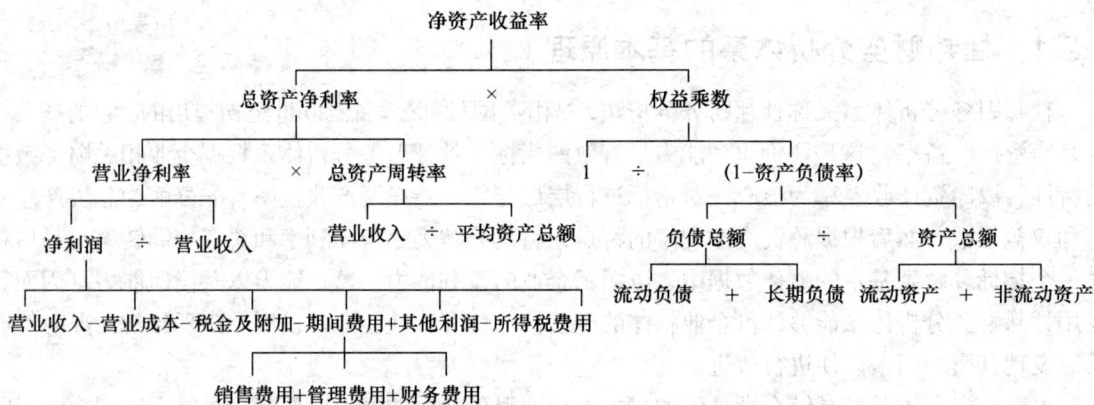

图 7-1　杜邦财务分析体系图

2. 杜邦财务分析体系图的分析

（1）从企业的销售方面来看，销售净利率反映了企业净利润与销售收入之间的关系。一般来说，销售收入增加，企业的净利润也会随之增加。但是，要想提高销售净利率，必须一方面提高销售收入，另一方面降低各种成本费用，这样才能使净利润的增长高于销售收入的增长，从而使销售净利率得到提高。由此可见，提高销售净利率必须从以下两个方面考虑。

① 开拓市场，增加销售收入。在市场经济中，企业必须深入调查研究市场情况，了解市场的供需关系，在战略上，从长远的利益出发，努力开发新产品；在策略上，保证产品的质量，加强营销手段，努力提高市场占有率。

② 加强成本费用的控制，降低耗费，增加利润。从杜邦财务分析体系中，企业可以分析成本费用的结构是否合理，以便发现在成本费用管理方面存在的问题，为加强成本费用管理提供依据。企业要想在激烈的市场竞争中立于不败之地，不仅要提高营销效率与产品质量，还要尽可能降低产品的成本，这样才能增强产品在市场上的竞争力。同时，要严格控制企业的管理费用、财务费用等各种期间费用，降低耗费，增加利润。尤其在研究分析企业的利息费用与利润总额之间的关

系时，如果企业所承担的利息费用太多，就应当进一步分析企业的资金结构是否合理、负债比率是否过高，不合理的资金结构会影响企业所有者的收益。

（2）在企业资产方面，主要应该分析以下两个方面。

① 分析企业的资产结构是否合理，即流动资产与非流动资产的比例是否合理。资产结构实际上反映了企业资产的流动性，它不仅关系企业的偿债能力，也会影响企业的获利能力。一般来说，如果企业流动资产中货币资金所占比重过大，就应当分析企业现金持有量是否合理，有无现金过量的现象，因为过量的现金会影响企业的获利能力；如果流动资产中的存货与应收账款过多，则会占用大量的资金，影响企业的资金周转速度。

② 结合销售收入，分析企业的资产周转情况。资产周转速度直接影响企业的获利能力，如果企业资产周转较慢，就会占用大量资金，增加资金成本，减少企业的利润。对资产周转情况进行分析时，不仅要分析企业总资产周转率，还要分析企业的存货周转率与应收账款周转率，并将其周转情况与资金占用情况结合分析。

从上述两个方面的分析，可以发现企业资产管理方面存在的问题，以便加强管理，提高资产的利用效率。通过杜邦财务分析体系自上而下的逐层分析，企业可以全方位地揭示与披露企业的经营状况，为企业决策者优化经营管理、提高企业经济效益提供可靠依据。

总之，从杜邦财务分析体系可以看出，企业的获利能力涉及生产经营活动的方方面面。净资产收益率与企业的筹资结构、销售规模、成本水平、资产管理等因素密切相关，这些因素构成了一个完整的系统，系统内部各因素之间相互作用。只有协调好系统内部各个因素之间的关系，才能使净资产收益率得到提高，从而实现股东财富最大化的企业目标。

7.2.3　杜邦财务分析体系的应用案例

本案例以东方公司为分析背景，通过杜邦财务分析分析体系，利益相关者对该公司的财务状况进行系统的分析。截至本年12月31日，东方公司的总资产接近1亿元。公司准备在A股上市融资，并披露了招股说明书。利益相关者主要通过东方公司所公布的招股说明书的相关数据对其财务状况进行分析。东方公司本年成长性良好，财务稳健。前年、上年各项盈利指标均为正数，说明公司一直保持着相对较好的盈利发展模式。上年到本年，公司净利润、总资产、股东权益有所增长，呈现上升的变化趋势。通过对东方公司近三年的财务数据进行计算，分析人员能够准确地得到企业的资产负债率、权益乘数等财务指标结果。在采用杜邦财务分析体系进行分析以前，需要对报表的数据进行筛选，选取分析体系中需要的财务数据，如资产总额、负债总额、所有者权益、净利润等。通过对相关财务指标进行计算，得出表7-2和表7-3所示的财务指标数据。

表7-2　　　　　　　　　　　近三年东方公司基本财务数据　　　　　　　　　　　单位：元

项目	前年	上年	本年
资产总额	75 136 800	86 193 500	95 255 800
净利润	11 542 300	12 002 400	12 597 900
销售收入	45 210 300	48 523 100	52 799 900
负债总额	24 373 400	28 453 200	30 213 900
全部成本	122 996 600	139 053 500	151 067 700
所有者权益	50 763 400	57 740 300	65 041 900

表 7-3 近三年东方公司杜邦财务分析体系数据

项目	前年	上年	本年
资产负债率	32.44%	33.01%	31.72%
权益乘数	1.48	1.49	1.46
销售净利率	25.53%	24.74%	23.86%
资产净利率	15.36%	13.92%	13.23%
净资产收益率	22.73%	20.74%	19.32%
总资产周转率	60.17%	56.30%	55.43%

1. 对净资产收益率的分析

从表 7-2 和表 7-3 可以看出，东方公司净资产收益率呈逐年递减的趋势，为了更好地了解这一递减趋势产生的原因，需要把净资产收益率进行分解。

东方公司净资产收益率=权益乘数×资产净利率

前年 22.73%=1.48×15.36%

上年 20.74%=1.49×13.92%

本年 19.32%=1.46×13.23%

通过分解可以看出，东方公司净资产收益率的变动是资本结构（权益乘数）变动和资产利用效果（资产净利率）变动两个方面共同作用的结果。从资产净利率来看，其近三年呈逐渐下降趋势，说明该公司的经营效率较低，应该加强对资产的管理，提高资产的利用效率。

2. 对权益乘数的分析

东方公司权益乘数=总资产÷所有者权益

前年 1.48=75 136 800÷50 763 400

上年 1.49=86 193 500÷57 740 300

本年 1.46=95 255 800÷65 041 900

从基本财务数据可以看出，东方公司资产增长的幅度和所有者权益增长的幅度是逐年减少的，但是资产的减少比所有者权益的减少要多，所有者权益的变动相对平稳。这说明东方公司对股权资本的运用比对资产的运用效率高。所以权益乘数的减少是资产总额的减少和所有者权益的减少共同作用的结果。再将其与资产负债率结合比较，说明东方公司负债是很低的，承担的风险也相对比较低。

3. 对资产净利率的分析

东方公司资产净利率=销售净利率×总资产周转率

前年 15.36%=25.53%×60.17%

上年 13.92%=24.74%×56.30%

本年 13.23%=23.86%×55.43%

通过分解可以看出，东方公司近三年的总资产周转率有所提高，说明资产的利用得到了比较好的控制，表明东方公司利用总资产创造销售收入的效率在增加。虽然总资产周转率有所提高，但销售净利率的减少阻碍了资产净利率的增加。

4. 销售净利率的分析

东方公司销售净利率=净利润÷销售收入

前年 25.53%=11 542 300÷45 210 300

上年 24.74%=12 002 400÷48 523 100

本年 23.86%=12 597 900÷52 799 900

东方公司本年大幅度提高了销售收入，但是净利润的提高幅度却很小，分析其原因是成本费用增多，从数据可知：全部成本从前年的 122 996 600 元增加到本年的 151 067 700 元，比销售收入的增加幅度略大。

通过对杜邦财务分析体系的各个项目进行层层分解及分析，可以看出导致净资产收益率减小的主要原因是全部成本过大，也正是因为全部成本的大幅度提高导致了净利润提高幅度不大。从销售净利率来看，逐年降低的销售净利率显示出该公司销售盈利能力的下降。虽然该公司的销售收入大幅度增长，但主要是业务收入的增长带来的销售收入的增长，所以最终仍导致销售净利率降低。目前来看东方公司的盈利能力仍然处于增长的趋势，但面对市场竞争的瞬息万变，东方公司应该及时加强对成本的控制管理，加快总资产周转速度，避免净资产收益率呈现下滑的趋势。

7.2.4 杜邦财务分析体系的局限性

杜邦财务分析体系虽然被广泛运用，但也有一定的局限性。从企业绩效评价的角度来看，杜邦财务分析体系只包括财务方面的信息，不能全面反映企业的实力，在实际运用中必须结合企业的其他信息加以分析。

（1）企业对从股东那里筹集来的资本必须承担相应的资本成本，即企业可以从现有资产获得的、符合投资人期望的最小收益率。如果企业在经营过程中仅仅以净利润作为衡量股东财富的标准，而忽视资本成本的存在，就会导致企业为追求短期利润而盲目投资，给企业的长期发展带来不利影响。企业如果过分重视短期财务结果，会使其忽略长期的价值创造。

（2）杜邦财务分析体系只分析了企业的盈利能力、营运能力和偿债能力，缺乏对企业的发展能力和资产的增值能力的分析。特别是对某些新兴行业，在现代市场经济日益重视可持续发展能力的环境下，只分析盈利能力、营运能力和偿债能力是远远不够的。原有体系揭示的只有企业的收益情况，并没有体现这些收益是否使企业的资产价值有所增加。因此，企业很可能虽然拥有正的利润，但是股东的利益却受到损害。于是，企业越来越关注其可持续发展能力。而杜邦财务分析体系几乎没有涉及评价企业的可持续发展能力的项目。

（3）杜邦财务分析体系没有考虑到现金流量数据，仅分析了企业的利润表和资产负债表。但是，现金流量所能提供的财务信息比利润指标可靠，因此现金流量成为财务分析人员尤其是房地产行业财务人员判断企业财务状况的重要依据。通过深入剖析企业的现金流量信息，可以评价企业获得现金的能力以及资产的经营效率。而杜邦财务分析体系则没有考虑到企业的现金流量，因而不能对企业的财务状况进行全面、准确的分析。

（4）在激烈的市场竞争中，企业的经营风险是不可避免的，而经营风险可能还会引起财务风险，严重时将导致企业破产。但是，杜邦财务分析体系中没有用来反映企业经营风险的指标，缺乏对经营风险的分析，不能对企业所面临的风险进行预警。

07

7.3 沃尔评分法

7.3.1 沃尔评分法的基本原理

沃尔评分法最早是在 20 世纪初由亚历山大·沃尔提出的，该方法是其在对财务综合评价方法进行研究时，选择 7 项财务比率对企业的信用水平进行评分所使用的方法。在 20 世纪 20 年代末，沃尔在《信用晴雨表研究》一书中对该方法进行了详细的阐述。沃尔评分法首先赋予某些关键财务比率一定的权重；其次，依据相应的行业平均数确定相应的标准比率，并将实际比率与之相比，得到相对比率；最后，将各个财务比率的权重与相应的相对比率相乘，得到财务状况的总评分。沃尔评分法也称为财务比率综合评分法。

沃尔评分法使用的指标有 7 个，包括流动比率、产权比率、固定资产比率、存货周转率、应收账款周转率、固定资产周转率、自有资金周转率。其权重分别为 25%、25%、15%、10%、10%、10%、5%，然后将这些权重乘以相应的相对比率，就能得出企业信用总评分。

财务比率反映了企业财务报表各项目之间的对比关系，以此来揭示企业的财务状况。但是，一项财务比率只能反映企业某一方面的财务状况。为了进行综合的财务分析，可以编制财务比率汇总表，将反映企业财务状况的各类财务比率集中在一张表中，使其能够一目了然地反映出企业各方面的财务状况。并且，在编制财务比率汇总表时，可以结合比较分析法，将企业财务状况的综合分析与比较分析相结合。

沃尔评分法在实际运用中也有不足之处，首先，尽管所选择的 7 个指标能说明有关企业信用能力的各个方面，但这 7 个指标是相互关联的，它们所揭示的信息有很多重叠的部分；并且沃尔评分法没有从理论上说明一定要选择上述 7 个指标的原因，也没有说明一定要按照上述权重对这 7 个指标赋予权重的原因。其次，如果其中某个指标值偏离正常值的程度很大，综合得分会受到重大影响。因此，综上所述，沃尔评分法虽然是一种很好的财务综合分析方法，但是它没有系统地整合各个财务指标，没有综合分析企业的营运、盈利、偿债、发展等情况，即没有系统、整体地评价企业的经营管理状况。

7.3.2 沃尔评分法的分析步骤

根据我国相关政策，采用沃尔评分法进行企业财务状况的综合分析，一般要遵循如下步骤。

（1）选定评价企业财务状况的财务比率。在选择财务比率时，一要具有全面性，要求反映企业的偿债能力、营运能力和盈利能力的三大类财务比率都应当包括在内；二要具有代表性，即要选择能够说明的重要的财务比率；三要具有变化方向的一致性，即当财务比率增大时财务状况改善，财务比率减小时财务状况恶化。

财政部 1995 年采用新的企业经济效益评价指标体系，并提出了十大指标体系。其中，销售净利率、总资产收益率、投资收益率、资本保值增值率 4 项为盈利能力指标，资产负债率、流动比率或速动比率为偿债能力指标，应收账款周转率、存货周转率为营运能力指标，社会贡献率和社会积累率为社会贡献指标。

（2）根据各项财务比率的重要程度，确定其标准评分值，即重要性系数。各项财务比率的标准评分值之和为 100 分。各项财务比率评分值的确定是沃尔评分法的一个重要问题，它直接影响到了企业财务状况的评分。对于各项财务比率的重要程度，不同的分析者会有截然不同的态度，但是，一般来说，分析人员应根据企业经营活动的性质、企业的生产经营规模、市场形象和分析人员的分析目的等因素来确定。

（3）确定各项财务比率的标准值。财务比率的标准值是指各项财务比率在本企业现时条件下最理想的数值，即最优值。财务比率的标准值，通常可以参照同行业其他企业的平均水平，并经过调整后确定。

（4）计算企业在一定时期各项财务比率的实际值。

（5）计算出各项财务比率实际值与标准值的比率，即关系比率。关系比率等于财务比率的实际值除以标准值。

（6）计算出各项财务比率的综合系数。各项财务比率的综合系数是关系比率和标准评分值的乘积，所有各项财务比率实际得分的合计数就是企业财务状况的综合得分。企业财务状况的综合得分反映了企业综合财务状况是否良好。如果综合得分等于或接近于100分，则说明企业的财务状况是良好的，达到了预先确定的标准；如果综合得分大大低于100分，就说明企业的财务状况较差，应当采取适当的措施加以改善；如果综合得分高于100分，就说明企业的财务状况很理想。

7.3.3 沃尔评分法的案例分析

下面采用沃尔评分法，对A公司本年财务比率进行综合评分，如表7-4所示。

表7-4 A公司本年财务比率综合评分

财务比率	评分值 （1）	标准值 （3）	实际值 （4）	关系比率 （5）=（4）/（3）	综合系数 （6）=（1）×（5）
销售净利率	15	10%	12%	1.2	18
总资产收益率	15	15%	18%	1.2	18
投资收益率	15	14%	15%	1.07	16.05
资本保值增值率	10	9%	10%	1.11	11.11
资产负债率	5	50%	30%	0.6	3
流动比率	5	2.5	3	1.2	6
应收账款周转率	5	5	4	0.8	4
存货周转率	5	3	2	0.67	3.35
社会贡献率	10	25%	20%	0.8	8
社会积累率	15	30%	20%	0.67	10.05
综合得分	100				97.56

A公司财务状况的综合得分为97.56分，接近100分，说明该公司的财务状况整体水平接近行业水平，但有待进一步提高。观察各项财务比率的评分值，发现其数值大小相差并不大，最终导致综合得分较低的原因是公司偿债能力和营运能力相关指标的实际值较低。

7.4 企业综合绩效评价

7.4.1 企业综合绩效评价概述

企业综合绩效评价是指以投入产出分析为基本方法，通过建立综合绩效评价指标体系，对照相应的行业评价标准，对企业特定经营期间的盈利能力、资产质量、债务风险、经营增长以及管理状况等进行的综合评价。企业综合绩效评价主要包括以下4个要素。

（1）评价主体。评价主体即评价组织机构，是指由谁进行评价。从理论上讲，每一位企业利益相关者，都会出于某种目的对企业绩效进行评价。因此，评价主体可以包括企业经营管理者、政府相关部门、投资者和债权人等利益相关者。

（2）评价客体。评价客体即企业综合绩效评价的对象，是指对谁进行评价。绩效评价体系的运行以评价对象为单位进行信息收集和分析，而且评价的结果必然对绩效评价对象产生影响，关系到评价对象今后的发展方向。因此，评价对象的确定是非常重要的。

（3）评价目标。企业综合绩效评价的目标是指整个评价体系设计运行的指南和目的，它是整个绩效评价体系的中枢，其服从和服务于企业目标。绩效评价体系要处理好评价体系目标和企业目标之间的依存关系。企业的经营目标主要有生存、发展与获利。而企业绩效评价的主要目标包括确保计划目标的如期实现、纠正管理上的浪费与偏差、重大问题的发现与解决、评估计划完成后的效益、改进管理方法及程序、获取作为事后奖惩的依据、纠正日常营运和管理偏差、增进经营管理者的成就感、实现企业价值的最大化等。通过评价目标的实现，企业可以纠正其发展过程中可能出现的偏差，从而实现企业生存、发展和获利的经营目标。

（4）评价内容。企业综合绩效评价的内容一般是指企业对哪些方面进行评价，具体来说是指对能够反映企业绩效的各个方面进行评价。企业绩效是在企业生产经营等若干因素共同作用下产生的综合结果，范围广、内容多。就企业经营绩效而言，财务方面应包括财务效益、资产营运状况、偿债能力、抗风险能力、发展能力等；经营方面包括市场占有能力、企业创新能力、行业或区域影响力、人力资源开发利用；管理方面包括企业领导班子的综合素质、员工素质、管理策略等；社会影响方面包括社会贡献、环境保护、资源节约与消耗等。具体评价内容一般根据评价目标来确定，如果是对企业某个方面进行评价，则评价的内容相对要简化一些。

7.4.2 企业综合绩效评价指标

企业综合绩效评价指标是指对评价内容进行计量分析所采取的经济单位。企业综合绩效评价体系关心的是评价客体与评价目标的相关方面，即关键成功因素（Key Success Factors，KSFs），是企业目标的具体化，这些关键因素具体表现在评价指标上。企业绩效评价的演进历程揭示了从单一财务指标到包含非财务指标的综合指标、单一指标到多维指标的发展方向。因此，用来衡量绩效的指标也分为财务绩效评价指标和管理绩效评价指标。如何将关键成功因素准确地体现在各具体指标上，是综合绩效评价指标体系设计的重要问题。

1. 财务绩效评价指标

（1）盈利能力状况，包括的基本指标有净资产收益率和总资产收益，修正指标有销售利润率、利润现金保证倍数、成本费用利润率、投资收益率。

（2）资产质量状况，包括的基本指标有总资产周转率和应收账款周转率，修正指标有不良资产比率、流动资产周转率、资产现金回收率。

（3）债务风险状况，包括的基本指标有资产负债率和已获利息倍数，修正指标有速动比率、现金流动负债比率、带息负债比率、或有负债比率。

（4）经营增长状况，包括的基本指标有销售利润率和资本保值增值率，修正指标有销售利润增长率、总资产增长率、技术投入比率。

2. 管理绩效评价指标

管理绩效评价指标更为多元化，包括战略管理、发展创新、经营决策、风险控制、基础管理、人力资源、行业影响和社会贡献等指标。

7.4.3 企业综合绩效评价标准

企业综合绩效评价标准即评价的参照体系，是评价的对比标尺，是判断评价对象经营绩效优劣的基本依据。根据绩效评价要求，企业要选择与评价目标相关的适用标准，并将通过各种途径获得的企业经营绩效信息与预先确定的标准进行对比，判断出经营状况的好坏。评价对比的标准不同，得出的评价结论也就各异。选择什么标准作为评价的基准取决于评价的目的。在企业综合绩效评价指标体系中，常用的标准有年度预算标准、行业平均标准、国内先进标准、国际同类标准等。为了全面发挥综合绩效评价指标体系的功能，同一个体系中应同时使用不同的标准进行对比判断。另外，在具体选用标准时，应与评价对象密切联系。

1. 财务绩效定量评价标准的确定

企业财务绩效定量评价标准值的选用，一般根据企业的主营业务领域对照企业综合绩效评价行业分类，自下而上地逐层遴选被评价企业适用的行业标准值。如果是针对存在多个主业板块但某个主业特别突出的多业兼营的集团型企业，则采用该主业所在行业的标准值。对于存在多个主业板块但没有突出主业的集团型企业，可对照企业综合绩效评价行业分类，采用基本可以覆盖其多种经营业务的上一层次的评价标准值；或者根据其下属企业所属行业，分别选取相关行业标准值进行评价，然后按照各下属企业资产总额占被评价企业集团汇总资产总额的比重，加权形成集团评价得分；也可以根据集团型企业的经营领域，选择有关行业标准值，以各领域的资产总额比例确定权重进行加权平均，计算出用于该企业评价的标准值。被评价企业所在行业没有统一的评价标准时，企业可直接选用国民经济十大门类标准或全国标准作为标准值。大型企业集团在采取国内标准进行评价的同时，应当积极采用国际标准进行评价，开展国际先进水平的对标活动。

财务绩效定量评价标准包括国内行业标准和国际行业标准。

（1）国内行业标准。国内行业标准是由国务院国有资产监督管理委员会（简称"国资委"）根据国内企业年度财务和经营管理统计数据，在剔除有关企业不合理数据的基础上，结合国民经济近期发展水平，运用数理统计方法，分年度、分行业、分企业规模统一测算并发布的。

财务绩效定量评价的国内标准划分为优秀（A）、良好（B）、平均（C）、较低（D）和较差（E）5个档次，共8个基本指标和14个修正指标，按照行业分类、企业规模并根据国内标准的5个档次公布其标准值。

（2）国际行业标准。国际行业标准根据居于行业国际领先地位的大型企业相关财务指标实际值，或同类型企业相关财务指标的先进值，在剔除会计核算差异后统一测算并发布。国际行业标准只公布其先进平均值。

2. 管理绩效定性评价标准的确定

管理绩效定性评价标准的选用，应当根据不同行业的经营特点，灵活把握8个指标的标准尺度。对于定性评价标准中没有列示，但对被评价企业经营绩效产生重要影响的因素，在评价时也应予以考虑。

管理绩效定性评价标准由国资委统一制定和发布，它具有行业普遍性和一般性，不进行行业分类、企业规模的划分，仅提供给评议专家参考。管理绩效定性评价标准分为优（A）、良（B）、中（C）、低（D）和差（E）5个档次。

07

3. 评价标准系数的确定

为了便于企业综合绩效评价的计分，需将 5 个档次的标准值折算为标准系数。标准系数是评价标准值所对应的水平系数，反映了评价指标实际值对应评价标准值所达到的水平档次。对应 5 个档次的评价标准的标准系数分别为 1.0、0.8、0.6、0.4、0.2，差（E）以下为 0。

7.4.4　企业综合绩效评价指标的计分方法

1. 财务绩效定量评价基本指标计分方法

财务绩效定量评价基本指标的计分是指按照功效系数法计分原理，将评价指标实际值对照行业评价标准值，按照规定的计分公式计算各项基本指标得分。

2. 财务绩效定量评价修正指标计分方法

财务绩效定量评价修正指标的计分是在基本指标计分结果的基础上，运用功效系数法原理，分别计算盈利能力、资产质量、债务风险和经营增长 4 个部分的综合修正系数，再据此计算出修正后的总分数。

3. 管理绩效定性评价指标计分方法

管理绩效定性评价指标的计分一般通过专家评议打分的形式来完成，聘请的专家应不少于 7 名。评议专家应当在充分了解企业管理绩效状况的基础上，对照参考评价标准，采取综合分析判断法，对企业管理绩效指标做出分析评议，评判各项指标所处的水平档次，并直接给出评价分数。

7.4.5　企业综合绩效评价的工作程序

1. 财务绩效定量评价的程序

（1）提取评价基础数据。企业综合绩效评价的基础数据资料主要包括企业提供的评价年度财务会计决算报表及审计报告、关于经营管理情况的说明等资料。应以经社会中介机构或内部审计机构审计并经评价组织机构核实确认的企业年度财务报表为基础提取评价基础数据。

（2）基础数据调整。为确保评价基础数据的真实性、完整性和合理性，在实施评价前应当对评价期间的基础数据进行核实，按照重要性和可比性原则进行适当调整。

① 企业评价期间会计政策与会计估计发生重大变更的，需要判断变更事项对经营成果的影响；对产生重大影响的，企业应当调整评价基础数据，以保持数据口径基本一致。

② 企业评价期间发生资产无偿划入划出的，应当按照重要性原则调整评价基础数据。

③ 企业被出具非标准无保留意见审计报告的，应当根据审计报告披露的影响企业经营成果的重大事项，调整评价基础数据。

④ 相关主管部门在财务决算批复中要求企业纠正、整改，并影响企业财务报表、能够确认具体影响金额的，应当根据批复调整评价基础数据。

⑤ 企业在评价期间的损益中消化处理以前年度或上一任期资产损失的，承担国家某项特殊任务或落实国家专项政策，对财务状况和经营成果产生重大影响的，可作为客观因素调整评价基础数据。

（3）评价计分。根据调整后的评价基础数据，对照相关年度的行业评价标准值，利用绩效评价软件进行评价计分。

（4）形成评价结果。

① 对任期财务绩效评价需要计算任期内平均财务绩效评价分数，并计算绩效改进度。

② 对年度财务绩效评价除计算年度绩效改进度外，需要对定量评价得分进行深入分析，诊断企业经营管理存在的薄弱环节，对所评价的企业进行分类排序，在一定范围内发布评价结果。

2. 管理绩效定性评价的程序

（1）收集、整理管理绩效评价资料。为了深入了解被评价企业的管理绩效状况，应当通过问卷调查、访谈等方式，充分收集并认真整理管理绩效评价的有关资料。

（2）聘请咨询专家。根据所评价企业的行业情况，聘请不少于 7 名管理绩效评价咨询专家，组成专家咨询组，并将被评价企业的有关资料提前送至咨询专家处。

（3）召开专家评议会。组织咨询专家对企业的管理绩效指标进行评议打分。

（4）形成定性评价结论。汇总管理绩效定性评价指标得分，形成定性评价结论。

3. 企业综合绩效评价的程序

根据财务绩效定量评价结果和管理绩效定性评价结果，按照规定的权重和计分方法，计算企业综合绩效评价总分；并根据规定的加分和扣分因素，得出企业综合绩效评价最后得分；根据最后得分确定企业综合绩效评价结果。

4. 评价结论

企业综合绩效评价结论是绩效评价体系的输出信息，也是绩效评价体系的结论性文件。绩效评价人员以绩效评价对象为单位，通过会计信息系统及其他信息系统，获取与评价对象有关的信息，经过加工整理后得出绩效评价对象的评价指标实际完成状况，与预先确定的评价标准进行对比，通过差异分析找出产生差异的原因、责任及影响，得出评价对象绩效优劣的评价结论，形成绩效评价报告。通过绩效评价报告的使用，绩效评价体系的功能才能得到有效的发挥。

7.5　财务分析报告的撰写

财务分析报告是对企业经营成果、财务状况、资金运作等情况的综合概括和高度反映，更是大型企业制定战略规划的基本依据性材料。对于企业的高层来说，财务分析报告更为重要，因为它是企业进行经营决策的根本依据，是企业业务拓展的有效参照。下面就撰写财务分析报告进行简要阐述。

从编写的时间来划分，财务分析报告可分为两种：一种是定期分析报告；另一种是非定期分析报告。定期分析报告又可以分为每日、每周、每月、每季度、每年报告，具体根据企业管理要求而定，有的企业还要撰写特定时点的分析报告。

从编写的内容来划分，财务分析报告可分为三种：一是综合性分析报告，它是对企业整体运营及财务状况的分析评价；二是专项分析报告，它是针对企业运营的一部分，如资金流量、销售收入变量的分析；三是项目分析报告，它是对企业的局部或一个独立运作项目的分析。

7.5.1　财务分析报告的内容

鉴于财务分析报告分析人不同，分析角度不同，要求也不同等因素，财务分析报告的内容也有较大的差异，一般包括以下几点主要内容。

① 企业基本情况。

② 企业分析期的主要经营业绩。

③ 企业分析期的主要财务指标分析评价。

④ 企业分析期存在的主要问题。

⑤ 企业分析期的重大事项分析说明。

⑥ 建议和措施。

⑦ 其他需要分析说明的问题。

7.5.2　财务分析报告的结构

严格来说，财务分析报告没有固定的格式和体裁，但要求能够反映要点、分析透彻、有实有据、观点鲜明、符合报送对象的要求。一般来说，财务分析报告内容主要包括以下几个部分。

1. 报告目录

报告目录的作用是告诉阅读者本报告所分析的全部内容及所在页码。

2. 财务状况综述

财务状况综述是对分析报告内容的高度浓缩，概括企业经营、财务方面的综合情况，让财务报告使用者对企业财务状况有一个总括的认识。财务状况综述一定要言简意赅、点到为止。

3. 说明段

说明段是对企业主要财务指标的完成情况进行介绍。对经济指标进行说明时，报告撰写人可适当运用绝对数、比较数及复合指标数进行说明，特别要关注企业当前运作上的重心，对重要事项要单独反映；可借助一些财务分析软件，对应收、应付、销售情况等数据进行同比和环比等分析。企业在不同阶段、不同月份的工作重点不同，财务分析重点也不同。例如，企业正进行新产品的投产、市场开发，则企业各阶层需要对新产品的成本、回款、利润数据做财务分析。

4. 分析段

分析段是对企业的财务指标完成情况进行分析研究，在说明问题的同时还要分析问题，寻找问题产生的原因和症结，以达到解决问题的目的。财务分析一定要有理有据，因为有些报表的数据比较含糊和笼统，所以财务分析人员要细化分解各项指标（如可以按盈利能力分析、偿债能力分析、发展能力分析、现金流量分析等细化），同时要善于运用表格、图示，突出表达分析的内容。分析问题一定要善于抓住当前要点，多反映企业经营焦点和易于忽视的问题。

分析段是财务分析报告的核心内容。这部分的写作质量，在很大程度上决定了本次财务分析报告的质量。要想使这一部分写得很精彩，首先要有一个好的分析思路。例如，某集团企业下设4个二级企业，且都为制造企业。财务报告的分析思路：总体指标分析→集团总部情况分析→各二级企业情况分析；在每一部分里，按本月分析→本年累计分析展开；随后按盈利能力分析→销售情况分析→成本控制情况分析展开，如此层层分解、环环相扣，各部分间及每部分内部都存在着紧密的勾稽关系。如果是外部财务分析报告，还需要对企业所处的行业背景及企业的优势与劣势情况进行分析。

5. 评价段

做出财务说明和分析后，财务分析人员对于企业的经营情况、财务状况、盈利业绩，应该从财务角度给予公正、客观的评价和预测。财务评价不能运用似是而非、可进可退、左右摇摆等不负责任的语言，而要从正面和负面两个方面进行；评价既可以单独分段进行，也可以将评价内容穿插在说明部分和分析部分。

6. 建议段

建议段是财务分析人员在对经营运作、投资决策等进行分析后形成的意见和看法，特别是对运作过程中存在的问题所提出的改进建议。撰写财务分析报告的根本目的不仅仅是停留在反映问题、揭示问题上，而是要通过对问题的深入分析，提出合理可行的解决办法，真正担负起"财务参谋"的重要角色。只有如此，财务分析的效用或分量才可能得到提高和升华。值得注意的是，财务分析报告中提出的建议不能太抽象，而要具体化，最好有一套切实可行的方案。

但在实际编写分析报告时，要根据具体的目的和要求有所取舍，不一定囊括所有部分。此外，财务分析人员在财务分析报告的表达方式上可以采取一些创新的手法，如可采用文字处理与图表表达相结合的方法，使其易懂、生动、形象。

7.5.3 财务分析报告的撰写步骤

1. 财务分析报告的选题

首先要明确报告的阅读对象，阅读对象不同，报告内容也有所不同，报告要有针对性。分析工作要达到什么目的，整个工作要围绕这个目的展开。

2. 收集核实资料

收集、整理分析资料主要是在平时工作过程中不断积累的。积累信息对分析工作有重大意义，财务分析人员不仅要对数据进行收集，还要对环境数据（非财务数据、国家宏观政策、财政部制定并出台的相关政策）进行收集、核实。

3. 财务分析报告的起草

选择合理的分析方法进行分析，完成分析后开始起草报告。分析中应注意文字表格、内容逻辑性、数据客观性、数据口径统一性、阅读对象适用性、是否为了分析而分析、是否人云亦云。

4. 财务分析报告的修改和审定

财务分析报告形成初稿后，交由分析报告直接使用者进行审阅，征求使用者的意见和建议，补充新的内容，最后通过审定即可定稿。

7.5.4 财务分析报告的撰写方法

1. 经营情况分析

（1）营业收入分析。我国最新会计准则将主营业务收入和其他业务收入并入营业收入，其中主营业务收入是企业最重要的收入指标，在分析中应强调对企业主营业务收入指标的分析。在对该指标的分析中，可采用本期收入和以前年度同期相比较，即通过销售增长率分析企业的销售增长趋势，了解企业的发展动态。在主营业务收入分析的过程中，还要注意各收入项目占总收入的比重，以便了解企业主导产品在同行业中的地位和发展前景。

（2）成本费用分析。成本费用是影响企业经营利润的重要因素。在对该指标进行比较分析时，须注意到新会计准则中成本费用的范围有所变化，原全部计入管理费用的工资性费用在新会计准则中分别计入管理费用、销售费用、制造费用及生产成本等项目，原计入制造费用中的修理费在新会计准则中计入管理费。由于收入的变化，不能单纯地分析各项费用的增减幅度，应结合各项费用占主营业务收入的比率进行分析，应结合公司费用明细，重点分析变化突出的项目，便于企业管理者有的放矢地压缩有关开支，以最小的投入取得最大的产出。

07

（3）利润分析。利润指标是企业最重要的经济效益评价指标之一。在对利润指标与以前年度指标进行比较分析时，应注意新会计准则对利润总额的影响，如新会计准则下投资收益变化引起的利润总额变化。原准则下对子公司当期产生的净利润按权益法计算投资收益，在新会计准则下对子公司的长期投资采用成本法核算，仅对有重大影响（一般股权比例在 20%～50%）的公司按权益法核算。公允价值变动对利润的影响、债务重组收益对企业利润总额的影响，原准则下债务重组收益不计入利润的收益，新会计准则下债务重组收益可以计入利润收益。此外，各项比率分析可以通过销售利润率、资产利润率以及权益净利率等比率对公司的盈利能力来进行。

2. 偿债能力分析

偿债能力反映企业偿还到期债务的能力，包括偿还短期和中长期债务的能力。偿债能力是债权人最关心的问题，出于对企业安全性的考虑，它也越来越受到股东和投资者的普遍关注。偿债能力的衡量方法有两种：一种是比较债务与可供偿债资产的存量，若资产存量超过负债存量较多，则认为偿债能力较强，如营运资本、流动比率、速动比率、资产负债率、所有者权益比率和利息保障倍数等；另一种是比较偿债所需现金和经营活动产生的现金流量，如果产生的现金超过需要的现金较多，则认为偿债能力较强，如现金流量比率（经营现金流量/流动负债）、现金流量利息保障倍数（经营现金流量/利息费用）、现金流量债务比率（经营现金流量/债务总额）等。

3. 资产管理比率分析

资产管理比率是衡量公司资产管理效率的比率，常见的有应收账款周转率、存货周转率、流动资产周转率、非流动资产周转率、总资产周转率等。在计算这些比率时应注意应收账款、存货等指标在资产负债表中是按扣除减值准备的净额列示的，如果减值准备金额较大，对计算结果影响较大时，财务分析人员应进行调整，使用未计提减值准备的应收账款、存货等计算周转率。

4. 每股收益分析

每股收益指标是投资者重点关注的指标，在对本年度与以前年度进行比较时应注意新会计准则下每股收益指标的计算方法发生了重大变化：新会计准则要求在计算每股收益时充分考虑股份变动的时间影响因素后加权计算得出基本每股收益；与国际会计准则相接轨，还要考虑潜在的稀释性股权计算稀释每股收益。值得注意的是，在新会计准则下，定期报告中将不再出现原来为投资者所熟悉的按全面摊薄法计算的每股收益，取而代之的是基本每股收益，它将成为衡量上市公司每股收益的基本指标。相对于全面摊薄每股收益，基本每股收益进一步考虑了股份变动的时间因素及其对全年净利润的贡献程度。

5. 财务报表附注分析

新会计准则中强化了财务报表附注的披露内容与要求，明确了财务报表附注是财务报表不可或缺的组成部分，是对在资产负债表、利润表、现金流量表和所有者权益变动表等报表中列示项目的文字描述或明细资料，以及对未能在这些报表中列示项目的说明等。财务分析人员应注意通过财务报表附注对异常现象进行分析。

（1）会计政策及会计估计变更分析。财务报表附注要求披露会计政策及会计估计变更对利润的影响额。新会计准则的实施对企业的利润影响较大，坏账准备的计提比率、固定资产的残值率等会计估计的变更也会对企业利润造成影响，财务报表使用者应注意相关变化，正确分析企业的利润变化趋势。

（2）非经常性损益包括债务重组收益、处置可供出售金融资产产生的投资收益和取得的政府补贴等。对非经常性损益的分析可以帮助财务报表使用者了解企业真实的盈利情况。

（3）对或有事项的分析。新会计准则中或有事项的范围有所扩大，并将亏损合同、重组等作为重要内容进行了规范。财务分析人员应充分重视对或有事项的分析，如已贴现商业承兑汇票形成的或有负债，未决诉讼、仲裁形成的或有负债，为其他单位提供债务担保形成的或有负债等，这些或有负债一旦成为事实上的负债，将会加大企业的偿债负担，是企业潜在的财务风险。

（4）对关联交易的分析。原准则中，不要求在与合并财务报表一同提供的母公司财务报表中披露关联方交易，新会计准则取消了有关个别财务报表中关联方及其交易信息披露的豁免，并增加了关联方相关信息的披露。关联方交易的大比例变动往往存在着粉饰财务报告的可能，对于企业的关联交易，应着重了解其交易的实质，分析关联交易对公司效益的影响。

（5）资产负债表日后事项的分析。资产负债表日后事项是资产负债表日至财务报告批准报出日之间发生的有利或不利的事项，如资产负债表日后发生的重大诉讼、发行股票债券及发生企业合并或处置子公司等。财务报告使用者通过对日后事项的分析，可以快速判断这些重要事项将为企业带来一定的经济效益还是重大的经济损失，为企业制订经营决策提供有力保障。

总之，财务分析人员在实际操作中应结合公司的实际情况，采取多种方法、通过多个角度进行分析，在分析过程中充分考虑新会计准则对财务报表的影响，密切关注企业报表中存在的异常现象；通过对财务报表、报表附注等资料的综合观察分析，发现变动异常的项目，并进行追踪调查和深入剖析，研究其产生的原因，以便为决策层提供可供参考的有价值的决策依据。

任务实施

任务资料和任务目标见本任务的【任务导入】，具体任务实施过程如下。

（1）净资产收益率=500/（3 500+4 000）÷2×100%=13.33%

（2）总资产净利率=500/（8 000+10 000）÷2×100%=5.56%

（3）销售净利率=500/20 000×100%=2.5%

（4）总资产周转率=20 000/（8 000+10 000）÷2=2.222（次）

（5）权益乘数=（10 000+8 000）÷2/（3 500+4 000）÷2 =2.4

净资产收益率=销售净利率×总资产周转率×权益乘数

$$=2.5\%×2.222×2.4=13.33\%$$

或净资产收益率=总资产净利率×权益乘数

$$=5.56\%×2.4=13.33\%$$

小结

财务报表综合分析是依据企业提供的有关核算资料，将财务指标按其内在联系结合起来，作为一个整体进行分析，从而全面地评价企业的整体财务状况和经营成果，准确地评价和判断企业的经济效益。企业财务综合分析的方法有很多，包括杜邦财务分析体系、沃尔评分法和企业综合绩效评价法等。

财务分析报告是以企业的财务报告等会计资料为基础，运用特定的方法对企业的财务状况和经营成果进行分析和评价的一种书面报告性文件。撰写财务分析报告也是一项专业性、技术性和综合性很强的工作。

习题与实训

一、单项选择题

1. 下列关于企业财务综合分析的表述错误的是（　　　）。

    A. 企业财务综合分析是对财务报表的综合把握

    B. 企业财务综合分析的意义在于全面、准确、客观地揭示与披露企业财务状况和经营情况

    C. 企业财务综合分析通过构建简单且相互孤立的财务指标并测算，得出合理、正确的结论

    D. 企业财务综合分析是在单项分析的基础上，将企业各方面的分析纳入一个有机的分析系统之中，从而做出更全面的评价的过程

2. 下列关于企业财务综合分析和单项分析的对比描述错误的是（　　　）。

    A. 单项分析的重点是财务计划，综合评价的重点是企业整体发展趋势

    B. 单项分析通常采用由个别到一般的方法，而综合分析则采用从一般到个别的方法

    C. 单项分析具有实务性和实证性，综合分析则具有抽象性和概括性

    D. 单项分析把每个分析指标视为同等重要，综合分析则认为各种指标有主辅之分

3. 杜邦财务分析体系的核心比率是（　　　）。

    A. 净资产收益率　　　B. 总资产收益率　　　C. 销售毛利率　　　D. 销售净利率

4. 杜邦财务分析体系中的基本指标不包括（　　　）。

    A. 总资产周转率　　　B. 销售净利率　　　C. 资产负债率　　　D. 流动比率

5. 下列有关财务报表分析报告理解错误的是（　　　）。

    A. 财务报表分析报告是一种书面总结

    B. 撰写财务报表分析报告是财务报表分析活动的最后一个环节

    C. 财务报表分析报告是分析工作成果的集中体现

    D. 财务报表分析报告具有统一规定的固定格式

6. 下列不属于财务报表分析报告基本要素的是（　　　）。

    A. 标题　　　　　　B. 引言　　　　　　C. 正文　　　　　　D. 落款

7. 单项财务报表分析报告、综合财务报表分析报告、项目财务报表分析报告的主要区别在于（　　　）。

    A. 报告编写时间不同

    B. 报告的内容不同

    C. 分析活动实施者及报告撰写者与企业的关系不同

    D. 财务报表分析的对象不同

8. 下列财务分析主体中，必须对企业的营运能力、偿债能力、盈利能力及发展能力的全部信息详细掌握的是（　　　）。

    A. 短期投资者　　　B. 企业债权人　　　C. 企业经营者　　　D. 税务机关

9. 下列不属于财务业绩定量评价指标的是（　　　）。

A. 盈利能力　　　　B. 资产质量指标　　　　C. 经营增长指标　　　　D. 人力资源指标

10. 下列表达式中，正确的是（　　　）。

A. 资产负债率+权益乘数=产权比率　　　　B. 资产负债率-权益乘数=产权比率

C. 资产负债率×权益乘数=产权比率　　　　D. 资产负债率÷权益乘数=产权比率

二、多项选择题

1. 相对于单项分析，综合分析具有的特征包括（　　　）。

A. 比较基准和角度存在差异　　　　　　B. 分析问题的方法不同

C. 分析的使用者不同　　　　　　　　　D. 综合分析更具概括性和抽象性

E. 主辅指标的相互关系不同

2. 杜邦财务分析体系是一个多层次的财务比率分解体系，对此理解正确的是（　　　）。

A. 运用杜邦财务分析体系进行综合分析，就是在每一个层次上进行财务比率的比较和分析

B. 在分解体系下，各项财务比率可在每个层次上与本企业历史或同行业其他企业的财务比率进行比较

C. 在分解体系下，通过与历史比较可以识别变动的趋势，通过与同行业其他企业比较可以识别存在的差距

D. 在分解体系下，历史比较与同行业比较会逐级向下，覆盖企业经营活动的各个环节

E. 各项财务比率分解的目的是识别引起或产生差距的原因，并衡量其重要性，以实现系统、全面评价企业经营成果和财务状况的目的，并为其发展指明方向

3. 杜邦财务分析体系的作用包括（　　　）。

A. 杜邦财务分析体系的核心作用是解释指标变动的原因及变动趋势

B. 通过杜邦财务分析体系自上而下的分析，可以了解企业财务状况的全貌以及各项财务分析指标间的结构关系

C. 通过杜邦财务分析体系自上而下的分析，可以查明各项主要财务指标增减变动的影响因素及存在的问题

D. 通过杜邦财务分析体系自上而下的分析，可以为决策者优化资产结构和资本结构，提高偿债能力和经营效益提供基本思路

E. 通过杜邦财务分析体系自上而下的分析，可以解决企业经营活动每个环节全部的问题

4. 在杜邦财务分析体系图中可以发现，提高净资产收益率的途径有（　　　）。

A. 使销售收入增长高于成本和费用的增加幅度

B. 降低公司的销货成本或经营费用

C. 提高总资产周转率

D. 在不危及企业财务安全的前提下，增加债务规模，增大权益乘数

E. 提高销售净利率

5. 依据杜邦财务分析体系，当权益乘数一定时，影响资产净利率的指标有（　　　）。

A. 销售净利率　　　B. 资产负债率　　　C. 资产周转率

D. 产权比率　　　　E. 负债总额

6. 企业进行业绩评价时，下列评价盈利能力的基本指标是（　　　）。

A. 销售净利率　　　B. 应收账款周转率　　　C. 流动比率　　　　D. 总资产收益率

7. 下列分析方法中，属于财务综合分析方法的是（　　　）。

A. 趋势分析法
B. 杜邦财务分析体系
C. 沃尔评分法
D. 因素分析法

8. 财务报表分析的基本资料包括（　　　）。

A. 资产负债表
B. 利润表
C. 现金流量表
D. 所有者权益变动表
E. 报表附注

三、简述题

1. 什么是杜邦财务分析体系？其局限性在哪里？
2. 财务分析报告的基本结构有哪几个部分？
3. 简述财务分析报告的撰写步骤。

四、计算分析题

某公司本年度部分资产负债表的有关财务资料如表 7-5 所示。

表 7-5　　　　　　　　　某公司本年度部分资产负债表　　　　　　　　　单位:万元

资产	年初数	年末数	负债及所有者权益	年初数	年末数
现金	51	65	负债总额	74	134
应收账款	23	28	所有者权益	168	173
存货	16	19			
其他流动资产	21	14			
长期资产	131	181			
总资产	242	307	负债及所有者权益	242	307

本年该公司实现营业收入净额 400 万元，营业成本为 260 万元，管理费用为 54 万元，销售费用为 6 万元，财务费用为 18 万元，其他业务利润为 8 万元，所得税税率为 25%。

要求：运用杜邦财务分析体系，计算本年该公司净资产收益率。

五、实训

财务报表信息搜集

目的：熟悉财务报表，熟练运用综合财务分析方法。

要求：搜集上市公司财务报表及其他信息资料，熟悉财务报表资料。

实施：请选择任意一家上市公司上年的财务报告，综合运用各种财务分析方法进行分析，并撰写出一份完整的企业财务报告。

07

附录

模拟试卷

模拟试卷（一）

一、单项选择题（每小题 1 分，计 30 分）

1. 资产负债表质量分析是对（　　）的分析。
   A. 财务状况质量　　　　　　　　　B. 财务成果质量
   C. 现金流量运转质量　　　　　　　D. 产品质量

2. 反映利润质量较高的事项是（　　）。
   A. 利润的含金量较低　　　　　　　B. 利润没有较多的现金支撑
   C. 利润来源于未来持续性较强的业务　D. 利润来源于未来具有可预测性的业务

3. 下列关于每股收益指标的说法，正确的是（　　）。
   A. 每股收益对每个企业来说都是分析盈利能力的重要指标
   B. 每股收益既反映盈利能力也反映风险
   C. 每股收益的下降反映企业盈利能力的降低
   D. 不同行业的每股收益具有一定的差异，每股收益的分析应在行业内进行

4. 影响应收账款坏账风险加大的因素是（　　）。
   A. 账龄较短　　　B. 客户群分散　　　C. 信用标准严格　　　D. 信用期限较长

5. 如果流动比率大于 1，则下列结论成立的是（　　）。
   A. 速动比率大于 1　　　　　　　　B. 现金比率大于 1
   C. 营运资金比率大于 0　　　　　　D. 短期偿债能力有保障

6. 下列各项中，不影响应收账款周转率指标使用价值的因素是（　　）。
   A. 销售折让与折扣的波动　　　　　B. 季节性经营引起的销售额波动
   C. 大量使用分期收款结算方式　　　D. 大量使用现金结算的销售

7. 能够反映企业利息偿付安全性的最佳指标是（　　）。
   A. 利息保障倍数　　　　　　　　　B. 流动比率
   C. 净利息率　　　　　　　　　　　D. 现金流量利息保障倍数

8. 资产负债表中资产项目的排列顺序是（　　）。
   A. 相关性大小　　　B. 重要性大小　　　C. 可比性高低　　　D. 流动性强弱

9. 资产负债表中所有者权益各项目自上而下排列的顺序是（　　）。
   A. 实收资本、资本公积、盈余公积、未分配利润
   B. 实收资本、盈余公积、资本公积、未分配利润
   C. 资本公积、盈余公积、未分配利润、实收资本

D. 盈余公积、资本公积、未分配利润、实收资本

10. 下列计算公式中，用来计算定基动态比率的是（　　）。

A. 分析期数值/基期数值×100% B. 分析期数值/前期数值×100%

C. 基期数值/分析期数值×100% D. 前期数值/分析期数值×100%

11. 下列各项中，与企业盈利能力分析无关的指标是（　　）。

A. 总资产收益率 B. 股利增长率 C. 销售毛利率 D. 净资产收益率

12. 杜邦财务分析体系中不涉及（　　）。

A. 偿债能力分析 B. 资产管理能力分析

C. 盈利能力分析 D. 发展能力分析

13. 下列各项中，反映现金流量匹配情况的比率是（　　）。

A. 流入结构 B. 流出结构 C. 定比比率 D. 流入与流出的比率

14. 现金流量表可用于（　　）。

A. 分析经营风险 B. 分析资产质量

C. 预测未来的现金流量 D. 预测未来利润与现金流量的差异

15. 某公司每股净资产为2，市净率为4，每股收益为0.5，则市盈率等于（　　）。

A. 20 B. 16 C. 8 D. 4

16. 影响营运能力的内部因素是（　　）。

A. 行业特性 B. 经营背景

C. 营业周期 D. 资产的管理政策与方法

17. 沃尔评分法中反映偿债能力的指标，最好选择（　　）。

A. 资产负债率 B. 产权比率 C. 权益乘数 D. 股权比率

18. 多步式利润表体现了收益的（　　）。

A. 收支结构 B. 业务结构 C. 主要项目结构 D. 经营结构

19. 反映企业一定会计期间现金和现金等价物流入和流出的报表是（　　）。

A. 资产负债表 B. 利润表 C. 现金流量表 D. 所有者权益变动表

20. 现金流量表的编制基础是（　　）。

A. 现金 B. 货币资金 C. 货币性资产 D. 其他货币资产

21. 下列衡量企业获利能力大小的指标是（　　）

A. 流动资产周转率 B. 每股收益 C. 权益乘数 D. 产权比率

22. 债权人关注的重点是（　　）

A. 盈利能力 B. 偿债能力 C. 发展能力 D. 营运能力

23. 现金流量分析的重点是（　　）。

A. 筹资活动现金流量 B. 投资活动现金流量

C. 经营活动现金流量 D. 货币性交易活动现金流量

24. 下列有关会计信息质量特征的表述中，正确的是（　　）。

A. 企业提供的历史成本信息与使用者的经济决策需要完全相关

B. 可理解性要求使用者具有一定的有关企业经营活动和会计方面的知识，并愿意付出努力去研究这些信息

C. 可比性是指不同企业在相同期间所提供的会计信息能够进行比较

D. 实质重于形式要求企业应当按照交易或者事项的法律形式进行会计确认、计量和报告

25. 下列有关财务分析的表述中，错误的是（　　）。

　　A. 确立分析目标是财务分析的起点，它决定了后续的分析内容和分析结论

　　B. 行业基准不适合垄断型企业的财务分析

　　C. 百分比变动比较可以解决绝对性比较的缺陷，分析人员应当将变动的绝对数换算成变动的百分比

　　D. 比率分析法主要分为构成比率分析和相关比率分析

26. 在对企业的资产进行分析时，财务分析人员的正确做法是（　　）。

　　A. 对于存货项目，只需对企业的产成品或商品进行分析

　　B. 对于货币资金，关注企业是否有外币或被冻结的资金

　　C. 对于应收账款，要关注债务人的分布，若客户较多、较为分散，会增加应收账款坏账风险

　　D. 可供出售金融资产与交易性金融资产是不同类的金融资产，所以进行分析时，不能参照进行

27. 企业的流动资产周转率高，说明（　　）。

　　A. 企业的营业收入较高　　　　　　　　B. 企业的盈利能力较强

　　C. 企业的流动资产周转速度较快　　　　D. 流动资产较少

28. 某企业本年度营业收入为 72 000 万元，营业成本为 32 000 万元，流动资产平均余额为 4 000 万元，固定资产平均余额为 8 000 万元，则该企业本年度的总资产周转率为（　　）次。

　　A. 4　　　　　　　B. 6　　　　　　　C. 8　　　　　　　D. 9

29. 下列选项中，正确的是（　　）。

　　A. 净资产收益率是分析企业盈利能力的最为常用的指标

　　B. 净资产收益率便于进行横向比较

　　C. 净资产收益率便于进行纵向比较

　　D. 净资产收益率只能进行纵向比较，不能进行横向比较

30. 下列选项中，不能提高净资产收益率的途径是（　　）。

　　A. 加强负债管理，降低负债比率　　　　B. 加强成本管理，降低成本费用

　　C. 加强销售管理，提高销售利润率　　　D. 加强资产管理，提高资产周转率

二、多项选择题（每小题 2 分，计 20 分）

1. 通过盈利能力分析可以获取的信息包括（　　）。

　　A. 分析企业获取利润的能力　　　　　　B. 分析企业偿还债务的能力

　　C. 评价内部管理者的业绩　　　　　　　D. 评价企业面临的风险

2. 影响货币资金持有量的因素包括（　　）。

　　A. 企业规模　　　B. 融资能力　　　C. 资产结构　　　D. 行业特征

3. 下列关于利润表分析的说法，正确的有（　　）。

　　A. 利润表的趋势分析可以分析单一项目在连续期间的变化

　　B. 利润表的趋势分析可以从整体角度把握各项目之间的关系

　　C. 利润表的结构分析可以分析利润产生的过程和结构

　　D. 利润表的结构分析可以分析利润的来源及构成

4. 下列关于营业周期的说法，正确的有（   ）。

    A. 营业周期可以分析企业资产的使用效率   B. 营业周期可以分析企业资产的管理水平

    C. 营业周期可以说明现金回笼的时间   D. 营业周期可以补充说明企业的流动性

5. 下列各项中，影响长期偿债能力的因素包括（   ）。

    A. 盈利能力   B. 资本结构

    C. 长期资产的保值程度   D. 经常性的经营租赁

6. 下列关于杜邦财务分析体系的说法，正确的有（   ）。

    A. 杜邦财务分析体系通过建立新指标进行全面分析

    B. 杜邦财务分析体系是通过相关财务比率的内在联系构建的综合分析体系

    C. 杜邦财务分析体系的核心指标是权益收益率

    D. 对杜邦财务分析体系进行比较分析不仅可以发现差异、分析差异的原因，还能消除差异

7. 下列关于现金流量表分析的表述，错误的有（   ）。

    A. 企业承担经营风险与财务风险的能力都与企业现金流量状况直接相关

    B. 经营活动现金净流量越大，说明企业的现金状况越稳定，支付能力越有保障

    C. 若经营活动的现金流量为正数，其流入与流出比率一定大于1

    D. 对于任何企业而言，经营活动现金净流量一般大于0，投资活动的现金净流量应小于0，筹资活动的现金净流量应正负相间

8. 企业的利润来源包括（   ）。

    A. 营业收入   B. 公允价值变动损益

    C. 投资收益   D. 营业外收支

9. 下列选项中，对企业未来具有较强持续性影响的有（   ）。

    A. 销售商品、提供劳务收到的现金

    B. 收到的其他与经营活动有关的现金

    C. 购买商品、接受劳务支付的现金

    D. 处置固定资产、无形资产和其他长期资产收回的现金净额

10. 反映短期偿债能力的比率包括（   ）

    A. 流动比率   B. 速动比率   C. 现金比率   D. 资产负债率

三、判断题（每小题1分，计10分）

1. 现金净流量越大，说明企业的财务状况越好。 （   ）

2. 资产负债表结构分析就是指各个项目相对于总体的比例或比重，最常用的方式就是建立共同的资产负债表。 （   ）

3. 产权比率为4/5，则权益乘数为5/4。 （   ）

4. 分析企业的长期偿债能力除了关注企业资产和负债的规模与结构外，还需要关注企业的盈利能力。 （   ）

5. 权益乘数是资产、负债和企业三者关系的体现。 （   ）

6. 现金流量净增加或净减少，不一定表明企业的财务状况与经营成果的好坏。 （   ）

7. 比率分析法经常是与比较分析法结合使用的，其原因在于比率分析法在计算出相关比率后并不能直接说明对应的经济含义。 （   ）

8. 权益乘数越高，则财务杠杆程度越低，企业偿债能力相对越弱。 （   ）

9. 市盈率指标可以用于不同公司的比较，充满扩展机会的新兴行业市盈率普遍较高，而成熟行业的市盈率普遍较低，这说明后者的股票没有投资价值。　　　　　　　　　　　（　　　）

10. 对企业盈利能力进行分析时，要剔除关联交易给企业利润带来的影响。　　　　（　　　）

四、简答题（每小题 5 分，计 10 分）

1. 简述财务报表分析的程序。

2. 简述现金流量质量分析的内容。

五、计算分析题（每小题 10 分，计 30 分）

1. 某公司的有关资料如下表所示。

资产负债表

本年 12 月 31 日

单位：万元

资产	年末	负债及所有者权益	年末
流动资产		流动负债合计	300
货币资金	90	非流动负债合计	400
应收账款净额	180	负债合计	700
存货	360	所有者权益合计	700
流动资产合计	630		
非流动资产合计	770		
总计	1 400	总计	1 400

该公司本年度营业收入为 840 万元，税后净利润为 117.6 万元。已知该公司上年度营业净利率为 16%，总资产周转率为 0.5 次，权益乘数为 2.2，权益净利率为 17.6%。

要求：

（1）计算本年的营业净利率、总资产周转率、权益乘数和净资产收益率。

（2）利用因素分析法按顺序分析营业净利率、总资产周转率和权益乘数变动对净资产收益率的影响（假设涉及资产负债表的数据用期末数来计算）。

2. 乙公司本年营业收入为 31 420 万元，本年营业成本为 21 994 万元。流动资产年初和年末合计数分别为 13 250 万元和 13 846 万元，其中，存货年初和年末数分别为 6 312 万元和 6 148 万元，应收账款年初和年末数分别为 3 548 万元和 3 216 万元（一年按 360 天计算）。

要求：

（1）请计算与存货周转和应收账款周转相关的指标。

（2）进行流动资产周转情况分析时，还需要分析哪些问题？常用的指标有哪些？

3. M 公司上年利润总额为 1 450 万元，销售收入为 4 150 万元，资产平均占用额为 4 685 万元，所有者权益平均占用额为 2 815 万元，公司所得税税率为 25%。

要求：

请计算 M 公司的权益乘数、销售净利率、总资产周转率、总资产收益率、净资产收益率（其中，权益乘数与总资产周转率的计算结果保留四位小数，其他均保留两位小数）。

FL

模拟试卷（二）

一、单项选择题（每小题 1 分，计 30 分）

1. 意味着经营过程中的现金"收支平衡"是指（　　　）。
   - A. 经营活动现金净流量净额大于 0
   - B. 经营活动现金净流量净额等于 0
   - C. 经营活动现金净流量净额小于 0
   - D. 投资活动现金净流量净额大于 0

2. 短期偿债能力的强弱往往表现在（　　　）。
   - A. 盈利的多少
   - B. 资产的多少
   - C. 资产变现能力的强弱
   - D. 资产周转速度的快慢

3. 某公司将有一笔长期债券投资提前变现，则下列叙述正确的是（　　　）。
   - A. 对流动比率的影响大于对速动比率的影响
   - B. 对速动比率的影响大于对流动比率的影响
   - C. 只影响流动比率，不影响速动比率
   - D. 只影响速动比率，不影响流动比率

4. 在企业速动比率是 0.8 的情况下，会引起该比率提高的经济业务是（　　　）。
   - A. 银行提取现金
   - B. 赊购商品
   - C. 收回应收账款
   - D. 申请到一笔短期借款

5. 意味着经营过程的现金流转存在问题，经营中"入不敷出"是指（　　　）。
   - A. 经营活动现金净流量净额大于 0
   - B. 经营活动现金净流量净额等于 0
   - C. 经营活动现金净流量净额小于 0
   - D. 投资活动现金净流量净额大于 0

6. 销售商品、提供劳务收到的现金数额不仅取决于当期销售商品、提供劳务取得的收入数额，还取决于企业的（　　　）。
   - A. 商品结构
   - B. 客户的消费偏好
   - C. 市场供求
   - D. 信用政策

7. 现金流量表中的三大类别是（　　　）。
   - A. 现金流入、现金流出和流入流出净额
   - B. 期初余额、期末余额和当期发生额
   - C. 经营活动现金流量、投资活动现金流量和筹资活动现金流量
   - D. 营业收入、净利润和营业活动现金流量

8. 下列选项中，属于"支付给职工以及为职工支付的现金"的是（　　　）。
   - A. 应由在建工程负担的职工薪酬
   - B. 应由无形资产负担的职工薪酬
   - C. 支付给生产工人的退休工资
   - D. 支付给管理人员的工资

9. 下列选项中，会导致资产负债率发生变化的是（　　　）。
   - A. 收回应收账款
   - B. 用现金购买债券
   - C. 接受所有者投资转入的固定资产
   - D. 以固定资产对外投资

10. 若流动比率大于 1，则下列结论成立的是（　　　）。
    - A. 速动比率大于 1
    - B. 营运资金大于 0
    - C. 资产负债率大于 1
    - D. 短期偿债能力较强

11. 企业进行综合财务分析的根本目标是（　　　）。

A. 综合分析企业的偿债能力

B. 综合分析企业的盈利能力

C. 综合分析企业偿债能力、营运能力、盈利能力、成长能力、综合经营管理及其内在联系与影响

D. 综合分析企业的成长能力

12. 三年销售平均增长率指标主要反映的是（　　）。

A. 企业营业短期波动增长情况　　　　B. 企业营业长期波动增长情况

C. 企业营业周期内的资产扩张情况　　D. 企业销售增长趋势与稳定程度

13. 如果一个企业资本扩张来源于留存收益的增长，则说明（　　）。

A. 该企业以发行新股的方式获得外部资金的加入

B. 该企业以自身获利经营活动产生了资本积累

C. 该企业以发行股票股利的方式增加流通在外的股份

D. 该企业以配股的方式获得资本扩张

14. 某企业本年销售收入净额为 250 万元，销售毛利率为 20%，年末流动资产为 90 万元，年初流动资产为 110 万元，则该企业流动资产周转率为（　　）

A. 2 次　　　　B. 2.22 次　　　　C. 2.5 次　　　　D. 2.78 次

15. 一般而言，流动比率较高的行业是（　　）。

A. 飞机制造企业　　B. 商品流通企业　　C. 公用事业单位　　D. 造船业

16. 如果企业应收账款周转率突然恶化，其主要原因可能是（　　）。

A. 销售下降、赊销政策过宽　　　　B. 销售上升、赊销政策过紧

C. 库存量减少、现金周期缩短　　　　D. 库存量增加、现金周期延迟

17. 如果资产负债表中本年"短期借款"和"存货"项目与上年相比较，等比例大幅增加，公司流通在外的股本数未变动，则下列项目中最受影响的财务指标是（　　）。

A. 流动比率　　　　B. 资产现金流量收益率

C. 每股现金流量　　D. 固定资产收益率

18. 资产负债率指标的主要作用是（　　）。

A. 分析企业偿还债务的物质保证程度

B. 揭示企业财务状况的稳定程度

C. 分析企业主权资本对偿债风险的承受能力

D. 揭示企业全部资产的流动性

19. 如果企业采取外向规模增长政策，对其发展能力的分析重点应该是（　　）。

A. 产品质量的优劣　　　　B. 企业资产或资本的增长

C. 销售增长及资产使用效率　　D. 产品价格的竞争优势

20. 下列各项中，影响企业长期偿债能力的因素是（　　）。

A. 流动资产的规模与质量　　　　B. 企业经营活动现金流量

C. 流动负债的规模与质量　　　　D. 资产负债率及其变动趋势

21. 判断存货数据质量高低的一个标准是（　　）。

A. 存货变现能力　　B. 存货的期末价值　　C. 存货的构成　　D. 存货的技术构成

22. 资产结构中最重要的关系是（　　）。

A. 流动资产和长期资产的关系　　　　　　B. 无形资产和有形资产的关系

C. 资产、负债和所有者权益的关系　　　　D. 债务和所有者权益的关系

23. 下列交易或事项中所产生的现金流量，属于现金流量表中"经营活动产生的现金流量"的是（　　　　）。

　　A. 出售无形资产收到的现金　　　　　　B. 融资租赁支付的现金

　　C. 支付应由在建工程负担的职工薪酬　　D. 企业代购代销活动收到的现金

24. 下列选项中，会引起现金流量增减变动的项目是（　　　　）。

　　A. 用银行存款购买 1 个月内到期的债券　B. 赊购原材料

　　C. 用银行存款偿还债务　　　　　　　　D. 以固定资产进行对外投资

25. 短期债权人在进行决策时，最为关心的是（　　　　）。

　　A. 企业的盈利能力　B. 企业的发展能力　C. 企业的流动性　D. 企业的营运能力

26. 影响速动比率可信性最主要的因素是（　　　　）。

　　A. 存货的变现能力　　　　　　　　　　B. 短期证券的变现能力

　　C. 预付账款　　　　　　　　　　　　　D. 应收账款的变现能力

27. 能使企业实际偿债能力大于财务报表所反映的能力的是（　　　　）。

　　A. 存在很快将变现的存货　　　　　　　B. 存在未决诉讼案

　　C. 为别的企业提供担保　　　　　　　　D. 未使用的银行贷款限额

28. 下列选项中，不正确的是（　　　　）。

　　A. 在分析长期偿债能力时，需关注企业的或有事项和资产负债表日后事项

　　B. 在分析长期偿债能力时，需关注税收因素

　　C. 在分析长期偿债能力时，需关注企业融资租赁业务

　　D. 在分析长期偿债能力时，需关注企业长期资产和长期负债

29. 甲公司年末流动负债为 2 000 万元，流动比率为 2，速动比率为 0.8，销售成本为 30 000 万元，年初存货为 1 600 万元，则本年度的存货周转率为（　　　　）。

　　A. 12.5　　　　　　　B. 15　　　　　　　C. 18.75　　　　　　D. 20

30. 在其他条件不变的情况下，会引起总资产周转率指标下降的经济业务是（　　　　）。

　　A. 用现金偿还债务　　　　　　　　　　B. 借入一笔短期借款

　　C. 用银行存款购入一台设备　　　　　　D. 用银行存款支付一年的电话费

二、多项选择题（每小题 2 分，计 20 分）

1. 影响速动比率可信性的主要因素有（　　　　）。

　　A. 预付账款的变现能力　　　　　　　　B. 存货的变现能力

　　C. 应收账款的变现能力　　　　　　　　D. 短期证券的变现能力

2. 下列经济业务中，会影响企业应收账款周转率的有（　　　　）。

　　A. 赊销产成品　　　　　　　　　　　　B. 发生现金折扣

　　C. 期末收回应收账款　　　　　　　　　D. 发生销售退回

3. 财务分析评价基准主要有（　　　　）。

　　A. 行业基准　　　　B. 历史基准　　　　C. 目标基准　　　　D. 经验基准

4. "税金及附加"项目反映企业负担的税费有（　　　　）

　　A. 城市维护建设税　B. 增值税　　　　　C. 消费税　　　　　D. 资源税

5. 分析某公司 5 年期财务报表发现：固定资产周转率和流动比率逐年下降，至第 5 年年末这两个指标均小于 1。则下列各项中，最有可能说明该公司这种财务与经营状况的是（　　　）。

    A. 营业收入逐年下降　　　　　　　　B. 短期偿债能力逐年下降

    C. 固定资产投资逐年超过营业收入　　D. 存货资产增幅逐年减少

6. 下列各项中，影响企业发展能力的有（　　　）。

    A. 企业竞争能力的强弱　　　　　　　B. 企业周期的阶段性特征

    C. 企业的营业发展能力　　　　　　　D. 企业各项财务指标的好坏

7. 财务信息的需求主体主要包括（　　　）。

    A. 股东及潜在投资者　　　　　　　　B. 债权人

    C. 企业内部管理者　　　　　　　　　D. 政府及相关监管机关

8. 下列项目中，属于长期负债的有（　　　）。

    A. 应付职工薪酬　　　B. 长期应付款　　　C. 预收账款　　　D. 长期借款

9. 下列选项中，属于筹资活动产生的现金流量的有（　　　）。

    A. 支付债券利息　　　　　　　　　　B. 取得银行借款

    C. 为发行股票而由企业支付的审计费　D. 购入固定资产支付的现金

10. 分析企业短期偿债能力时，需要用到的财务指标有（　　　）。

    A. 营运资本　　　B. 流动比率　　　C. 速动比率　　　D. 现金比率

三、判断题（每小题 1 分，计 10 分）

1. 企业能否持续增长对投资者、经营者至关重要，但对债权人而言相对不重要，因为债权人更关心企业的变现能力。　　　　　　　　　　　　　　　　　　　　　　　　　（　　）

2. 获利能力强的企业，其增长能力也强。　　　　　　　　　　　　　　　（　　）

3. 筹资活动现金净流量小于零，表示企业在本会计期间集中发生偿还义务、支付筹资费用、进行利润分配、偿付利息等业务。　　　　　　　　　　　　　　　　　　　（　　）

4. 企业销售一批存货，如果货款收回，则速动比率增大；如果货款未收回，则速动比率不变。
　　　　　　　　　　　　　　　　　　　　　　　　　　　　　　　　　（　　）

5. 利用沃尔评分法进行财务分析时，各项财务比率的标准评分值的确定，会直接影响到财务分析的结果。　　　　　　　　　　　　　　　　　　　　　　　　　　　　（　　）

6. 财务信息需求主体包括股东及潜在投资者、债权人、企业管理人员、政府、供应商等，这些利益主体需要不同的财务信息，但使用类似的分析方法和手段。　　　　　　　（　　）

7. 企业财务综合分析是对企业整体财务状况和经营成果的分析，与单项财务能力分析相比，具有整体性和系统性的特点。　　　　　　　　　　　　　　　　　　　　　（　　）

8. 速动比率越高，说明企业的流动性越强，流动负债的安全程度越高，因此从企业角度看，速动比率越高越好。　　　　　　　　　　　　　　　　　　　　　　　　　（　　）

9. 一般而言，一个正常发展的企业，其经营活动现金流入和流出比率应大于 1，投资活动现金流入和流出比率应小于 1，筹资活动现金流入和流出比率随着企业资金余缺的程度围绕 1 上下波动。　　　　　　　　　　　　　　　　　　　　　　　　　　　　　　　（　　）

10. 如果企业有较强的融资能力，就可以不必保持很大的货币资金数量。　　（　　）

四、简答题（每小题 5 分，计 10 分）

1. 简述企业财务综合分析的特点。

2. 简述利润表分析的主要目的。

五、计算分析题（每小题 10 分，计 30 分）

1. 某公司年末资产负债表简略形式如下表所示。

资产负债表

单位：元

资产	期末数	权益	期末数
货币资金	25 000	应付账款	
应收账款		应付职工薪酬	25 000
存货	262 000	长期负债	
固定资产		实收资本	100 000
		留存收益	
总计	400 000	总计	

已知：①期末流动比率为 1.5；②期末资产负债率为 60%；③本期营业成本为 315 000 元；④本期存货周转次数为 4.5 次，假定期末存货与期初存货相等。

要求：根据上述条件，填列资产负债表。

2. ABC 公司无优先股，去年每股收益为 4 元，每股发放股利 2 元，留存收益在过去一年中增加了 500 万元。年底每股账面价值为 30 元，负债总额为 5 000 万元。

要求：计算该公司的资产负债率。

3. 某企业近两年产品销售收入与产品销售量、产品销售单价资料如下表所示。

产品销售数据信息表

项目	本年（实际指标）	上年（基准指标）	差异
销售数量（台）	300	240	+60
销售单价（万元）	0.45	0.50	−0.05
产品销售收入（万元）	135	120	+15

要求：采用因素分析法计算并简要评价销售数量变动与销售单价变动对产品销售收入差异的影响。

模拟试卷（三）

一、单项选择题（每小题 1 分，计 30 分）

1. 下列有关净资产收益率的表述中，正确的是（　　　）。
   - A. 净资产收益率越高，说明企业资产所获得报酬的能力越强
   - B. 净资产收益率作为考核指标，有利于企业的横向比较与纵向比较
   - C. 全面摊薄净资产收益率有助于企业相关利益人对公司未来盈利能力做出正确判断
   - D. 全面摊薄净资产收益率和加权平均净资产收益率是计算该指标的两种方法

2. 反映企业资本结构、财务杠杆程度以及偿债能力的重要指标是（　　　）。
   - A. 权益乘数　　　　B. 权益净利率　　　　C. 总资产收益率　　　　D. 资产周转率

3. 下列各项财务信息中，属于会计信息的是（　　　）。
   - A. 市场信息　　　　B. 公司治理信息　　　　C. 财务报告　　　　D. 审计报告

4. 下列分析内容中，不属于趋势分析的是（　　　）。
   - A. 比较分析法　　　　　　　　　　B. 比率分析法
   - C. 定基分析与环比分析　　　　　　D. 杜邦财务分析体系

5. 下列各项中，不属于现金流量表分析目的的是（　　　）。
   - A. 了解企业资产的变现能力　　　　　　B. 了解企业现金变动情况和变动原因
   - C. 判断企业获取现金的能力　　　　　　D. 评价企业的盈利质量

6. 对于一个健康的、正在成长的公司来说，下列说法正确的是（　　　）。
   - A. 经营活动现金净流量应当是正数　　　B. 投资活动现金净流量应当是正数
   - C. 筹资活动现金净流量应当是负数　　　D. 经营活动现金流量应当是负数

7. 流动比率小于 1 时，赊购原材料若干，将会（　　　）。
   - A. 增高流动比率　　B. 降低流动比率　　C. 减少营运资金　　D. 增多营运资金

8. 从根本上决定企业偿还流动负债能力的是（　　　）。
   - A. 流动资产的规模与质量　　　　　　B. 企业的融资能力
   - C. 流动负债的规模与质量　　　　　　D. 经营现金流量

9. 下列衡量企业获利能力大小的指标是（　　　）
   - A. 流动资产周转率　　B. 每股收益　　　C. 权益乘数　　　　D. 产权比率

10. 某公司本年营业收入净额为 36 000 万元，流动资产平均余额为 4 000 万元，固定资产平均余额为 8 000 万元。假定没有其他资产，则该公司本年的总资产周转率为（　　　）。
    - A. 2.9 次　　　　B. 3 次　　　　C. 3.2 次　　　　D. 3.4 次

11. 下列各项中，能体现企业资产运用效率及资产盈利能力的是（　　　）。
    - A. 总资产周转率　　B. 存货周转率　　C. 总资产收益率　　D. 应收账款周转率

12. 下列各项中，不属于企业发展能力分析框架内容的是（　　　）。
    - A. 企业竞争能力分析　　　　　　　　B. 企业管理能力分析
    - C. 企业周期分析　　　　　　　　　　D. 企业发展能力财务比率分析

13. 根据杜邦财务分析体系，对净资产收益率没有影响的指标是（　　　）。
    - A. 权益乘数　　　B. 销售净利率　　　C. 速动比率　　　D. 总资产周转率

14. 能够帮助财务分析人员找出差异存在原因的分析方法是（　　　）。

　　A. 趋势分析法　　　　B. 比率分析法　　　　C. 水平分析法　　　　D. 因素分析法

15. 一定时期内企业的营业成本与平均存货之比是指（　　　）。

　　A. 应收账款周转率　　　　　　　　B. 存货周转率

　　C. 应收账款周转天数　　　　　　　D. 存货周转天数

16. 某企业某年年末流动比率为2，速动比率为1，预付账款和其他流动资产为0，流动负债为50万元，年初存货余额为40万元，营业成本为135万元，则年末存货周转率为（　　　）。

　　A. 1　　　　　　B. 2　　　　　　C. 2.5　　　　　　D. 3

17. 某企业某年年初存货余额为135万元，年末存货余额为175万元，营业成本为450万元，则年末存货周转天数为（　　　）。

　　A. 100天　　　　B. 120天　　　　C. 180天　　　　D. 360天

18. 从外购商品或接受劳务从而承担付款义务开始，到收回因销售商品或提供劳务并收取现金之间的时间间隔是指（　　　）。

　　A. 营业周期　　　　　　　　　　　B. 存货周转天数

　　C. 应收账款周转天数　　　　　　　D. 现金周期

19. 下列财务信息需求主体中，与其他三类不同的是（　　　）。

　　A. 股东　　　　　　B. 债权人　　　　　C. 管理人员　　　　　D. 供应商

20. 如果企业的资产负债率小于50%，说明（　　　）。

　　A. 不具备偿债能力　　B. 偿债能力较弱　　C. 偿债能力较强　　D. 资不抵债

21. 在对利润表相关项目进行质量分析时，不需要与营业收入相匹配的项目是（　　　）。

　　A. 营业成本　　　B. 营业税金及附加费　　C. 销售费用　　　　D. 管理费用

22. 下列各项中，属于"购建固定资产、无形资产和其他长期资产支付的现金"的是（　　　）。

　　A. 应由在建工程负担的职工薪酬现金支出

　　B. 应计入固定资产的借款利息资本化部分

　　C. 融资租入固定资产所支付的现金

　　D. 以分期付款方式购建固定资产以后各期支付的现金

23. 销售厂房所收到的现金应划分为（　　　）。

　　A. 经营活动现金流量　　　　　　　B. 投资活动现金流量

　　C. 其他业务收入　　　　　　　　　D. 筹资活动现金流量

24. 现金流量表中的现金是指（　　　）

　　A. 库存现金和银行存款

　　B. 库存现金、银行存款和现金等价物

　　C. 库存现金、银行存款、其他货币资金和现金等价物

　　D. 库存现金、银行存款和其他货币资金

25. 下列各项中，能使企业实际长期偿债能力小于财务报表所反映能力的是（　　　）。

　　A. 融资租赁　　　　　　　　　　　B. 经营租赁

　　C. 向银行借入款项以偿还旧债　　　D. 可转换债券转换成普通股

26. 下列财务比率中，反映企业营运能力的是（　　　）。

　　A. 资产负债率　　　B. 流动比率　　　C. 存货周转率　　　D. 利息保障倍数

27. A公司的营运资本大于零，因某一购货方破产而注销部分应收账款，这会导致（　　）。

　　A. 速动比率降低　　B. 速动比率增大　　C. 营运资本增加　　D. 资产负债率降低

28. 决定权益乘数大小的主要指标是（　　）。

　　A. 资产周转率　　B. 销售净利润　　C. 资产利润率　　D. 资产负债率

29. 下列关于沃尔评分法的表述中，正确的是（　　）。

　　A. 沃尔评分法各个分析比率的标准值通常应根据行业平均值确定

　　B. 沃尔评分法各个分析比率的标准值通常应根据行业最高值确定

　　C. 沃尔评分法得出的结论比杜邦财务分析体系的结果准确

　　D. 沃尔评分法选择的财务比率都相同

30. 杜邦财务分析体系的核心指标是（　　）。

　　A. 净资产收益率　　B. 资产总额　　C. 所有者权益　　D. 资产周转率

二、多项选择题（每小题2分，计20分）

1. 下列有关资产负债率的描述中，正确的有（　　）。

　　A. 资产负债率是一个衡量企业长期偿债能力的静态指标

　　B. 一般来说，资产负债率越高，企业的负债越安全、财务风险越小

　　C. 资产负债率没有考虑负债的偿还期限

　　D. 资产负债率没有考虑资产的结构

2. 下列关于沃尔评分法的描述中，正确的有（　　）。

　　A. 沃尔评分法又叫财务比率综合评分法

　　B. 沃尔评分法说明了指标标准值是如何确定的

　　C. 沃尔评分法证明了各个财务比率所占权重的合理性

　　D. 沃尔评分法未能说明为什么选择7个财务比率

3. 财务综合分析的目的有（　　）。

　　A. 把握不同财务指标间的相互关系　　B. 为投资决策提供参考

　　C. 为完善企业管理提供依据　　D. 评价企业整体的财务状况及经营业绩

4. 企业货币资金变动的原因有（　　）。

　　A. 资金调度　　B. 信用政策变动　　C. 销售规模变动　　D. 会计政策变更

5. 与财务费用的发生直接相关的业务有（　　）。

　　A. 企业借款融资　　B. 企业购销业务中的现金折扣

　　C. 企业外币业务汇兑损益　　D. 企业股权融资

6. 企业筹资活动产生的现金流量小于零，可能意味着（　　）。

　　A. 企业在本会计期间大规模偿还债务

　　B. 企业经营活动与投资活动在现金流量方面运转较好，有能力偿还债务、分配利润等

　　C. 企业当期进行了增资扩股

　　D. 企业在投资和企业扩张方面没有更多的作为

7. 可能增加变现能力的因素有（　　）。

　　A. 可动用的银行贷款指标　　B. 偿债能力的声誉

　　C. 融资租赁　　D. 担保责任引起的负债

8. 存货周转率偏低的原因有（　　　　）。

A. 应收账款增加　　　　　　　　　　B. 降价销售

C. 产品滞销　　　　　　　　　　　　D. 销售政策发生变化

9. 下列各项中，影响企业盈利能力的有（　　　　）。

A. 税收政策　　　B. 利润结构　　　C. 资本结构　　　D. 资产运转效率

10. 下列各项中，反映企业与投资有关的盈利能力指标有（　　　　）。

A. 长期资本收益率　　B. 资本保值增值率　　C. 流动资产收益率　　D. 固定资产收益率

三、判断题（每小题1分，计10分）

1. 在财务报表内披露的信息是财务信息，报表外披露的信息是非财务信息。（　　　）

2. 关联方交易的分析主要关注关联方之间的借款、担保和抵押行为，而关联方之间的销售、劳务交易一般属于正常行为，不需要过多关注。（　　　）

3. 具备良好的偿债能力声誉，能够提高企业的短期偿债能力。（　　　）

4. 总资产增长率指标越高，表明企业在一个营业周期内资产经营规模扩张的速度越快，企业发展能力也就越强。（　　　）

5. 杜邦财务分析体系作为综合财务分析体系，可以全面、系统地反映企业整体的财务状况和经营成果，但其缺点是该体系在同行业之间不可比。（　　　）

6. 企业偿债能力不仅与债务结构有关，还与企业的未来收益能力紧密联系。（　　　）

7. 企业应收账款的账龄越长，发生坏账的可能性越大。（　　　）

8. 快速成长期的企业的投资现金流通常情况下为正。（　　　）

9. 营业净利率越高，企业在正常情况下由盈转亏的可能性越大。（　　　）

10. 定基动态比率可以观察指标的变动速度，环比动态比率可以观察指标总体的变动趋势。（　　　）

四、简答题（每小题5分，计10分）

1. 简述盈利能力分析的主要内容。

2. 简述杜邦财务分析体系的基本原理。

五、计算分析题（每小题10分，计30分）

1. A公司近三年利润表部分数据如下表所示。

简略利润表　　　　　　　　　　　　　　　　　　　　　单位：万元

项目	本年	上年	前年
营业收入	32 168	30 498	29 248
营业成本	20 281	18 531	17 463
净利润	2 669	3 385	3 305

要求：

（1）计算该公司本年度的营业净利率并做出简要分析。

（2）计算该公司本年度的营业毛利率并做出简要分析。

2. 某公司上年与本年资产负债表中的部分数据如下表所示。

简略资产负债表 单位：万元

项目	上年	本年
应付职工薪酬	3 422	4 059
长期借款	4 359	5 293
其他债务	6 867	7 742
所有者权益	4 389	4 038
负债与所有者权益合计	19 037	21 132

要求：

（1）计算该公司本年度权益乘数，并说明该指标的含义（按平均数计算）。

（2）计算该公司上年和本年的资产负债率、产权比率，并说明其变动趋势。

3. 某公司年初存货为 40 000 元，年末存货为 30 000 元，年初应收账款净额为 25 400 元；年末流动比率为 2，流动资产合计为 54 000 元；当年销售成本为 165 000 元，销售毛利率为 20%。除应收账款外，其他速动资产忽略不计，且销售收入均为赊销。

要求：计算该公司的存货周转率、速动比率、应收账款周转率和营业周期（一年按 360 天计算）。

FL

参考文献

[1] 毛金芬，李正伟. 企业财务报表分析[M]. 苏州：苏州大学出版社，2015.

[2] 翁玉良. 财务报表分析[M]. 北京：高等教育出版社，2015.

[3] 陶菁，黄永儒. 财务报表分析[M]. 长春：东北师范大学出版社，2014.

[4] 钟怀振，许骅严. 财务报表分析[M]. 北京：中国财政经济出版社，2015.

[5] 杨则文，陈琼. 财务报表分析[M]. 北京：中国财政经济出版社，2013.

[6] 刘章胜，赵红英. 新编财务报表分析[M]. 大连：大连理工大学出版社，2010.

[7] 财政部会计资格评价中心. 财务管理[M]. 北京：中国财政经济出版社，2014.

[8] 李莉. 财务报表分析[M]. 2版. 北京：人民邮电出版社，2017.

[9] 岳虹. 财务报表分析[M]. 北京：中国人民大学出版社，2014.

[10] 赵威. 财务报告编制与分析[M]. 2版. 北京：人民邮电出版社，2015.

[11] 李红梅，程竞. 财务报表分析[M]. 重庆：重庆大学出版社，2013.

[12] 叶传财，潘连乡. 财务报表分析[M]. 西安：西北工业大学出版社，2012.

[13] 杜晓光. 会计报表分析[M]. 北京：高等教育出版社，2005.

[14] 杨应杰. 会计报表分析[M]. 成都：西南财经大学出版社，2010.